SV

Sibylle Lewitscharoff – Najem Wali
Abraham trifft Ibrahîm

Streifzüge durch Bibel und Koran

Die von Najem Wali verfassten Kapitel
wurden von Christine Battermann
aus dem Arabischen übersetzt.

Suhrkamp

Erste Auflage 2018
© Suhrkamp Verlag Berlin 2018
Alle Rechte vorbehalten, insbesondere das der Übersetzung,
des öffentlichen Vortrags sowie der Übertragung
durch Rundfunk und Fernsehen, auch einzelner Teile.
Kein Teil des Werkes darf in irgendeiner Form (durch
Fotografie, Mikrofilm oder andere Verfahren) ohne
schriftliche Genehmigung des Verlages reproduziert oder
unter Verwendung elektronischer Systeme verarbeitet,
vervielfältigt oder verbreitet werden.
Satz: Greiner & Reichel, Köln
Druck: CPI – Ebner & Spiegel, Ulm
Printed in Germany
ISBN 978-3-518-42791-0

Abraham trifft Ibrahîm

»Die Wahrheit war einst ein Spiegel in der Hand Gottes.
Sie fiel und zerbrach in Stücke.
Jeder nahm ein Stück davon,
und sie schauten es an und dachten, sie hätten die Wahrheit.«

Dschalâl al-Din Muhammad al-Rûmi

Vorwort

Jahrelang trug ich mich mit einer Idee. Eines Tages wollte ich ein Buch schreiben, in dem ich die Geschichten der Propheten und anderer wichtiger Figuren der Bibel und des Korans erzählte. Seit langem fiel mir auf, dass die drei Weltreligionen Judentum, Christentum und Islam über fast die gleichen Legenden verfügen, von Ibrahîm/Abraham, Lût/Lot, Ayyûb/Hiob, Sulaimân/Salomo und anderen. Natürlich gibt es Nuancen und Unterschiede, aber sie haben unverkennbar denselben Kern.

Die Geschichte der Menschheit bis zu unserer heutigen Zeit zeigt, mit welchen Schwierigkeiten diejenigen konfrontiert sind, die sich als Vermittler zwischen Konfliktparteien verstehen, die Brücken bauen und Grenzen öffnen wollen. Viele sind gläubig, ohne zu wissen, was genau in den Büchern steht. Man ist Jude, Christ oder Muslim von Geburt an, geht in die Schule, kämpft sich durchs Leben und bekommt die immer gleichen religiösen Geschichten erzählt, die seit Generationen weitergegeben werden. Warum also sollte man das Alte Testament, das Evangelium oder den Koran überhaupt noch lesen? Mûsa/Moses führte sein Volk in das Gelobte Land, aber hat es selbst nicht erreicht. Wer war der Mann, der seinen Platz einnahm? Yunûs/Jona war im Bauch des Wals gefangen. Aber wie er dort gelandet ist, wissen nur wenige. Die Jungfrau Maryam/Maria gebar den Messias, aber wie viele Geschwister er hatte, weiß man nicht. Muhammad fuhr von Jerusalem aus in den Himmel auf. Aber was tat er in einer Stadt, in der es damals weder Muslime noch Moscheen gab? Diese und andere

Fragen ließen mich nicht los, und immer wieder plante ich, *dieses* Buch zu schreiben. Meine Freundin riet mir, ein solches Buch nicht alleine zu verfassen, als zu einseitig könnte meine Betrachtung der drei sogenannten Heiligen Bücher interpretiert werden, gab sie zu bedenken. Die Idee blieb also weiterhin in meinem Kopf.

Als ich im Sommer 2015 zu den Nibelungenfestspielen in Worms eingeladen wurde, wusste ich nicht, dass ich dort jemanden kennenlernen würde, mit dem ich das Buch endlich schreiben konnte: Sibylle Lewitscharoff. An einem Abend saßen wir beim Wein nebeneinander, und unvermittelt sagte ich: »Frau Lewitscharoff, Sie sind die Autorin, die mit mir *dieses* Buch schreiben wird!«, und erzählte ihr von meiner Idee.

Jetzt ist so weit, verehrte Leserinnen und Leser, Sie halten das Buch in den Händen. Ich wünsche Ihnen Freude beim Lesen, neue Kenntnisse und nicht zuletzt Erkenntnis.

Mein Dank gilt in besonderer Weise Verena Kurth, der Freundin, die mich gewarnt hat, dieses Buch alleine zu verfassen.

Vorwort

Vor etwa drei Jahren haben wir uns bei einer Veranstaltung
über die Nibelungen in Worms kennengelernt. Ein gutes und
munteres Gespräch ergab sich, in dessen Verlauf Najem Wali
mir von seiner Idee erzählte, wir könnten die Bibel und den
Koran nach den wichtigsten Figuren durchkämmen, die in
beiden Schriften vorkommen, und darüber ein Buch schreiben. Gesagt, vereinbart. Es dauerte natürlich seine Zeit, bis
wir loslegen konnten.

Wir haben uns rasch auf die Figuren verständigt, über die
wir schreiben wollten: Eva/Hawwâ, Abraham/Ibrahîm, Mo-
ses/Mûsa, Lot/Lût, Salomo/Sulaimân, Hiob/Ayyûb, Jona/
Yûnus, Maria/Maryam und den Teufel/Iblîs. Natürlich haben
wir im Lauf der Zeit über sie diskutiert, geschrieben jedoch
auf getrennten Wegen. Ich habe die Texte zu den biblischen
Figuren verfasst, die jeweils am Anfang eines Kapitels stehen,
Najem Wali widmet sich anschließend deren Auftritt und
Wirken im Koran. Diese Aufteilung ergab sich von selbst –
die behandelten Figuren sind in der altehrwürdigen jüdischen
Bibel und im Neuen Testament wesentlich früher präsent, ihr
Erscheinen im Koran erfolgt Jahrhunderte später. Wir mussten uns auf eine Auswahl beschränken. Jesus, der im Koran
Îsa genannt wird, hätte natürlich auch ein eigenes Kapitel ver-
dient gehabt. Nun haben wir von Maria ausgehend Jesus in
den Blick genommen.

In der Annahme, dass die wichtigen Figuren der Bibel hier-
zulande eher bekannt sind, habe ich mir erlaubt, die Interpretation der Texte bisweilen mit kleinen Geschichten zu

umzirken. Der Leser wird jedoch sofort merken, in welchen Passagen es sich um eigene Zutat handelt und wo es nur um die Deutung der Bibel geht. Da weder Najem Wali noch ich Theologen sind, bitten wir darum, etwaige Ungereimtheiten milde zu belächeln.

Um nicht auf gar zu schwankendem Grund herumzutappen, habe ich drei Ratgeber um Beistand gebeten, und es hat mir großes Vergnügen bereitet, mit ihnen über die biblischen Texte zu sprechen. Besonders zu Dank verpflichtet bin ich Jan-Heiner Tück, einem herausragenden Professor an der Katholisch-Theologischen Fakultät der Universität Wien für Systematische Theologie. Wahrlich, ein kluger Kopf! Er hat großzügig Material beigesteuert, vor allem schreibt er erstklassige Bücher. Die Gespräche mit Professor Tück, das Hin- und Herwitschen unserer schriftlichen Botschaften, sie waren für mich mehr als nur ein bisschen erhellend, bisweilen auch sehr erheiternd.

Nicht vergessen darf ich meine beiden langjährigen Freunde Dorothee von Tippelskirch-Eissing und Ilan Diner. Beide sind Psychoanalytiker, Dorothee auch evangelische Theologin. Uns vereint die Debattierfreudigkeit, die mir immer wieder frisch Vergnügen bereitet. Mit Hilfe von klugen Freunden, die einem munter widersprechen, wird man klüger und kann den Fährnissen des Alltags trotzen. Dorothee hat einige Texte durchgesehen und Ergänzungen vorgeschlagen, vor allem aber hat sie mir zu einer wichtigen Lektüre verholfen, deren Existenz mir völlig unbekannt war. Dabei handelt es sich um ein vielstündiges Gespräch, das Josy Eisenberg und Elie Wiesel 1985 im französischen Fernsehen etappenweise miteinander geführt haben.[1] Ein schier unglaublicher Dialog! Undenkbar, dass etwas von derartiger Intensität und Qualität, noch dazu in zahlreichen Folgen, auf einem deutschen Fern-

sehkanal je hätte ausgestrahlt werden können. Ilan wiederum
hat sich ausführlich über das Moses-Kapitel gebeugt und mir
in seiner freundlichen, umsichtigen Art zu etlichen Verbes-
serungen geraten.

Eines scheint mir gewiss: Eine intensive Beschäftigung mit
Bibel und Koran lohnt sich. Beide Bücher haben sich tief in
das Gedächtnis vieler Generationen eingegraben und eine
Fülle von Kommentaren hervorgelockt. Die Diskussionen um
diese Werke, auch der Streit darüber, dieses seltsame Gemisch
aus Liebe, Hass und vernünftiger Analyse, sie reißen nicht ab.

1 Abgedruckt in: Job ou Dieu dans la Tempête, Éditions Fayard 1986.

Einleitung

Grenzgänge zwischen
Bibel und Koran

Dem Koran[1] zufolge gab es, von Âdam bis Muhammad[2], insgesamt fünfundzwanzig Propheten (arabisch: Anbiyâ, Singular: Nabi). Manche von ihnen werden auch als Rasûl (»Gesandter«) betitelt, wobei die Religionsgelehrten unterschiedliche Definitionen aufstellen. Folgen wir der Argumentation, dass ein Prophet bei einer bestimmten Gruppe von Menschen eine göttliche Mission erfüllt, während die Aufgabe des Gesandten weiter reicht – er soll die gesamte Menschheit zur Umkehr bewegen –, kommen wir auf fünf Gesandte.

Daraus erklärt sich auch, warum drei von ihnen im Islam mit heiligen Büchern verbunden sind: Mûsa (Moses) mit der Thora, Îsa (Jesus) mit dem Indschîl (den Evangelien) und Muhammad mit dem Koran. Die übrigen zwei Gesandten brachten zwar keine heiligen Bücher, trugen diesen Titel aber dennoch, weil auch sie allen Menschen gegenüber eine heilige Mission versahen. Die Aufgabe des einen, Âdam, bestand darin, Gottes Stellvertreter auf Erden zu sein, die des anderen, Nûh (Noah), war es, die Menschheit durch den Bau eines großen Schiffs, auf das er von jeder Art Lebewesen ein Paar lud, vor der vollständigen Vernichtung durch die Sintflut zu bewahren.

Jeder Gesandte ist also zugleich auch Prophet, umgekehrt gilt dies jedoch nicht. Unbekannt ist dabei, warum der Prophet Dawûd (David) nicht ebenfalls den Titel eines Gesandten trägt, sagt Gott doch im Koran über ihn: »David [Dawûd] gaben wir den Psalter« (Sure 4,163 – gemeint sind die Psalmen). Denn der Psalter ist ebenso ein heiliger Text wie jene, die mit Mûsa, Îsa und Muhammad in Zusammenhang gebracht werden. Dasselbe gilt für Sulaimân (König Salomo), Ayyûb (Hiob) und die alttestamentlichen Propheten. Zudem spricht der Koran selbst in zahlreichen Suren von den Ahl al-Kitâb, den Buchbesitzern, zu denen nach islamischem Recht die Juden und die Christen gehören, die er den übrigen Glaubensgemeinschaften gegenüber privilegiert und denen er einen hohen Rang zuweist.

Sämtliche Prophetengeschichten im Koran haben einen Vorläufer im Alten Testament (abgesehen von der Christusgeschichte bei Matthäus, Markus, Lukas und Johannes im Neuen Testament). Dies schlägt sich auch in seiner Erzählweise und Erzählstruktur nieder. Denn unabhängig davon, welchen Rang Muhammad den ihm vorausgegangenen Propheten zuerkennt, sind von ihren Legenden im Koran nur Bruchstücke überliefert, die sich zudem auf verschiedene Suren und Verse verteilen. Der Anspielungsreichtum und die Knappheit der Schilderungen zeigen, dass Muhammads Publikum die entsprechenden Geschichten schon gehört oder gelesen haben musste und die fehlenden Informationen zu ergänzen vermochte, sonst wären sie kaum verständlich gewesen. Dafür wurde später der Begriff der Israiliyât geprägt. Um ihn zu erläutern, muss man auf die These von den Buchbesitzern, den Juden und Nasâri, »Nazarenern« (wie die Christen im Koran genannt werden), zurückkommen. Die religiöse Kultur der Juden stützte sich hauptsächlich auf den Tanach, die der Christen auf das Neue Testament. Als nun viele Anhänger dieser beiden Glaubensrichtungen dem Islam beitraten, brachten sie das Wissen und die Überlieferungen, die zu ihrer religiösen Kultur gehörten, mit. Wenn sie dann die Geschichten im Koran lasen, erinnerten sie sich all der Details, die in der Bibel Erwähnung fanden.

Wie sollte es auch anders sein, da doch der Koran selbst seine Geschichten zu großen Teilen aus dem Alten und dem Neuen Testament importiert hatte. Dieses Eindrucks konnte sich auch Umar Bin al-Chattâb, ein berühmter Zeitgenosse Muhammads, der nach dessen Tod der zweite Kalif werden sollte, nicht erwehren. Wie in der Koranexegese des islamischen Geschichtsschreibers Ibn Kathîr berichtet wird, kam er eines Tages mit einem Buch, das er von einigen Buchbesitzern erworben hatte, zu Muhammad und las es dem Propheten vor. Dieser geriet daraufhin in Zorn, hinderte ihn am Weiterlesen und wies den Vorwurf, die Geschichten der Juden übernommen zu haben, weit von sich.

Der tatsächliche Befund des Korans allerdings widerspricht Muhammads Behauptung. An einundvierzig Stellen werden explizit die Kinder Israel erwähnt. Dies legt nahe, dass Muhammads Publikum zum größten Teil aus Juden bestand oder dass Muhammad sie auf seine Seite ziehen wollte, um im Bündnis mit ihnen den Stamm der Quraisch, die nach dem Verständnis sowohl der neuen als auch der alten – jüdischen – Religion Götzendiener und Heiden waren, schlagen zu können. Und so geschah es tatsächlich: Im Jahre 622 wanderte Muhammad nach Yathrib (das spätere Medina, von »Medina al-munawwara«, »die erleuchtete Stadt«) aus. Dort wurde zwischen seinen muslimischen Anhängern und den nichtmuslimischen arabischen und jüdischen Stämmen Yathribs die *Gemeindeordnung von Medina* vereinbart. Es handelte sich dabei um einen Vertrag, der festlegte, dass die jüdischen und muslimischen Stämme jeweils ihre eigene Religion besaßen, im Krieg aber Verbündete waren und nicht einer den anderen verraten durfte. Dieses Abkommen versetzte Muhammad und seine Anhänger in die Lage, sich zunächst ausschließlich dem Krieg gegen die mekkanischen Quraisch zu widmen.

Als es Muhammad aber trotz aller Bemühungen nicht gelang, die jüdischen Stämme Yathribs zum Islam zu bekehren, wandte er sich auch gegen sie und vertrieb sie aus der Stadt. Kaum hatte er mit den Oberhäuptern und Kaufleuten der Quraisch den Vertrag von Hudaibîya geschlossen, der einen Nichtangriffspakt enthielt und ihm und seinen Anhängern die Pilgerfahrt nach Mekka erlaubte, bekämpfte er die ehemaligen Verbündeten noch verbissener. Nach ihrer Vertreibung aus Yathrib wurden sie vom muslimischen Heer nun auch aus ihrem kulturellen Zentrum Chaibar vertrieben. Der vordringliche Grund dafür war, dass die sich dem Islam anschließenden Kaufleute die Juden der Arabischen Halbinsel, vor allem des Hedschas, der an das Rote Meer grenzenden Landschaft, als Handelsrivalen betrachteten.

Im Zuge des Bruchs mit den jüdischen Stämmen vollzog Muhammad auch die Änderung der Qibla, der Gebetsrichtung. Statt weiterhin wie die Juden in Richtung Norden zu beten, in Richtung des Tempels in Jerusalem, beteten die Muslime nun Richtung Mekka, wo sich die Kaaba, das erste Gotteshaus der Muslime, befindet. Dabei ist zu bedenken, dass diese historischen Städte sowohl wirtschaftlich wie religiös gesehen gleichermaßen wichtige Zentren waren. Nachdem Muhammad 630 nach Mekka zurückgekehrt war und den mekkanischen Kaufleuten zugesichert hatte, die Kaaba zu einem islamischen Zentrum der Verehrung zu machen, willigten sie in die Zerstörung ihrer Götzenbilder und den Beitritt zum Islam ein. Schon Rom hatte es so gehandhabt, als es die christliche Religion als neue Ideologie für seine Weltherrschaft übernahm. Die Quraisch hatten die Lektion gelernt. Muhammad auch.

Würden wir die im Koran aufgeführten Geschichten untersuchen, würden wir feststellen, dass sie sich vor allem auf zwei Aspekte konzentrieren: Drohung und Verheißung. Denn wir haben es beim Koran mit einer Textgattung zu tun, deren Aufgabe es war, sich auf die missionarischen Lehren zu konzentrieren. Deshalb mussten die erzählten Geschichten – so sinnentstellt und widersprüchlich sowie fragmentarisch in Form und Erzählstruktur sie auch sein mögen – ihr Augenmerk auf ein einziges Ziel richten: auf das Publikum, das sie ansprechen sollten. Damit die missionarische Botschaft des Korans ihre Adressaten aber erreichte und Muhammad am Ende sein Ziel verwirklichen konnte, die Arabische Halbinsel zu einen und sie sich, dem Propheten und Überbringer der neuen Religion, zu unterwerfen, musste er, wenn er alte Geschichten vor allem jüdischer Herkunft übernahm, diese umdichten und dem arabischen Wüstenklima anpassen. Als die Zeiten sich änderten, das neue Reich sich immer weiter ausbreitete und schließlich große Kalifate und Imperien umschloss, die verschiedene Völker und Nationen diverser Kulturen beherbergten; als die Widersprüchlichkeit der koranischen Texte so offenbar wurde, dass sie nicht mehr in Einklang zu bringen waren mit den Erfordernissen, die sich aus dem Beitritt nichtarabischer Völker und Nationen ergaben – da behalfen sich die islamischen Rechtsgelehrten (Fuqahâ) oder Religionsgelehrten (Ulama) damit, diese Geschichten durch die Prophetenbiographie (Sîrat an-Nabi) sowie durch die sogenannten Hadîthe zu ergänzen. Dazu beriefen sie sich auf eine Überlieferungskette – eine Äußerung stamme von Person X, die sie von Person Y übernommen habe, welche sich wiederum auf Person Z beziehe –, bis sie schließlich bei Muhammad angelangt waren, um die behauptete Handlung oder Aussage auf ihn zurückzuführen. Es ist nicht nötig, hier weiter auszuholen, sämtliche koranischen Geschichten aufzuzählen und sie mit den Israiliyât zu vergleichen. Denn all dies und noch Weiteres, wie die Übernahme des persischen und des christlichen Erbes in den Koran, ist bereits hinreichend erforscht. Betonen müssen wir an dieser Stelle allerdings, dass der Koran einerseits in den nahöstlichen theologischen Kontext gehört und in ihm verwurzelt ist, andererseits aber auch in die arabische Gesellschaft, in der er formuliert wurde.

Selbstverständlich ist die Entlehnung und Aneignung von Geschichten kein rein islamisches Phänomen. Wenn wir uns einig sind, dass der Koran zahlreiche bekannte Geschichten aus dem Alten Testament übernimmt, wie die Schöpfung von Himmel und Erde in sechs Tagen und die Erschaffung Adams, die Prophetengeschichten, einige gesetzliche Regelungen und noch Weiteres, was ist dann mit der Quelle? Wissenschaftler haben festgestellt, dass die Geschichten und gesetzlichen Bestimmungen in den Büchern des Alten Testaments auf sumerischen, babylonischen und assyrischen Aufzeichnungen fußen und die Verfasser vieles übernahmen, was ihnen nützlich war, jedoch in großem Umfang alles strichen, was nicht ihre Billigung fand. Genauso verfuhren die Verfasser des Korans, wenn sie Geschichten entlehnten und so modifizierten, dass sie im Einklang mit der Wüstenumgebung standen, wie zum Beispiel die Darstellung des Paradieses, wo Bäche fließen und an Früchten vorhanden ist, was das Herz begehrt, eben alles, was der Mensch in der Wüste entbehrte.

Aber ist Literatur dies nicht immer: eine Reihe von Variationen, die um nur wenige Grundthemen kreisen? Eines dieser Themen ist die Rückkehr. Ein gutes Beispiel dafür bildet die *Odyssee*. Ein anderes Motiv sind die Liebenden, die einander finden, die Liebenden, die gemeinsam sterben, Romeo und Julia beispielsweise. Oder die Opferung des Helden für die

Gemeinschaft, Prometheus, der für die Menschen das Feuer raubt, und desgleichen mehr. Ohne Homer hätte es keinen Vergil gegeben, ohne Vergil keinen Dante. *Ilias, Aeneis, Göttliche Komödie* – ihnen kann man den Tanach, das Neue Testament und den Koran gegenüberstellen. Jedes ist eine Fortsetzung von Vorausgegangenem, angewendet auf die Fragen seiner Zeit. Mündliche Erzählungen verbreiteten sich in verschiedenen Sprachen, wanderten von einem Ort zum anderen, um schließlich zu schriftlichen Texten zu werden.

Früher, in grauer Vorzeit, dem Tag am Fuße der Leiter, wussten die Menschen noch nicht, dass die Nachkommenden die Aufzeichnungen in politische Dogmen verwandeln würden, in Aufrufe zu Hass und Krieg, zum Liquidieren des anderen, ohne dass irgendetwas an den Geschichten dies erzwänge. Einzigartig sind sie allesamt, und einst erzählte sie jemand, der über die Bühne des Lebens irrte. Wer ihnen zuhörte, fand vielleicht einen gewissen Nutzen oder Genuss in ihnen und dachte nicht daran, dass sie ihm den Tod bringen könnten – Geschichten, die einander durchdrangen, bis sie Eigentum sämtlicher Sprachen und Kulturen wurden.

1 Für sämtliche Koranzitate in dieser Übersetzung siehe: Der Koran. Neu übertragen von Hartmut Bobzin, München 2015 (Anm. d. Übers.).
2 Für die Propheten im Islam wurde jeweils die arabische Namensform verwendet, wie sie sich im Koran findet. Zugunsten der besseren Lesbarkeit wurde dabei auf eine vereinfachte Umschrift zurückgegriffen und auf Sonderzeichen weitgehend verzichtet. Nur lange und gleichzeitig betonte Vokale wurden durch einen Zirkumflex gekennzeichnet. Die in den Zitaten aus Hartmut Bobzins Koranübertragung leicht abweichende Schreibung arabischer Namen resultiert aus der Verwendung eines anderen Umschriftprinzips. Wo Bobzin die Namen aus dem Koran in die im Deutschen geläufige Form übersetzt hat, wurde jeweils der arabische Name in eckigen Klammern hinzugefügt (Anm. d. Übers.).

Eva

Im Anfang. Beginn einer dynamisierten Ewigkeit, der das Taumelgeschöpf Zeit entspringt, welches im Lauf der Jahrtausende unerbittlich an Präzision gewinnt. Licht – Tag. Finsternis – Nacht. Das Meer. Der Himmel. Die Erde. Das Paradies. Wir kennen Eva, Adam und Eva. Eva wurde aus des schlafenden Adams Rippe erschaffen. Der göttliche Odem wurde in sie beide eingeblasen, das kennzeichnet sie als herausragende Geschöpfe, Gott näher stehend als die Tiere. Auf den Odem kommt es an, nicht allein auf das Wort *machen*, das bei den Schöpfungsetappen mehrfach fällt. Man kann sich den Akt auch anders vorstellen, als Fingerzeig etwa, aber dann wäre die Beseelung des Menschen nicht so intim mit Gott in Verbindung gebracht. Als ein von Ihm behauchtes Geschöpf ist der Mensch Gott nah. Später fällt oft das Wort *Ruf*. Es richtet sich an den bereits existierenden Menschen, der zu einem Innehalten und zur Umkehr aufgefordert wird. Adam ist zunächst jedoch nur Mensch. Erst bei der Erschaffung Evas, während Adam in einen tiefen Schlaf fällt, entsteht die definierte Zweiheit von Mann und Frau. Die Einsamkeit des ersten Menschen war groß, denn er hatte nur die Tiere um sich, mit denen er jedoch nicht sprechen konnte. Mit dem Augenaufschlag Evas war die Möglichkeit des Sprechens eröffnet und damit die Sonderstellung des Menschen betont. Wiewohl die moderne Zoologie weiß, dass es erstaunlich komplexe Arten der Verständigung bei manchen Tieren gibt, bleibt es das Privileg des Menschen, sich differenziert in Lautfolgen und mit Hilfe einer zunehmend ausgefeilten Grammatik zu verständigen. Es darf allerdings bezweifelt werden, dass die biblischen Erstmenschen schon Sätze im Perfekt geformt, gar den Konjunktiv beherrscht haben könnten. Das Gedächtnis war noch nicht gefüttert mit Erlebnissen, um das sprachliche Erfassen der Vergangenheit herauszubilden, erst recht nicht, um die in der Vergangenheit liegenden Möglichkeiten zu erkunden. Vor der Verführung durch die Schlange gab es ja auch keine Zukunft, das paradiesische Leben bestand aus einem genussreichen Jetzt und Immerdar. Die beiden ersten Menschen wurden geschaffen, mussten aber nicht erzogen werden. Sie waren annähernd vollkommen. Gott vertrat bei ihnen nicht die Stelle von Vater und Mutter.

Annähernd vollkommen, aber nicht ganz. Wären Adam und Eva restlos von der Vollkommenheit durchdrungen gewesen, hätten sie gar nicht sündigen können. Mit ihnen ist die gesamte Menschheit samt und sonders *gefallen*. Gerade das ihnen nicht Zuträgliche hat ihren Gefallen gefunden. Wir kennen die Geschichte mit dem Apfel, das Verbot, vom Baum der Erkenntnis zu essen, kennen die lispelnde Schlange, der das teuflische Privileg zukommt, als einziges Tier im Paradies sprechen zu können. Sie ist ein höchst seltenes Wesen, denn sie kann nicht nur vor sich hin zischeln, sondern auch mit lockenden Worten verführen. Natürlich kreuzen auch in zahllosen Märchen kluge Tiere auf, die sprechen können. Oft beherrschen sie sogar eine erstaunliche Gewandtheit der Rede. Im Märchen sprechen jedoch selten luziferische Windewürmer mit gespaltener Zunge, sondern Raben, Mäuse, Ratten, Löwen, Bären, Frösche, hin und wieder ein Schlänglein mit Krönchen. Ganz und gar ins Reich der Legende wollen wir die Geschichte vom Paradies aber nicht verbannen. Dazu besitzt sie eine zu große Sprengkraft als Parabel für die Hirnleistung des Menschen und seine Leiden. Im Paradies war doch alles wunderbar. Wozu sündigen? Wozu das einzige, noch dazu klitzekleine Verbot übertreten, das es überhaupt gab?

Ohne Zweifel war die Schlange ein märchenhaft begabtes Schwatzgeschöpf und wendete auf die Verführung Evas mehr Worte und bezwingendere Satzaufschwünge als in der Bibel vermerkt. Zu einer erfolgreichen Verführung gehört ja das süße Gelispel. Am Ende der Geschichte haben die Tiere in zumindest einer Hinsicht gewonnen: Sie brauchen sich nicht zu verhüllen, weil sie keine sexuelle Scham kennen.

Auch wenn es auf den ersten Blick nicht so scheint, war die Tat Evas, auch ihrem Mann den Apfel vom Baum der Erkenntnis zu reichen, um diesen gemeinsam zu verzehren, keineswegs die simple Übertretung eines Verbots, sondern ein Akt mit äußerst weitreichenden Folgen. Seither werden alle Menschen von der Last der Ursünde niedergedrückt und sind gezwungen, sie in den verschiedensten Varianten, kleinen wie großen, zu wiederholen. Das Bemerkenswerte an der Erkenntnis, die den Menschen Gott annähert, ohne ihm dessen Macht- und Gestaltungsfülle zu verleihen, ist das Vermögen, zwischen Gut und Böse zu unterscheiden. Damit wurde die Vertreibung des Menschen aus unmündiger Unschuld besiegelt und eine ungeheure Dynamik in Gang gesetzt. Wer nie Erkenntnis besessen hat, mag sich in einem Paradies, in dem wohlwollende Naivität herrscht, wohlfühlen. (Falls Wohlgefühl, gar die entzückte Seligkeit, als immerwährender Zustand überhaupt denkbar ist). Ein Wesen, dessen Gehirnzellen von Neugier geleitet werden, ist im Herrlichen wie im Grausamen ganz anderer Taten fähig. Insofern setzt die Ambivalenz, die diesem Schöpfungsmenetekel innewohnt, eine Schwirrnis von Erfahrungen frei, die den Menschen in einen Abgrund führen oder ihm zu einer herzerhebenden Himmelsschau verhelfen können. Kurioserweise ist es die neugierlüsterne, man könnte auch sagen, die nach Erkenntnis dürstende Frau – und nicht der Mann –, die das Geschehen in Gang setzt. Und damit ist der Weg für Evas Nachfahren vorgezeichnet, eines Tages zu der Vermutung zu gelangen, dass es Gott womöglich gar nicht gibt. Ohne Zweifel, die stetig an ihr zwacken, ist Erkenntnis gar nicht möglich. Sie muss sich ja fortwährend öffnen für diesen radikalen Gesellen an ihrer Seite, der fragt und fragt und fragt und dabei die Tendenz hat, das scheinbar Sichere umzustoßen zugunsten eines immerzu neuen, anders verlockenden Wissens.

Aus der spielerischen Freiheit der Unschuld in die Zwangsjacke der Sünde. Halten wir fest: Eva ist die erste Figur in der Bibel, deren Neugier, modern gesagt, deren Wissensdurst, die Geschichte der Menschheit in Gang setzt. Zugleich flackert darin schon das faustische Menetekel, ständig über die eigenen Grenzen hinauszugehen und dabei Prozesse in Gang zu setzen, die nicht beherrschbar sind. Wenn's anders kommt als gewollt, paart sich Neugier nur zu gern mit der Verleugnung, denn von Gott ertappt, bezichtigten sich unsere Ureltern wechselseitig der Schuld. Und das ist ein Mechanismus, der uns gut bekannt ist und zum finsteren Erbe der Ursünde zählt, die sich dadurch ungehindert fortzeugt. Die eigene Schuld ohne Ausflüchte und Verdrehungen der Wahrheit nüchtern zu erkennen, so etwas kommt bei Menschen äußerst selten vor, auch bei den phantasiebegabten Schuldbohrern, die sich gern kasteien, um sich dadurch anderen überlegen zu fühlen. Wir haben grundsätzlich einen für unsere Zwecke günstig gefärbten Blick auf die Welt, vor allem aber wähnen wir uns den Menschen überlegen, denen wir in Worten oder Taten geschadet haben. Über die tatsächliche, die anbehauptete oder erfundene Schuld hat die Psychoanalyse dank ihrer Patienten einen großen Erfahrungsschatz angesammelt, aber dieser Schatz breitet sich, wie es seit Fontane immer so schön heißt, über *ein weites Feld*, das wir hier nicht bestellen können. Wie schwer die Schuld wiegen und wie erleichternd es sein kann, wenn diese von einem genommen wird, das bringt der Hymnus *Ave, maris stella* zum Ausdruck, der das gewendete Schicksal des Menschen seit Eva durch Maria zum Ausdruck bringt: *Ave, maris stella, / Dei Mater alma / Atque semper Virgo / Felix caeli porta. / Sumens illud Ave / Gabrielis ore, / Funda nos in pace, / Mutans Hevae nomen ... Meerstern, sei gegrüßet, Gottes hohe Mutter, / allzeit reine Jungfrau, / selig Tor zum Himmel! / Du nahmst an das Ave / aus des Engels Munde. / Wend den Namen Eva, / bring uns Gottes Frieden.*

Kehren wir zu Adam und Eva zurück. Die Schwierigkeit bei ihrer Geschichte ist weniger, dass sie in einem mythischen Bett gezeugt wurde und deshalb einer naturwissenschaftlichen Betrachtung nicht standhält. Das Thema, das hier verhandelt wird, siedelt in der geistigen Verfasstheit des Menschen, die sich bis heute nicht so geändert hat, dass es obsolet wäre, sich damit zu beschäftigen. Evas und Adams Vertreibung aus dem Paradies hat eine Fülle von Interpretationen hervorgelockt, die alles andere als naiv sind. Die Schwierigkeit liegt im erschütterten Glauben an die Wirkmacht Gottes, die als Auge und Ohr über diesem biblischen Anfang hängt. Wenn Er dem Bösen den Eintritt in die Schöpfung nicht verwehrt hat, dann ist dies womöglich auf Seine Schwäche zurückzuführen, auf eine momentane Geistesabwesenheit oder auf einen monströsen Spieltrieb. Oder, oder, oder ... die Möglichkeiten der Deutung spannen einen weiten Bogen über der Geschichte, darum ist sie so gut.

Zur Strafe der Vertreibung gehört natürlich die Entfremdung vom eigenen Körper, in welchem die Seele nicht mehr in inniger Verbindung mit ihm haust. Sie ist nun anderer Flugmanöver fähig, gerät in ein Spannungsverhältnis zu Knochen, Fleisch, Haut, Haar und Blut. Und wird zu einem Gefäß, in das das Denken einzieht und auf neue Weise in die Welt hinausfunkelt. Im besten Falle ist sie »... keine nervöse Entladung, sondern ein Feiern der Welt, Poesie. Der Leib ist ein fühlendes Gefühltes ... Als gefühlter steht er zwar noch auf der einen Seite, auf der Seite des Subjekts; doch als fühlender ist er schon auf der anderen Seite, auf der Seite des Objekts; er ist Denken, das nicht mehr gelähmt ist, er ist Bewegung, die nicht mehr blind ist, sondern Schöpfer von Kulturobjekten.«[1] Das führt zu einer völlig neuen Dimension von Selbstzweifeln und Selbstunterjochung in Bezug auf den eigenen Körper, von der wir heutzutage ein grusliges Lied singen können. Der Preis der Freiheit und der ästhetischen Anverwandlung an die Natur ist hoch. Wer davon gekostet hat, ist nicht mehr fähig, sich in der traulichen Naivität des Nichtwissens zu wiegen. Das Einssein mit dem Körper ist ihm genommen. Der Körper gerät dabei in eine besondere Zwinghaft. Adam und Eva müssen sich nun ihrer Nacktheit schämen und an geschlechtsverhüllendem Blattwerk herumbasteln. Damit ist auch die Demut beschädigt, nackt und bloß vor Gott zu stehen. Als Ausgestoßene erhalten sie von Gott eine Bedeckung mit Fell. Die Manie der Nudisten, durch prosternierende Nacktschau der einst verhängten Scham zu entkommen, ist kein wirksamer Ausweg aus dem Dilemma.

Die Dynamik von Neugier, Wissen und Leid wird natürlich auch in der Mythologie verhandelt. Bei den antiken Griechen ist es Prometheus, der das Feuer zu den Menschen bringt und damit eine machtvolle Entwicklung in Gang setzt. Dafür wird er für lange Zeit streng bestraft – an einen Felsen geschmiedet, besucht von einem Adler, der täglich an seiner Leber frisst. Wenig später wird die Büchse der Pandora geöffnet, aus der eine Vielzahl quälender Übel entfleucht, darunter Krankheit und Tod, die die Menschheit seither bedrücken. Sowohl in der Bibel als auch in der antiken griechischen Sage geht es um ein Sich-Emporraffen des Menschen, den Versuch, gottgleich zu werden, der in beiden Fällen schlimm ausgeht, meistens zum Tod führt. Johann Georg Hamann sah darin vor allem einen Verlust der *Seinsfrische*, und er hatte dafür auch einen poetischen Vergleich zur Hand, der von einer Schönheit kündet, die in aktuellen Gedichten kaum aufscheint. Den Sündenfall verglich er mit zerschnittenen Gedichtteilen, die wieder zusammengesetzt werden müssten, um eine Erneuerung des Garten Eden außerhalb seiner zu bewirken.[2]

Der Baum der Erkenntnis, den man auch als den Baum Evas bezeichnen könnte, taucht übrigens in verwandelter Form im Neuen Testament wieder auf. Das Holz des Kreuzes, an dem Jesus Christus gehangen hat, soll von jenem berühmten Paradiesbaum stammen, der Eva zum Verhängnis wurde. Das Neue Testament ist immer bestrebt, Bezüge zur jüdischen Bibel herzustellen, zum einen als Beglaubigungsstrategie, zum anderen, um sein Potential der Umdeutung und Verwandlung unter Beweis zu stellen. Die Symbolkraft vieler Details aus der jüdischen Bibel, die dort verhandelte Genealogie, etliche Taten der wesentlichen Personen werden aufgerufen, um sie in eine andere Bahn zu lenken, vor allem aber, um das Auftreten und die Botschaft Jesu Christi von alters her zu legitimieren. Im Grunde spinnt das Neue Testament so manche alte Geschichte weiter und hebt sie auf eine neue Bühne. Und so wird die sehr viel später in Erscheinung tretende Maria zu einer Verwandten der Eva. Über den gewaltigen Zeitritt hinweg könnte man von zwei Schwestern reden, einer älteren, die das Unglück des Menschen heraufbeschwört, und einer jüngeren, die es in Gestalt ihres Kindes sänftigt und löscht.

Ebenso verfährt bisweilen der Koran, obwohl hier eine Vielzahl anderer Erzählmomente aus dem arabischen Kulturraum eindringt und die Verknüpfung mit den vorangehenden monotheistischen Religionen ungleich lockerer ist. Man darf dabei auch nicht vergessen, dass Mohammed sechshundert Jahre später als Jesus auf den Plan tritt, in einer Zeit, in der sich das Leben im Vorderen Orient bereits stark verändert hatte. Der Koran ist im Übrigen viel weniger an einer historischen Konstruktion interessiert als die Bibel, in der die Berichte systematisch gereiht werden, um aus dem Wandel der Menschheit eine schlüssige, bis zu einem gewissen Grade nachprüfbare Abfolge der Etappen einer heilsgeschichtlichen Vollendung zu entwickeln, in deren Bahn die Geschichte des Volkes Israel und später der gesamten Erdbevölkerung sich abspinnt, um dem großen Gericht und der Erlösung zuzustreben.

In Dantes *Divina Commedia* befinden sich Adam und Eva auf dem Gipfelrund des Läuterungsberges. In schwindelerregende Höhe ist die unangetastete paradiesische Landschaft versetzt worden. Hoch oben in den Wolken, wo das Paradies nun thront, ist es für lebende Menschen (mit Ausnahme des Jenseitspilgers Dante) nicht zu erreichen. Zwar durchschwirren Adam und Eva nicht den glanzdurchwobenen Luftraum des Himmels, wie es so manche Heilige als gänzlich erlöste Seelen vermögen, erst recht nicht gesellen sie sich zu den Scharen, aus deren Flugmanövern sich die um das göttliche Zentrum kreisende Himmelsrosette zusammensetzt. Auch weilen sie auf keinem der Sterne als ausgeprägte Charaktere, aber die Erbsünde ist bereits von ihnen genommen – bis auf einen winzigen Kleberest vielleicht, der von ihrer Anhaftung an das einst sündige Leben zeugt. Die irdische Landschaft ist in den Zustand der Perfektion zurückversetzt.

Darüber spekuliert Dante allerdings nicht. Ansonsten kommt Eva bei Dante nicht sonderlich gut weg, etwa in Canto 12 des *Purgatorio*, wo im Umlauf des Läuterungsberges Gottes bildnerische Felsarbeiten zu besichtigen sind. Lauter vermessene Sünder sind da im Relief zu bestaunen; zugerufen wird ihnen: »Stolziert einher denn, steifend die Genicke, / Ihr Kinder Evas; lasst den Kopf nicht hangen, / Dass euren üblen Pfad er nicht erblicke!«[3] Bei der riesigen allegorischen Prozession in Canto 32 des *Purgatorio*, die in der Ferne an Dantes Blick vorüberzieht, heißt es: »So wallten durch den hohen Forst wir, öde / Durch jener Schuld noch, die geglaubt der Schlange, / Nach Engelstönen mäßigend die Schritte.«[4]

Evas Schuld hallt also nach. In früheren Jahrhunderten wurde viel nachdrücklicher auf sie verwiesen als heute. Zum einen hat die Bibel in den modernen westlichen Gesellschaften an Prägekraft verloren, zum anderen neigen wir trotz aller Skepsis, die den Fortschritt begleitet, eher dazu, ihm zu huldigen. Einer paradiesischen Versorgungslandschaft begegnen wir allenfalls in Reiseprospekten. Der Apfelbiss Evas steht dann eher für den rasanten Aufstieg des Menschen aus der kindhaften Unmündigkeit in eine von raffinierten Techniken umgestaltete Lebenswelt. Aus naiver Sicht mag die Figur der Eva noch immer für das Einschleusen des Bösen stehen, auch in Gesellschaften, die den Frauen mit durchdringender Skepsis begegnen, ist das so. Bei genauerem Hinschauen entpuppt sie sich allerdings als eine unerschrockene Heldin des Fortschritts. Und damit wächst etwas heran, was man als Entlaufen des Menschen aus Gottes Hut, als eine Selbsterhebung bezeichnen kann. Erst langsam, im Lauf der Jahrhunderte, und dann immer schneller, bis der Mensch, wie Hans Urs von Balthasar so treffend sagte, zu einem geworden ist, »… der sich mit dem Ordnen des Diesseits *begnügt*, soweit es sich eben ordnen lässt. Der moderne Mensch ist metaphysisch resigniert, er lebt in der Bescheidung, ist sehr, sehr bescheiden geworden.«[5] Bescheiden mögen Evas Nachkommen zwar im Hinblick auf die Hoffnung auf Erlösung und ein mögliches Weiterleben nach dem Tod geworden sein, radikal unbescheiden sind sie jedoch in Bezug auf die Eroberung der Erde, ihre Nutzbarmachung für die eigenen Zwecke. Doch wer wollte leichterdings auf das glänzende Wissen der Naturwissenschaften verzichten, das dem reichen Teil der Welt eine unglaubliche Fülle von Annehmlichkeiten beschert hat? Trotz aller Verbundenheit mit den technischen Erneuerungen und naturwissenschaftlichen Entdeckungen unserer Gegenwart hat sich eine Fühlungnahme mit der Religion erhalten. Sie lebt spätestens dann auf, wenn ein Mensch aus seinem bisherigen Kosmos der Sorgen und Gewohnheiten gerissen wird und Bekanntschaft mit dem Tod schließen muss. Auch der hartleibigste Atheist wird sich auf dem Totenbett schwerlich vorstellen können, sang- und klanglos ins Nichts einzugehen, weil sich das Nichts dem Vorstellungsvermögen des Menschen beharrlich entzieht. Auf das Nichts ist keinerlei Verlass. Deshalb kehrt eine arme Seele in Not spätestens auf dem Totenbett zum kindlichen Wunschpanoptikum der Geborgenheit zurück.

Kehren wir nun wieder zu Eva zurück. Eine differenzierte Sicht auf sie taugt wenig für die Bearbeitung eines Stoffes, die ein größeres Publikum fesseln will. Eine durch und durch böse Eva beherrscht einen hinreißenden Schwarzweißfilm von Joseph L. Mankiewicz. Er trägt den vielsagenden Titel *All About Eve*. In ihm spielt Bette Davis eine junge, aufstrebende Schauspielerin, die eine ihr fürsorglich zugewandte ältere Kollegin gekonnt aus dem Feld schlägt. Klar zuzuordnen lässt sich dieser modernen Eva ein Adam allerdings nicht, wiewohl sie eine erstklassige Verführerin und Männerkönigin ist. Allerdings bleibt sie in der Geiselhaft eines durchtriebenen Kritikers, der ihre intriganten Machenschaften durchschaut. Wer weiß, vielleicht findet sich hier Adam in der Rolle eines einflussreichen Mentors wieder, der im selben trüben Gewässer fischt wie sein weiblicher Schützling. Ein Mann namens Jacob Dean Stockton sah den Film und lebte fortan mit der fixen Idee, Bette Davis sei leibhaftig die wiederauferstandene Eva. Auf dem Hollywood Boulevard vor Grauman's Chinese Theatre griff er eine Frau mit dem Messer an, die er für Bette Davis hielt. Er wurde in die Psychiatrie eingewiesen. In dem Häuschen, das er mit seiner Mutter Krystal Eve Stockton bewohnt hatte, fand sich der Kellerraum, beklebt mit Photographien der Schauspielerin, mal mit abgeschnittenem Kopf, mal mit Schnitten an Brust und Unterleib, die mit roter Farbe markiert waren. Stockton nahm sich in der Anstalt das Leben. Er erhängte sich mit einem Betttuch, auf das in roter Malkreide geschrieben stand: *Evil Eve*.

In vielen älteren Gemälden sind Adam und Eva schön. Eva ist sogar sehr schön. Blondes oder rötliches Haar umrahmt ihren Kopf, ihre sehr hellen Gliedmaßen wirken biegsam und schlank. Natürlich sind die Eltern der Menschheit im Paradies noch jung, Adam scheint um ein weniges älter, beide sind gerade erblüht, um es miteinander zu treiben und Kinder zu bekommen. In einem Gemälde von Lucas Cranach dem Älteren von 1531 ist Eva nackt, langhaarig und blond. Die zierlich gelockte Schönheit reicht ihrem Adam den berühmten Apfel. Ein Ast mit Feigenblättern und einer unreifen Frucht ist in ihren Händen, zur Bedeckung der Blöße Adams. Traulich steht ein Hirsch neben ihm, ein schönäugiges, aufmerksames Tier. Einen Huf hält er wie ein schüchternes Mädchen ein bisschen angewinkelt, dennoch ist er eine glaubwürdige Paradiesgestalt. Neben Eva befindet sich ein Löwe, zwar ebenfalls friedlich, doch sein Haupt ist geduckt. Im Vergleich zum Hirsch wirkt er kurios vergrätzt. Ein Viech, das sich ärgert. Vermutlich hat der Maler noch nie einen ruhig dastehenden Löwen in Gefangenschaft studieren können. Interessant ist die Schlange, bäuchlings hell, ihre Oberseite dunkel. Sie windet sich aus dem Baum der Erkenntnis heraus, ihr Lispelmaul befindet sich über dem Scheitel Evas. Womöglich zischelt sie noch immer süße Worte vor sich hin, um zu bekräftigen, was gleich geschehen wird. Der Apfelbiss ist jedenfalls nicht fern. Auf die Gestaltung des Paradieses hat die europäische Malerei einige Jahrhunderte lang große Mühen gewendet und wartet mit wundersamen Ergebnissen auf. Damit ist durchaus eine wesentliche Form der Erkenntnis verbunden: Die genaue Anschauung der Natur, oftmals bevölkert von exotischen Tieren und prachtvollen Vögeln, gründet auf der Sehnsucht, mit Gott und allen seinen Geschöpfen in Eintracht zu leben. Die hinreißenden Waldbilder von Roelant Savery, in denen sich heimische und fremde Tierarten tummeln, sind von Menschenhand geschaffene Landeflächen für die göttliche Friedensschöpfung. Wobei sich der immer genauer werdende Blick auf Tiere und Pflanzen noch eine geraume Zeit lang mit der Phantasie von ewiger Schönheit verträgt.

Die naturkundlichen Forschungen heutigentags sind zwar immer noch bewundernswert, zumal sich durch neue Kameratechniken eine unglaubliche Präzision der Anschauung entwickelt hat, die uns Ehrfurcht vor der Schöpfung lehren kann, aber all diesen Paradiesen, die uns im Wohnzimmer vor Augen kommen, droht die Zerstörung. Es wirkt manchmal so, als würden Tausende von Kameras etwas dokumentieren, was es bald nicht mehr geben wird. Nicht allein dadurch, dass Tiere Tiere fressen, sondern durch den Raubbau des Menschen, der keine Genügsamkeit kennt.

In den modernen westlichen Gesellschaften ist Gott in eine verwaschene Unbestimmtheit gerückt, weil er einen äußerst potenten Gegner bekommen hat. Es ist nicht Luzifer, es ist das Geld. Oder, wenn man unbedingt will, Luzifer in Gestalt des universal herrschenden Kapitals, das unseren Alltag dominiert und als phantasmagorische Währung unsere Träume invadiert hat. Jedermann weiß, dass am Geld ein Fluch klebt, der den Menschen umtreibt und ihn unersättlich werden lässt. »Wir sind die Geschöpfe eines großen Durstes, darauf versessen, an einen Ort heimzukehren, den wir nie gekannt haben.«[6] Natürlich ist dieser Ort paradiesisch, auch wenn es uns inzwischen an Kraft fehlt, ihn in einer großen Dichtung zu beschwören, gar seine leuchtenden Einzelheiten zu gestalten. Die großen Schriftsteller des zwanzigsten Jahrhunderts wissen sehr genau um den Verlust solcher Gestaltungskraft und suchen Auswege, teils sind diese komisch wie bei Samuel Beckett, oft von herablassender Bitterkeit, teils verstörend wie bei Franz Kafka. Bei Marcel Proust ist Er unauffindbar hinter einem ästhetischen Glanzgewebe verschwunden, die Macht der Kathedralen ist zwar stolz, aber auch verzwergt zu äußerlichem Prunk, sie reicht nicht mehr hin, Ihn zu erwecken. Ein müder Gott, ein schlafender Gott, ein abwesender Gott interessiert sich nicht mehr für das Verschleichen der messianischen Energie. Seine Werkstatt ist verwaist. Damit ist es insbesondere um die bildende Kunst geschehen, aber so langsam sich abzeichnend auch um Literatur und Musik. Eine Kunst, die sich nicht mehr die Frage nach dem göttlich durchfluteten Sein im Schein stellen kann, hat am Ende nichts mehr zu bedeuten, allenfalls plakativen Unsinn, der sich noch ein bisschen bläht. Die Gott nacheifernden Energien des Menschen verlieren an Wert, weil sie sich nur noch in der ausschließlich dem Gebrauch dienenden Technik entladen können (deren

Subtilitäten in der Formgebung man eine betörende Schönheit bisweilen nicht absprechen kann). Eine stabile Wegbefestigung im Diesseits für die Reise ins Jenseits, die immer auch eine Reise zum Anfang ist, suchen wir vergebens. Bombastische Science-Fiction-Filme, die versuchen, die Leere der Zukunft zu füllen, sind da kein rechter Trost. Die geistige Reise zum Anfang, zu Eva und Adam, bietet dagegen immer noch eine erstaunliche Fülle von Spekulationen – über das Wesen des Menschen, darüber, was ihn umtreibt, wie er sich Gott entzieht und vorsichtig tastend zu Ihm zurückfindet.

1 Emmanuel Levinas, Humanismus des anderen Menschen, Hamburg 2005, S. 19.
2 Gerhard Nebel, Hamann, Stuttgart 1973, S. 198.
3 Dante Alighieri, Dantes Göttliche Komödie, übertragen von Georg van Poppel, Würzburg 1928, S. 227.
4 Dante Alighieri, Die Göttliche Komödie, aus dem Italienischen von Philalethes (König Johann von Sachsen), Frankfurt am Main 2008, S. 278.
5 Hans Urs von Balthasar, Eschatologie in unserer Zeit, Einsiedeln 2010, S. 91.
6 George Steiner, Grammatik der Schöpfung, München und Wien 2001, S. 25.

Hawwâ

Der Koran, so heißt es, verlange von den Frauen, keusch und anständig zu sein und sich nicht »nach Art der ›Zeit der Unwissenheit‹ zuvor« herauszuputzen, sondern zu Hause zu sitzen, auch wenn sich der entsprechende Appell, wie wir im Folgenden sehen werden, eigentlich an die Gattinnen des Propheten Muhammad richtet:

»Ihr Frauen des Propheten! Ihr seid nicht wie die anderen
                                                    Frauen.
Wenn ihr gottesfürchtig seid, dann redet nicht unterwürfig,
so dass nicht jemand, in dessen Herzen eine Krankheit ist,
                                                    begehrlich wird.
Sprecht auf angemessene Weise!
Bleibt in euren Häusern wohnen,
und putzt euch nicht heraus nach Art der ›Zeit der
                                        Unwissenheit‹ zuvor!
Verrichtet das Gebet,
entrichtet die Armensteuer,
und seid Gott und seinem Gesandten gehorsam!
Gott möchte ja die Unreinheit von euch nehmen,
ihr ›Leute des Hauses‹, und euch ganz und gar reinigen.
Gedenket dessen, was in euren Häusern vorgetragen wird
von den Versen Gottes und der Weisheit.
Siehe, Gott ist umsichtig, erfahren.« (Sure 33,32-34)

Ich halte diesen angeblichen Anspruch an die Frauen deshalb für diskussionswürdig. Genau wie die Stelle, an der sie dazu angehalten werden, ihre Scham zu bewahren. Denn dort sind auch die Männer angesprochen:

»… den Männern und den Frauen, die ihre Scham
bewahren …
all denen hält Gott Vergebung und reichen Lohn bereit.«
(Sure 33,35)
Oder der Aufruf an die Frauen, den Hidschab zu tragen, wie
ihn manche spätere islamische Gelehrte aus einigen Suren he-
rauslesen, zum Beispiel aus folgender:
»Und sprich zu den gläubigen Frauen, dass sie ihre
Blicke senken
und ihre Scham bewahren und ihren Schmuck nicht
zeigen sollen,
bis auf das, was ohnehin zu sehen ist,
und dass sie sich ihren Schal um den Ausschnitt schlagen
und dass sie ihren Schmuck nur ihren Gatten zeigen
sollen,
den Vätern und den Schwiegervätern, den Söhnen und
Stiefsöhnen,
den Brüdern und den Söhnen ihrer Brüder oder
Schwestern,
dann ihren Frauen oder ihren Sklavinnen
und den Eunuchen und den Kindern,
die die Scham der Frauen noch nicht kennen.
Ihre Beine sollen sie nicht eins auf das andere legen,
so dass man ihren dort verborgenen Schmuck bemerke.
Und wendet euch alle Gott reumütig zu, ihr Gläubigen!
Vielleicht wird es euch dann wohlergehen!« (Sure 24,31)
Oder aus einer weiteren Sure, auch wenn es darin wieder vor
allem um den Propheten und seine Frauen geht:
»Prophet! Sag deinen Gattinnen und deinen Töchtern und
den Frauen der Gläubigen, sie mögen
ihre Gewänder über sich schlagen;
es ist dann leichter, dass man sie erkennt,

auf dass sie nicht belästigt werden.
Gott ist bereit zu vergeben, barmherzig.« (Sure 33,59)
Und nicht zuletzt aus den Versen, in denen der Koran Anstandsregeln für den Eintritt von Männern in die Häuser des
Propheten aufstellt:
»O ihr, die ihr glaubt! Betretet nicht die Häuser des
Propheten
– es sei denn, ihr seid zum Essen eingeladen –,
ohne den rechten Zeitpunkt abzuwarten; doch tretet ein,
wenn ihr gerufen werdet!
Und wenn ihr gegessen habt, geht fort, ohne euch in ein
Gespräch zu verwickeln.
Das könnte dem Propheten lästig sein, so dass er sich euch
gegenüber schämt;
Gott aber schämt sich nicht der Wahrheit.
Und wenn ihr seine Frauen um eine Sache bittet, so tut das
hinter einem Vorhang!
Das ist für eure und ihre Herzen besser.
Ihr sollt dem Gesandten Gottes nicht lästig fallen
und auch niemals seine Frauen nach ihm ehelichen!
Siehe, das wäre bei Gott ungeheuerlich.« (Sure 33,53)
Kurz, all diese Appelle, die der Koran an die Frau richtet, sind
für die Allgemeinheit unerheblich, denn bei genauerer Prüfung stellen wir fest, dass sich die meisten davon auf die Ehefrauen des Propheten Muhammad beziehen. Der Koran verbietet es sogar, eine von ihnen nach seinem Tod zu ehelichen,
obwohl er allen übrigen muslimischen Witwen eine erneute
Heirat gestattet. Nichts von alledem also muss uns interessieren, abgesehen von einer Sache, in der sich der Koran in
frauenfreundlicher Weise von den feindseligen und die Frau
abwertenden Äußerungen der anderen heiligen Schriften, besonders des Juden- und des Christentums, abhebt.

In den meisten Religionen wird die erste Sünde auf der Welt und in der Menschheitsgeschichte Eva zugeschrieben, besonders in der Thora. Der bekannten Geschichte zufolge war sie aus der Rippe Adams erschaffen worden, sie gehörte also zu ihm, doch sie allein gehorchte dem Satan und verführte Adam im Paradies, von genau dem Baum zu essen, dem sich zu nähern und von dessen Früchten zu kosten Gott ihnen verboten hatte. Dass Gott Adam und Eva aus dem Paradies verbannte, ist also allein ihre Schuld.

Fünfundzwanzigmal in neun Suren kommt Âdam im Koran vor.[1] Hawwâ (Eva) wird sonderbarerweise nicht namentlich genannt, genauso wenig wie die verbotene Frucht Erwähnung findet. Nur von einem Baum ist die Rede, dem »Baum des ewigen Lebens« (Sure 20,120). Dieser Baum erinnert uns an die Pflanze der ewigen Jugend, nach der Gilgamesch im nach ihm benannten Epos sucht. Aber das ist hier nicht das Thema. Vielmehr geht es hier darum, dass erstens Hawwâs Erschaffung im Gegensatz zu der in jeder der neun Suren ein wenig anders beschriebenen Schöpfung Âdams im Koran nicht erwähnt wird. Der Koran begnügt sich damit, sie in Verbindung mit Âdam zu nennen, um zu zeigen, dass sie überhaupt existiert. Aber wie sie erschaffen wurde und woher sie gekommen ist, darauf finden wir dort keine Antwort. Mögen Sunniten und Schiiten über Hawwâs Schöpfung auch uneinig sein, mit einer Koransure können beide Seiten ihre Behauptungen nicht belegen. Nach Meinung der Sunniten schuf Gott Hawwâ aus Âdams Rippe, während die Schiiten diese Vorstellung ablehnen. Ihrer Ansicht nach formte Gott Hawwâ aus dem Lehm, der bei Âdams Erschaffung übrig geblieben war.

Zweitens soll hier hervorgehoben werden, dass sich die koranische Erzählung über die erste Sünde von jener der Thora unterscheidet. Denn nicht Âdams Frau Hawwâ wird hier für die Freveltat, vom verbotenen Baum zu essen, verantwortlich gemacht. Wer sich den Koran noch einmal genauer ansieht, wird feststellen, dass die erste Sünde und die Vertreibung aus dem Paradies in nur drei Suren mehr oder weniger detailliert geschildert werden. Wir wollen zwei davon zitieren:

»Wir sprachen: ›Adam! Bewohne du mit deiner Frau den
Garten,
und esst daraus in reichem Maß, wo immer ihr nur wollt!
Doch naht euch diesem Baume nicht,
denn sonst gehört ihr zu den Frevlern!‹
Doch der Satan [Schaitân] ließ sie beide an ihm straucheln
und trieb sie dann hinaus aus dem, worin sie waren.
Wir sprachen: ›Steigt herab! Ihr seid einander feind!
Auf Erden sei euch eine feste Statt und Lebensgenuss für
eine Zeit!‹
Da wurden Adam Worte von seinem Herrn zuteil, und
der kehrte sich ihm zu.
Siehe, er ist es, der sich gnädig zukehrt, der Barmherzige.
Wir sprachen: ›Steigt von ihm herab, allesamt!
Wenn dann Rechtleitung von mir zu euch kommt –
wer dann meiner Leitung folgt,
die brauchen keine Furcht zu haben und sollen auch nicht
traurig sein!« (Sure 2,35-38)

»Wir hatten früher schon mit Adam einen Bund
geschlossen,
doch er vergaß ihn;
wir fanden bei ihm keinen festen Willen.
Als wir zu den Engeln sprachen:
›Werft euch vor Adam nieder!‹
Da warfen sie sich nieder,
außer Iblis, der weigerte sich.

41

Da sprachen wir:
›Adam, siehe, dieser da, der ist ein Feind von dir und
deiner Frau.
Dass er euch nur nicht aus dem Paradiesesgarten treibe
und du dann ins Elend gerätst!
Siehe, dir ist bestimmt:
Du brauchst dort nicht zu hungern und auch nicht nackt
zu sein;
du brauchst dort nicht zu dürsten und keine Sonnenhitze
zu leiden.‹
Da flüsterte ihm Satan [Schaitân] zu:
›Adam, soll ich dich zum Baum des ewigen Lebens führen
und zu einer Herrschaft, welche nie vergeht?‹
Da aßen beide von ihm, und ihre Blöße wurde ihnen
bewusst.
Und sie begannen, sich mit Blättern aus dem Garten zu
bedecken,
die sie zusammenfügten.
So trotzte Adam seinem Herrn und irrte ab.
Doch dann erwählte ihn sein Herr, kehrte sich ihm zu und
leitete ihn recht.
Er sprach: ›So steigt gemeinsam von ihm herab;
ihr seid einander feind.‹
Wenn dann von mir Rechtleitung zu euch kommt,
so wird der, welcher meiner Leitung folgt,
nicht in die Irre gehn und auch nicht elend sein.
Doch wer sich von meiner Mahnung abwendet,
der hat ein karges Leben.
Blind werden wir ihn zum Tag der Auferstehung
einberufen.
Er wird sprechen: ›Mein Herr, weshalb hast du mich
blind einberufen,

wo ich doch sehend war?‹
Und er wird sprechen: ›So ist es!
Unsere Zeichen kamen zu dir,
und du hast sie vergessen.
Also bist du heute auch vergessen!‹« (Sure 20,115-126)
Wir können deutlich erkennen, wem der Schaitân etwas
einflüstert und wer hier die Freveltat begeht: Es ist in erster Linie Âdam, der durch die göttliche Prüfung fällt und
der Verführung erliegt, nicht seine Frau Hawwâ. Und auch
wenn in Sure 2 davon die Rede ist, dass es dem Schaitân gelingt, alle beide ins Verderben zu stürzen – »Doch der Satan
[Schaitân] ließ sie beide an ihm straucheln / und trieb sie dann
hinaus aus dem, worin sie waren« –, ist doch Âdam derjenige, der namentlich angesprochen und davor gewarnt wird,
sich dem verbotenen Baum zu nähern. Er ist es auch, der am
Ende seinen Herrn um Verzeihung bittet und bereut. Dies ist
ein weiterer Hinweis darauf, dass er der Ungehorsame war,
denn es wird nicht erwähnt, dass auch Âdams Frau Hawwâ
den Herrn um Vergebung gebeten hätte. Nun sind sich die
verschiedenen islamischen Lehren und Gruppierungen einig,
dass Hawwâ die Mutter der Menschheit ist und nicht etwa
aufgrund eventuellen Ungehorsams in die Hölle kam. Wie
aber wäre dies zu erklären, wenn sie sich wirklich Gott
widersetzt und der Verführung des Schaitâns nachgegeben
hätte?
Trotzdem wird die Geschichte im Volk anders erzählt. Man
stützt sich dabei auf einen Hadith über den Propheten Muhammad. Er geht auf Abu Huraira zurück, dessen auf Muhammad Bezug nehmende Hadithe, obwohl sie im Sahîh al-
Buchâri stehen, größtenteils zweifelhaft sind: »Al-Buchâri
und Abu Huraira berichteten über Muhammad, er habe gesagt: ›Wäre Hawwâ nicht gewesen, hätte nie eine Frau ihren

Mann verraten.‹«, sprich, hätte nicht Hawwâ Âdam verraten, indem sie ihn dazu verführte und anstiftete, vom verbotenen Baum zu kosten, womit sie eine Tradition anstieß, hätten spätere Frauen solches mit ihren Männern auch nicht getan. Hawwâ habe also eine Schule des Verrats begründet. Aber würde ein Prophet vernünftigerweise so etwas sagen? Müsste er nicht fürchten, dass dies auf seine eigenen Frauen gemünzt würde?

Hier stellt sich nun die Frage: Was wäre, wenn die Leute den Koran tatsächlich gelesen und sich die entsprechende Geschichte über Âdam und seine Frau mal genauer angesehen hätten? Hätten sie nicht ihre Meinung geändert und der Frau wieder mehr Respekt entgegengebracht, wenigstens im Hinblick auf die Ursünde? Denn wenn der Koran irgendwo eine Ausnahme und Besonderheit darstellt und sich in seinen Erzählungen nicht vollständig auf die Israiliyât verlässt, dann in der Geschichte von Âdam und Hawwâ. Dagegen greift hier das Volk zu den Israiliyât. Interessanterweise haben die beiden hier den Standpunkt getauscht.

Die Volksmeinung stützt sich auf die Geschichte aus der Thora, weil sie ihren gesellschaftlichen Wunschvorstellungen entspricht, ihrer beduinischen Neigung, alles Männliche zu verherrlichen und die Frau abzuwerten: der Mann als Kämpfer und die Frau, im Fall eines Angriffs anderer Stämme, als potentielle Beute. Wird sie gefangen genommen, ist dies ein Angriff auf seine Ehre. Oder weil der Mann sich als Mittelpunkt der Welt sieht, als höchstes Wesen auf Erden. Wird er von einem Fluch getroffen, muss der Grund dafür die Frau sein. Darin sind sich die Anhänger aller drei großen Offenbarungsreligionen einig: Die Frau steht unter dem Mann. Bestenfalls wurde sie aus seiner Rippe erschaffen oder aus dem Rest des Lehms, aus dem er geformt wurde. Außerdem ist er, seit er von dem verbotenen Baum gegessen hat, ihren Verführungskünsten ausgeliefert. Diese Ansicht zeigt sich nicht nur in der Interpretation der Geschichte von Âdam und Hawwâ und in späteren von Religion und Verführung handelnden Erzählungen, auch in religiösen Bräuchen schlägt sie sich nieder. Beispielsweise, wenn die Feiernden bei katholischen Osterprozessionen die Holzfigur einer schönen Blondine als personifizierter Verführung mit sich führen, wie während der Semana Santa in Sevilla. Oder im Islam bei der Frage des Gesichtsschleiers für Frauen. Geht es um Keuschheit, Jungfräulichkeit und Sittsamkeit der Frau, treten nicht selten alle Religionen lautstark dafür ein. Die Juden in all ihren verschiedenen Schulen und Gruppierungen, die Christen mit ihren unterschiedlichen Konfessionen, Katholiken, Orthodoxe und Protestanten, die Muslime mit ihrem Sunniten- und Schiitentum und sonstigen Lehren, allesamt meinen sie, vor allem die Frau habe züchtig zu sein. So ist beim Besuch der Gotteshäuser der Frau traditionell der Eintritt verwehrt, wenn ihre Blöße nicht bedeckt ist. Denn sonderbarerweise halten die drei Religionen gleichermaßen das Haar für gefährlich. Frauenhaar übt eine starke Signalwirkung auf die Triebe des armen Mannes aus, deshalb muss es zumindest mit einem Schal teilweise unsichtbar gemacht werden. Außerdem müssen Schultern und Oberarme mit einem anderen oder demselben Tuch verhüllt sein.

Die Frau sei Stellvertreterin des Schaitâns und ähnliche Sätze spricht manchmal der Volksmund. Aber im Koran finden wir diesen Vorwurf nicht. Im Gegenteil, im Koran musste Âdams arme Frau Hawwâ, weil er der Verführung des Schaitâns erlegen war, das Paradies verlassen, um auf Erden die Hausarbeit zu erledigen. Und womit hatte er ihn verführt? Mit dem Versprechen von nie endendem Leben. Als sei damals der Grundstein für den immerwährenden Größenwahn des Mannes gelegt worden.

Nun könnte jemand sagen: Aber im Koran spielt die Frau ja grundsätzlich keine Rolle, da ist es kein Wunder, wenn ihr auch bei der Verführung Âdams kein aktiver Part zugestanden wird. Meine Antwort darauf lautet: Egal. Mag dies auch durchaus schlüssig sein, so sagt die Logik uns doch auch: Wenn die Frau bei der Verführung keine Rolle spielte, warum muss man sie dann von Kopf bis Fuß einpacken? Warum dann die Angst, der Mann könnte ihrer Verführung erliegen?

Ich behaupte, die fehlende Nennung Hawwâs hängt damit zusammen, dass Frauen im Koran grundsätzlich weder mit dem Namen des Vaters noch mit einem Beinamen eindeutig identifiziert werden. Und Frauen kommen dort viele vor, die Mutter Mûsas (Moses') beispielsweise oder die Gattin des Pharaos. Eine Ausnahme bildet, wie wir sehen werden, Maryam Bint Imrân (Maria), die Mutter Îsas (Jesu), nach der sogar eine Sure benannt ist. Doch abgesehen von Maryam, der als Tugendsymbol ein eindeutiger Name zugewiesen wird, tauchen Frauen im Koran nur als Gattinnen eines Propheten oder irgendeines anderen Mannes auf, egal, ob sie in gutem oder schlechtem Sinne erwähnt werden, ob als für das Paradies bestimmte Gläubige oder als Rebellinnen, denen die Hölle bevorsteht. Geschichten von Frauen gibt es im Koran viele und zu verschiedenen Gelegenheiten: die Erzählungen von den Frauen Nûhs und Lûts, Butifârs (Potiphars), von Bilqîs, der Königin von Saba, von den Frauen Zakarîyas, Imrâns, Ayyûbs, Ibrahîms (den Müttern Ismaîls und Ishâqs), von Mûsas Mutter, Frau und Schwester und der Mutter Yûsufs. Außerdem existieren Hinweise auf unbekannte Frauen. Sie werden nebenbei erwähnt, ohne dass sie beim Namen genannt oder näher beschrieben würden, wie die Mutter des ungläu-

bigen Jungen in Sure 18,80-81, die Mutter des ungehorsamen
Ungläubigen in Sure 46,17 oder die dumme Frau, die ihr Ge-
sponnenes wieder auftrennt, in Sure 16,92. Zusätzlich wird
auf einige zur Zeit des Propheten Muhammad lebende Frauen
angespielt.

Wenn es um Freveltaten geht, egal welcher Art oder welchen Ausmaßes, zögert der Koran nicht, die dafür verantwort-
liche Frau zu nennen. Keine Frau, die sich Gottes Befehl widersetzt, welche Stellung sie auch innehaben mag, bleibt vom
göttlichen Fluch verschont. So ist es bei den Frauen Nûhs und
Lûts der Fall, in gewissem Maße auch bei der Frau des Propheten Ayyûb – und bei der Frau von Muhammads Onkel
Abu Lahab, genannt »die Brennholzträgerin«. Auf sie legt der
Koran besonderes Augenmerk. Dass sie der Oberschicht angehört, eine Frau von Rang und Namen, Schwester eines Füh-
rers der Quraisch und Gattin einer hochgestellten Persönlichkeit ist, nützt ihr gar nichts. Im Koran ist sie der Prototyp des
bösen Weibes, ein Symbol für die dunkle Seite der Frau, voller
Arglist und Schlechtigkeit. Ihr und ihrem Ehemann ist sogar
eine eigene Sure gewidmet, wenn auch eine kurze, die aus nur
fünf Versen besteht:

»Verdorren sollen Abu Lahabs Hände, und
                abermals – verdorren!
Sein Gut soll ihm nichts nützen, und was er erworben!
Brennen wird er in einem Feuer, das Flammen schlägt,
samt seiner Frau, die das Brennholz trägt –
um ihren Hals einen Palmfaserstrick gelegt.«
                (Sure 111,1-5)

Es war nämlich so, dass sie ihre beiden Söhne dazu angestif-
tet hatte, sich von ihren Frauen, Muhammads Töchtern Umm
Kulthûm und Ruqayya, scheiden zu lassen, ihn selbst als falschen Propheten zu bezichtigen und zu seinem Ärger, Spott

und Hohn einen großen Feldzug gegen ihn zu starten. Laut schrie sie seinen Spottnamen Mudhammam (»der Tadelnswerte«, sein wirklicher Name Muhammad bedeutet »der Lobenswerte«) durch Mekkas Gassen, verleumdete ihn bei allen Leuten, hetzte sie gegen ihn auf und passte ihn sogar immer wieder unterwegs ab, um ihn zu beschimpfen und zu schmähen. Später legte sie ihm auch noch spitze Dornen vors Haus und in den Weg. Dass er der Neffe ihres Mannes war, interessierte sie nicht. Sie soll so bösartig gewesen sein, dass der Koran nicht zögerte, sie zu verfluchen und ihr damit ein ewiges Denkmal zu setzen.

Kurzum, dem Verbot, Frauen beziehungsweise Mädchen zu töten, wie es bei einigen Stämmen der Arabischen Halbinsel in vorislamischer Zeit vorkam, wo man mitunter neugeborene Mädchen umbrachte, um sie vor einer Gefangennahme in den damaligen Stammeskriegen zu bewahren – »… wenn die Vergrabene wird angehört, um welcher Schuld sie ward umgebracht …« (Sure 81,8-9) –, fügte der Koran eine weitere Gunstbezeugung hinzu, ja, er erwies der vonseiten aller Religionen und der gesamten Menschheit verfluchten Frau Âdams einen großen Dienst, indem er den Frevel, zur Sünde verführt zu haben, von ihr nahm und sie von der ihr aufgezwungenen, aber unverdienten Schurkenrolle befreite. Dies zumindest ist ein Punkt, der dem Koran gegenüber den im Volk herrschenden Ansichten zugutezuhalten ist. Denn dieses erzählt eine andere Geschichte, die man zu Unrecht und fälschlicherweise dem heiligen Buch zuschrieb, und zwar nur deshalb, weil sie dem männlichen Dominanzstreben gelegen kam.

Ganz ähnlich war es mit der Propaganda für die Polygamie. Wenn die Meinung des Volkes dem Appell der in den polygamen Gesellschaften dominanten Männlichkeit folgt, vergisst es oder will nicht zur Kenntnis nehmen, dass es damit in die Fußstapfen des Alten Testaments tritt. Denn der Prophet Muhammad, der für seine ihm auch von Nichtmuslimen vorgeworfene Vielweiberei verschrien ist, handelte nicht als erster Prophet so. Ein kurzer Blick in den Tanach zeigt, dass zahlreiche Propheten, als erster Lamech, sich mehr als eine Frau nahmen. Hier eine kurze Aufstellung der bekanntesten von ihnen:

– »Lamech aber nahm zwei Frauen ...« (Genesis 4,19)
– David: (offziell) neun Frauen, in Wirklichkeit jedoch unzählige:

»Und David nahm noch mehr Frauen und Nebenfrauen in Jerusalem, nachdem er von Hebron gekommen war, ...« (2. Samuel 5,13) Selbst Gott zürnte ihm und sprach: »... und habe dir deines Herrn Haus gegeben, dazu seine Frauen in deinen Schoß, und habe dir das Haus Israel und Juda gegeben, und ist das zu wenig, will ich noch dies und das dazutun.« (2. Samuel 12,8) Von seinen bekannten Frauen sind zu erwähnen: Michal, Ahinoam, Abigail, Maacha, Haggit, Abital, Egla (vgl. verschiedene Stellen in 1. Samuel und 2. Samuel 3,2-5) sowie »Batseba, die Tochter Eliams, die Frau Urias, des Hetiters« (2. Samuel 11,3-4 und 27). Um sich ihrer bemächtigen zu können, bediente sich David, ohne zu zögern, einer List, damit ihr Ehemann, einer seiner höchsten Offiziere, im Krieg den Tod fand. Batseba war auch diejenige, die ihm später den Propheten Sulaimân gebären sollte. Außerdem war da noch die junge und unberührte Abischag, das schönste Mädchen Israels, das man ihm brachte, um ihn zu wärmen, als er auf dem Sterbebett lag: »Da sprachen seine Großen zu ihm: Man suche unserm Herrn, dem König, eine Jungfrau, die vor dem König stehe und ihn umsorge und in seinen Armen schlafe und unsern Herrn, den König, wärme.« (1. Könige 1,2) Dieser *heilige* König, der er für Juden und Christen ist, war ein Intrigant und Ehebrecher, der die Frau eines anderen Mannes begehrte, sie schwängerte und, um seine Tat zu vertuschen, den Nebenbuhler kaltblütig an die vorderste Front schickte, damit er dort den Tod fände – und in seinen letzten Lebenstagen missbrauchte er ein unschuldiges Mädchen! Doch wenigstens der Koran verschont ihn mit solchen Anschuldigungen. Ein Prophet begeht solche Taten nicht.

– König Salomo »... liebte viele ausländische Frauen: die Tochter des Pharaos und moabitische, ammonitische, edomitische, sidonische und hetitische ... Und er hatte siebenhundert Hauptfrauen und dreihundert Nebenfrauen ...« (1. Könige 11,1-3)
– Rehabeam »... hatte achtzehn Hauptfrauen und sechzig Nebenfrauen« (2. Chronik 11,21)
– Abraham: drei Frauen, Sara, deren Magd Hagar sowie, nach Saras Tod, Ketura
– Jakob: vier Frauen, Lea, Rahel und jeweils eine Magd – Bilha und Silpa
– Moses: vier Frauen
– Josua (Yûscha Bin Nûn, der Sohn Nuns, Mûsas Diener, der das Volk Israel in das verheißene Land führte): zwei Frauen

Und dies ist nur eine kleine Auswahl. Die Liste enthält nur die bekanntesten Propheten im Islam. Dass die Zahl der Ehefrauen im klassischen islamischen Recht auf vier begrenzt ist, geht unter anderem auf den Propheten Mûsa zurück. Er war mit Zippora (vgl. Exodus 2,21), einem kenitischen Mädchen (vgl. Richter 1,16), einem Mädchen aus dem Geschlecht Hobabs (vgl. Richter 4,11) und einer Äthiopierin oder Kuschiterin verheiratet: »Da redeten Mirjam und Aaron gegen Mose um seiner Frau willen, der Kuschiterin, die er genommen hatte. Er hatte sich nämlich eine kuschitische Frau genommen.« (Numeri 12,1) Wie sagt doch das Sprichwort? Solltet ihr es gewusst haben, wäre es schlimm; wenn nicht, umso schlimmer!

Die männliche Dominanz in den Gesellschaften, in denen die Religionen sich entwickelten und verbreiteten, war zwar je nach Ort und Zeit unterschiedlich ausgeprägt, doch inhaltlich, die Abwertung der Frau betreffend, blieb sie sich gleich. Solange man einstimmig Eva beziehungsweise Hawwâ verurteilte und der *ungezügelten* Libido des Mannes stattgab, war ein veränderter Blick auf die Frau von einer Veränderung der strukturellen Beziehungen innerhalb jener Gesellschaften abhängig sowie davon, was die Frau erringen und dem Mann gegenüber durchsetzen konnte. Um ein einfaches Beispiel zu nennen: Obwohl der Islam dem Mann die Ehe mit vier Frauen gleichzeitig erlaubt, nahm sich der Prophet Muhammad – und er selbst verkündete ja diese Rechtsauffassung und das neue Gesetz, während bei den Arabern zu seiner Zeit noch die Gruppenehe existierte – neben seiner ersten Gattin Chadîdscha Bint Chuwailid keine weitere Frau, solange sie lebte. Genauso war es mit Imam Ali, dem Cousin des Gesandten. Auch er ehelichte keine weitere Frau zusätzlich zu seiner ersten Gattin Fâtima. Erst nachdem ihre Frauen gestorben waren, heirateten beide erneut. Das ist nachvollziehbar: Chadîdscha, die den Beinamen »die Große« trägt, war die reichste Händlerin in Mekka und von hohem sozialen Status. Den Propheten mit einer zweiten Frau teilen zu müssen, hätte sie wohl nicht gebilligt. Er dagegen war nur ein armer Mann. Und Imam Ali heiratete deshalb nicht ein zweites Mal, weil Fâtima die Tochter des Propheten war. Als er sich eine zweite Frau nehmen wollte – erzählt man sich –, beklagte sich Fâtima bei ihrem Vater. Als Muhammad daraufhin mit seinem Schwiegersohn zusammentraf, sagte er zu ihm: »Wer Fâtima zornig macht, macht auch mich zornig.« Infolgedessen gab Ali seine

Heiratspläne auf. Und heute? Sowohl die Sunniten, die sich Muhammad zum Vorbild nehmen, als auch die Schiiten, die sich eher auf Imam Ali berufen, können sich an wer weiß wie viele Geschichten über Muhammad und Ali und ihre Beziehung zu den Frauen erinnern, außer an diese beiden, die der Frau zugestehen, sogar über einen Propheten wie Muhammad und einen Imam wie Ali zu gebieten, wenn sie nur über einen hohen gesellschaftlichen Rang verfügt.

Mag es auch gelungen sein, mit ein paar Dutzend den Propheten Muhammad betreffenden Hadithen als einzigem Argument unter anderem die Polygamie, den Gesichtsschleier und den Hidschab durchzusetzen, deren Begründung aus dem Koran strittig ist – so meine ich doch nicht, dass ein einziger Hadith über den Propheten Muhammad genügt, um Hawwâ und mit ihr alle Frauen der Welt zum Ursprung der Sünde zu erklären.

Denn, zum Kuckuck noch mal, so eindeutig wie in dieser Frage ist der Korantext an keiner anderen Stelle: Urheber der ersten Sünde ist im Koran nicht die Frau, Urheber der ersten Sünde, der erste Anstifter zum Ungehorsam ist dort, ob es den Leuten gefällt oder nicht, der Mann. So hat der Koran es für die Frau gewollt, und darin unterscheidet er sich vom Alten Testament. Ein Punkt – wenigstens ein Punkt geht also an den Koran!

---

1 In der Übertragung von Bobzin wird Âdam nur vierundzwanzigmal namentlich erwähnt, da »âdama« [ihr Kinder Âdams] in Sure 36,60 mit »ihr Menschenkinder« übersetzt wurde.

Abraham

Was für eine Koinzidenz – man höre und staune! Als im Winter des Jahres 1841 Sören Kierkegaard *Furcht und Zittern* schrieb, hatte er einige schlaflose Nächte. Genauer gesagt waren es von brüchigem Schlaf durchsetzte Nächte, in deren Löchern Unruhe, Schweißausbrüche, Verzweiflung, Kopfschmerz (auch Magendrücken) sich meldeten und ihn im Bett von der einen auf die andere Seite warfen. Schier endlos ging das hin und wieder her, von rechts nach links, von links nach rechts. Er, der felsenfest zu glauben glaubte, wurde von merkwürdigen Zweifeln heimgesucht, ja, regelrecht von ihnen zernagt. Der Höhepunkt dieser zerworfenen Nächte ereignete sich vom 22. auf den 23. Dezember 1841 in Berlin, in der Nähe des Gendarmenmarktes. Vergebens wickelte Kierkegaard die Bettdecke um seine Glieder, um wie ein fest eingepackter Säugling sicher in den Schlaf zu finden. Mehrmals warf er die Decke, in die er sich so sorgsam eingemummelt hatte, wieder von sich. Gott war ihm erschienen. Er! Allerdings nicht in einem brennenden Kaminfeuer mit Donnerstimme, sondern mit dem zartfeinen Stimmchen einer Maus. Man lese und staune – jawohl, in Gestalt einer Maus!

Von Gott ist ja nicht bekannt, dass er zu scherzen beliebt, erst recht nicht, dass er sich in einen mythologieverstrickten Verwandlungsreigen begibt, um Menschen auf die Probe zu stellen, sie gar in die Irre zu führen. *Ich bin, der ich bin* ist nicht umsonst *Ich bin, der ich bin*. Nicht antastbar, nicht sichtbar, nicht riechbar. Nur zu vernehmen oder, wie im Falle Moses, als sich entziehende Figur vage von hinten zu erschauen. Sollte Er bei Kierkegaard tatsächlich eine Ausnahme gemacht haben? Allen Ernstes: als Maus? Der Allergrößte als graubepelzter Kalauer? Herabgesaust aus dem geöffneten Schleusentor des Himmels und an der Zimmerluft sich transsubstantiierend in ein glänzendes schwarzes Kästchen, das ein ungeübtes Auge für eine Miniaturausgabe der Kaaba mitsamt deren Versen in Goldstickerei hätte halten können? Nein, wohl nicht. Ein verständiger Seher hätte sofort erkannt, dass es sich um die Bundeslade im Puppenformat handelte, allerdings ohne schützende Cherubim obenauf, jedoch umzirkt von der in einem unendlichen Reigen umlaufenden hebräischen Inschrift *Ich bin, der ich bin*. Der Deckel der Lade sprang auf – das Kistchen entließ eine Maus. Keine gewöhnliche, sondern eine mit herrischen Allüren.

Warum?, fragt man sich, warum dieses lächerliche Erscheinungstheater? Es ist müßig zu spekulieren, weshalb. Man wird es nie erfahren. Im Übrigen ist es keinesfalls lächerlich, denn aus Sicht der Christen ist Gott groß, bisweilen aber auch sehr klein. Größte Potenz und minimalinvasive Wirksamkeit gehen Hand in Hand. Warum aber eine Maus? Vielleicht ging Ihm die rasende Gottsucherei des berühmten Philosophen auf die Nerven, vielleicht wollte Er Seinem dänischen Knecht einen begütigenden Hinweis geben. Oder Er wollte ihn auf den Weg der Kindschaft zurückführen, denn wahre Frömmigkeit kommt vom Herzen, und zwar von einem Herzen, das der Marter des ewigen Grübelns, des ewigen Suchens nach Seinem Ratschluss, all dem Gedankenzinnober, der um *Ich bin, der ich bin* kreist, konsequent aus dem Weg geht und im Vertrauen auf Gott den heilsamen Weg der Nächstenliebe beschreitet.

Kierkegaard war natürlich alles andere als ein gottliebendes Kind. Er war ein Zweifler der umsturzerregten Sorte, ein

Gottesgrübler und Gotteshämmerer ohne rechtes Maß, der glaubte, das Geschick des Einzelnen, besonders das seine, rage aus allem heraus, selbst aus der Geschichte. Und er fühlte eine Art Verwandtschaft mit der großen Figur aus der Vergangenheit, denn Abraham war ein Fremdling, ein Solitär auf Wanderschaft, einem ungewöhnlichen Schicksal verhaftet. Kierkegaard sah sich der bürgerlichen Ordnung enthoben, nach der sich seine Mitmenschen richteten. Für ihn galten Ruf und Berufung, Hören und Glauben, durchschossen von scharfsinniger Reflexion, die ihm das Einpassen in ein gewöhnliches Leben schwermachten. Und wie jeder kluge Zweifler, der sich mit aller Kraft in den Glauben einbohrt, verlangte es ihn nach Gewissheit und einer persönlichen Begegnung mit Gott.

Sie wurde ihm gewährt, wenn auch anders, als Kierkegaard erhofft und erwartet hatte. Vielleicht, um ihn ein wenig zu verspotten, wählte Gott die Gestalt einer sprechenden Maus mit erhobenem Pfötchen. Natürlich hätte er ihm genauso gut als Helmkopfbasilisk erscheinen können, um festgekrallt an die Spitze des rechten unteren Bettpfostens auf den ruhelosen Mann einzuwirken, aber nein, er wählte den Scheinkörper einer Maus und blieb auf dem Boden. (Vermutlich wird der Leser jetzt denken, was für ein Schmarren! Die berühmteste Maus, mit der wir bekannt werden durften, heißt Josefine, weshalb also sollte Gott dem schlafzerquälten Dänen in Mausgestalt erschienen sein, wenn doch die rund 83 Jahre später auf den Plan tretende Josefine, diese in alle Ewigkeit mit leisem Pfeifen sich emporsingende Diva, kündend vom jüdischen Leid und der jüdischen Angst, das stärkste Mausgeschöpf aller Zeiten ist und bleiben wird. Hierzu nur die bescheidene Anmerkung: Es ist nicht auszuschließen, dass es Gott gefiel, in diesem Sonderfall ein wenig zu scherzen, und zwar durchaus auf gutmütige Weise.)

Eine Maus also. Vielleicht drei Zentimeter größer als eine normale Maus, sich auf die Hinterpfötchen stellend wie eine bedeutende Maus, die etwas Wichtiges zu verkünden hat. Naturgemäß sträubten sich dem Philosophen die Haare, als er sie bei flackerndem Kerzenschein in dieser Pose in etwa drei Meter Abstand von seinem Bett auf dem mittels Sand frisch geschrubbten Dielenboden stehen sah. Jawohl, das Tier sprach. Deutlich und klar, selbstredend in dänischer Sprache, mit einem nicht mehr gar so piepsigen Stimmlein, wenn auch keiner Donnerstimme. »Alter Opfergrübler, du«, sagte die Maus, »willst die Wahrheit haargenau kennen, bist dir haarscharf gewiss, dass Abraham *meinem* Befehl gehorcht hat, als er seinen geliebten Sohn Isaak band, ihn auf die Opferstätte legte und das Messer zückte?«

Kierkegaard war so durcheinander, dass er kein Wort herausbrachte. Die verrücktesten Gedanken schossen ihm durchs Hirn, immerzu mit der Frage im Gepäck, ob das nun ein Traum sei oder eben keiner. Gott war das mächtigste Wesen aller Zeiten, im Himmel und auf Erden, bis in alle Ewigkeit. Ein Glanzwesen unermesslicher Art und Gestalt, die Zeiten im Flug durchmessend, die Zeit bannend. Bestimmt war Er keine Maus. Diese aber fuhr fort zu sprechen, und zwar in geläufigem Ton: »Du willst dir also sicher sein, dass ich es war, der Abraham befohlen hat, dem geliebten Sohn das Messer in die Kehle zu stoßen? Glaubst du das allen Ernstes?« Natürlich glaubte Kierkegaard daran, er hatte ja ausgiebig darüber nachgedacht und seinen Glauben auf dem Pfahlbau des unerschütterlichen Gottesgehorsams errichtet und befestigt. Gott war und blieb für immer der, der alles fordern konnte, auch das nach menschlichem Ermessen Unsinnige. Deshalb befremdete ihn die Frage sehr, wiewohl er sie in der Schwirrnis seiner Gedanken kaum verstand. Der Anblick einer sprechenden Maus ist schließlich nicht alltäglich. Auch einen hartgesottenen Philosophen und innigen Gottsucher kann sie verwirren. »Und der Widersinn, der in dieser Geschichte steckt, der befremdet dich nicht?«, fragte die Maus, wiewohl das bloß ein rhetorisches Geplänkel war, denn Gott wusste sehr wohl, dass Kierkegaard in seinem aufgewühlten Zustand gar nicht fähig war, zu antworten, geschweige denn, darüber nachzudenken, was es mit der Schattenseite des unbedingten Gottesgehorsams auf sich hatte, den er so glühend zu verteidigen pflegte. Denn es war Kierkegaard unbedingt darum zu tun, Gott nicht in die geläufigen Kategorien des menschlichen Denkens einzupassen. Er allein war der Erhabene, eingedenk dessen alles, was tagein, tagaus durch die Hirne der Menschen flackerte, bedeutungslos war. Das Grundvernünftige des Menschen war noch lange nicht das Grundvernünftige des Herrn. Ihm allein stand es zu, zu nehmen, was Er gerade erst gegeben, selbst um den Preis, dass Seine Macht ins Dämonische kippte. Da sich die Bibel um solcherlei Zumutungen nicht schert, scherte sich Kierkegaard erst recht nicht darum. Ausgerechnet er, der sonst ein Denker in schweren Gewässern war, begnügte sich mit der lapidaren Feststellung aus Genesis 22, es gehe hier nur darum, Abrahams Glauben zu prüfen.

Zu allem Überfluss fing die Maus jetzt auch noch an zu lachen, es war allerdings kein herzhaftes Gelächter aus Menschenmund, sondern ein mit leisen Pfeiftönen durchsetztes Gegluckse. »Denk nach«, sagte die Maus, wieder ruhiger geworden. »Ich, der ich gegen das Opfergemetzel der Heiden auf den Plan getreten bin, ich, der ich sogar den Brudermörder Kain am Leben gelassen habe, ich soll Abraham, dem ich Großes verheißen, befohlen haben, Isaak zu töten, seinen lang erwarteten und geliebten Sohn, auf dem der versammelte Segen ruht?« (Nebenbei bemerkt, spielt das Lachen auch in der biblischen Abraham-Geschichte eine Rolle, denn Sara lacht, als sie erfährt, dass sie in ihrem hohen Alter noch ein Kind bekommen soll, und in dem Namen Isaak ist das Lachen selbst enthalten, denn Isaak ist der, *der lachen wird.* Einer jüdischen Auslegung zufolge soll Sara später aber nicht mehr gelacht haben, als sie fälschlicherweise davon erfuhr, Abraham habe den gemeinsamen Sohn getötet. Da habe sie sechs Schreie ausgestoßen und sei auf der Stelle verstorben.)

Der hemdverschwitzte Gottsucher im Bett verstand diese Worte zwar nicht haargenau, aber es gelang ihm, deren Sinn zu erfassen. Und er glaubte sich verhöhnt – von einer Teufelsbrut, einem komischen Nachtmahr, der ihm zwar nicht auf die Brust gesprungen war, um ihn zu erdrücken, sondern wie die Karikatur der Gelehrsamkeit dastand, um ihn in ein Frage- und Antwortspiel zu verwickeln. Doch da hatte das impertinente Kerlchen die Zeche ohne den philosophischen Wirt gemacht. Den schönen Mund grimmig geschlossen, drehte sich Kierkegaard zur Wand, um von dieser Ausgeburt eines bösen Traums nicht länger behelligt zu werden. Da meldete sich die intrikate Stimme wieder: »Du kannst dich zwar von mir abwenden und vor dich hin grübeln und grollen, entkommen wirst du mir nicht. Denn es ist nun mal widersinnig, was du von mir denkst.«

Empört stieß Kierkegaard mit dem Fuß die Decke hoch. Das Geschwätz ärgerte ihn bis ins Mark. Aber die aus der Weite des Universums in die Nähe des Berliner Gendarmenmarkts herabgeschossene Wundermaus ließ sich nicht beirren. »Habe ich nicht alles dafür getan, die halsstarrigen Menschen davon zu überzeugen, dass mir Menschenopfer keineswegs willkommen sind? Dass ich diesen blutrünstigen Heidenkram verabscheue? Ihr dürft mir ein Lamm schlachten oder einen Widder, dürft mir Weihrauch und Myrrhe in euren Zeremonien darbieten. Echtes Menschenblut war mir nur einmal als Stellvertreterblut meines Sohnes willkommen, um den Menschen zu zeigen, dass sie mit der Blutsauerei ein für alle Mal aufhören sollen, sonst keines!« Den letzten Satz stieß die Maus mit Vehemenz hervor und fügte in etwas ruhigerer Tonlage hinzu: »Abraham hätte wissen und erkennen müssen, dass der Befehl, seinen Sohn zu schlachten, nicht von mir stammte, sondern von einem teuflischen Demiurgen, der meine Stimme und den Duktus meiner Rede nachahmte.«

Auch wenn er dem impertinenten Wesen inzwischen den Rücken kehrte, war der Philosoph gebannt von den Worten und musste mit dem freiliegenden rechten Ohr hören, wie dessen Vortrag weiterging: »Die Frage der Verwandlung von rotem Wein in eine transzendent geladene Materie, die die Anwesenheit Jesu Christi während der Messe bezeugt, ist eine Sonderfrage, die hier nicht zur Debatte steht. Hier geht es einzig und allein um das wirkliche Schlachten von Menschen nach eurer Irrlust und euren Irrlaunen. Solche Gräuel habe ich euch nie befohlen und werde es niemals tun. Sie sind mir verhasst!«

Gegen seinen Willen musste sich Kierkegaard nun doch wieder herumdrehen. Eine innere Fessel, die sein Gemüt umschlungen hatte, war gelöst. Die Maus hatte auf verwirrende Weise klar und vernünftig gesprochen. Doch – siehe da: Bei flackerndem Kerzenschein zeigte der Dielenboden nur die aneinandergefügten Bretter. Kein Kästchen. Keine Maus. Nur seine abgetragenen Hausschuhe standen mit den vorderen, für die Zehen reservierten Teilen nahe der Bettlade. Das Wesen, das noch vor wenigen Augenblicken die rechte Pfote so lehrmeisterlich erhoben hatte, war verschwunden. Kierkegaard fasste sich an den Kopf. Der fühlte sich heiß an. Allmählich beruhigte er sich wieder und war bestrebt, den soeben

stattgehabten Auftritt der sprechenden Maus dem Fieber zu-
zuschreiben. Nichts weiter als ein Gespenst war das kuriose
Viech gewesen, das versucht hatte, seine Gedanken zu verwirren. Maus her oder hin, während des Restes dieser seltsamen
Nacht schlief der Philosoph, der kein Philosoph sein wollte, sondern ein poetischer *Extraschreiber* von einiger Eleganz,
tief und sonderbar leicht, ruhig und still, seinem Pseudonym
gemäß als *Johannes de Silentio*.

Tja. Wir folgen in diesem Falle weder dem stillgewordenen
Extraschreiber noch dem gebetsmühlenhaft vorgetragenen
Mantra der Surrealisten, welches besagt, eine Maus ist eine
Maus ist eine Maus … folgen keineswegs dieser endlos sich
fortwindenden Reihe der Mausbehauptung, die bestrebt ist,
das Universum mit Unsinn zu füllen, um die in ihm wohnen-
de göttliche Vernunft zu benagen. So absurd es klingen mag:
Vielleicht war die Maus echt, vielleicht war sie es nicht, doch
was sie zu sagen hatte, war von größter Bedeutung. Denn wer
wollte bestreiten, dass es keinesfalls gottgewollt sein kann,
Menschen zu schlachten, niemals und nirgendwo, erst recht
nicht für die eigenen, ins Egomanische getriebenen Zwecke?
Dass es sich um puren Sadismus handelt, wenn sich Menschen
scharfrichterlich blähen für ihre blutgierigen Phantasmen, die
bittere Realität werden? Dass die Befehle, die sie in sich zu
spüren vermeinen, keineswegs von Gott kommen, sondern
von Satan, der sein Reich mit willigen Adepten der Blutrunst
füllen will? Einerseits. Andererseits ist es aber so, dass Er die
Maßstäbe setzt, die sich der Logik nicht fügen. Gott ist der Er-
schreckende, und vom Tremendum des Schreckens fährt Erkenntnis in die Glieder des Menschen. Womöglich geht vom
Abwenden des größtmöglichen Schreckens die stärkste Wirkung aus. Von wem der Befehl auch ausgegangen sein mag,
Abraham hat sich gefügt. Vergessen wir dabei nicht, dass es

sich um eine Prüfung handelt, eine gewaltige mit möglicherweise blutigem Ausgang. Doch das Festbinden Isaaks wird als vollgültiges Opfer betrachtet. Dadurch ist mit einer Art Theaterhandlung, die von bitterem Ernst durchherrscht ist, dem Rechtsanspruch, den Jahwe auf diesen wichtigen Sohn hat, Genüge getan. Der Gehorsam Abrahams hat weitreichende Folgen, denn der gottesfürchtige Mann wird damit zum Garanten einer künftigen Erlösung Israels.

Angesichts einer Prüfung Gottes (alle Gottesprüfungen haben schwere Zumutungen für den Menschen im Gepäck) sind vier Verhaltensweisen möglich: die Unterwerfung, die Revolte, das demütige Bitten und der Wunsch nach eigener Auslöschung. Wer auch immer das Verhängnis ausgeheckt haben mag, ob Gott oder der Teufel, Abraham wählte die Unterwerfung, den Weg des absoluten Gehorsams.

Gegen das anscheinend gottgewollte Schlachten bietet die Geschichte Abrahams und Isaaks eine mächtige Wehr, welcher der beiden in Umlauf befindlichen Interpretationen man auch zuneigt – ob man den absoluten Gehorsam und die furchtbare Einsamkeit Abrahams verherrlicht oder die Auffassung vertritt, auf keinen Fall könne es Gott gewesen sein, der diesen widersinnigen Befehl aussandte. Entscheidend bleibt: Das Sohnesopfer findet nicht statt. Es *darf* nicht stattfinden und wird im letzten Augenblick durch das Erscheinen des Widders und die Stimme Gottes verhindert. Ein für alle Mal steht nun unverrückbar fest: Gott liebt es nicht, wenn ihm ein Mensch als Schlachtopfer dargereicht wird. Viel Leiden ist in der Welt. Gott will nicht, dass um seinetwillen zusätzlich Leidvolles veranstaltet wird.

Zurück zu Kierkegaard. Nachdem er am frühen Morgen erwacht war und dicke Schneeflocken vor den Fenstern seines Zimmers herabtrudeln sah, besann er sich auf den Tumult der Nacht und schrieb ihn dem Fieber zu. Nach einem kargen Frühstück, das aus dunklem Kaffee und einer Scheibe Brot mit etwas Butter bestand, darauf ein Klecks Pflaumenmus, nahm ihn die zermürbende Routine wieder gefangen, allein in seiner Todesversunkenheit, allein in dieser ungeheuren Welt zu sein, sich vor der kleinsten Mücke zu ängstigen wie vor dem splendiden Wunder der Inkarnation. Sich beim Schreiben in langen, ewig langen Gedankenstrichen zu ergehen in Verzweiflung und Tod, einer nimmerendenden Wanderschaft des Grübelns ausgeliefert zu sein, das musste zum Stillstand kommen. Womöglich drohte das Aus, jäh, indem er sich eines Tages erschoss. Wer hoch hinauswill, muss fallen. Er war gewillt, unterzugehen, in die namenlose Tiefe zu tauchen, umfriedet vom Nichts, damit ihm das Allerhöchste zuteilwürde. Seine Qualen konnten dadurch gelindert werden, dass es ihm vergönnt war, augenblicksweis, in luftigen Durchgängen, hurtig zu Gott gelangt zu sein, vorzugsweise, nachdem er hatte weinen müssen, nichts als weinen. Bisweilen erfüllten ihn der Jubel des Morgens und das Geheimnis der Abenddämmerung mit der Kraft, alles neu zu durchdenken und sich selbst darin zu festigen.

Das Abraham-Problem! Kein Problem, mit dem sich Heulsusen und Irrsinnige befassen sollten. Es ließ ihn nicht los, an diesem noch in Dunkelheit gehüllten Morgen, an dem die ersten Kutschen leiser als sonst durch die Straße fuhren. Er mochte grübeln und weinen, bis der Kopf weh tat und die Augen schmerzten – das Problem war wieder da. Schon als Kind hatte er die schwermütige Dreitagereise Abrahams mitmachen wollen, hatte sich ausgemalt, als Fünfter im Bunde neben dem stummen Vater und dessen geliebtem Sohn, neben den beiden Knechten auf deren Eseln auf einem kleineren Esel einherzureiten. Ziemlich stumm war die Beziehung zwischen Vater und Sohn auch vorher geblieben, man erfährt nichts über vormalige Gemeinsamkeiten. Nach wenigen Worten: Schweigen. Wobei Kierkegaard der *Schauder des Gedankens* stark beschäftigte, denn Abraham ritt mit der Schwere der Gedanken einher, auf deren Grund sich das noch nicht mit Blut beschmierte Opfermesser befand, das es dem Sohn in die Kehle zu stoßen galt. Isaak spürte es, konnte das lastende Schweigen aber nicht durchbrechen.

Wieder und wieder hatte er versucht, sich diese Reise zu vergegenwärtigen, hatte in späteren Jahren manchmal auch an Abraham und die Ägypterin Hagar und an deren gemeinsamen Sohn Ismael denken müssen. Aber nur kurz, für weitere Gedanken an diese Mutter und diesen Sohn war kein Raum. Erst recht kein Gedanke daran, dass Abraham nicht gerade nobel gehandelt hatte, indem er Sara in ihrem eifersüchtigen Groll gegen Hagar gewähren ließ. Er gehörte nicht zu den Menschen seiner Zeit, die darauf aus waren, der Geschichte durch psychologische Mutmaßung und Maßregelung ihre Schärfe zu nehmen.

Die schwangere Hagar floh in die Wüste. Die Verheißung Gottes durch einen Engel, ihre Rückkehr in das Haus Abrahams und das weitere Schicksal Ismaels, all das kümmerte Kierkegaard wenig. An einer Wasserquelle erfuhr Hagar, ihr Sohn werde wie ein Wildesel sein und sich all seinen Brüdern vor die Nase setzen. Diese Prophezeiung beschäftigte Kierkegaard nicht weiter, auch nicht ihr zweiter, endgültiger Auszug aus diesem Haus mitsamt Kind, der erst Jahre später erfolgte. Ismael war eigentlich der Erstgeborene, allerdings steht seine Legitimität auf schwankendem Grund. Der zweite Sohn war Abrahams Liebling. Wie so häufig in der Bibel sollte der Erste nicht der Erste bleiben. Der Segen ruhte auf dem zweiten Sohn, auf Isaak, dem dadurch Würde und Erbteil eines Erstgeborenen verliehen wurde. Beide Söhne wurden beschnitten und damit in die göttliche Ordnung eingefügt. Dennoch ist auch hier der Unterschied bedeutsam: Ismael wurde im Alter von dreizehn Jahren beschnitten, Isaak jedoch gleich nach seiner Geburt. Stéphane Mosès schreibt hierzu: »Eine rituelle Amputation, die Opferung eines gewiss winzigen, aber nichtsdestotrotz höchst symbolischen Körperteiles, da es auf die Sexualität in ihren beiden wichtigsten Aspekten verweist, auf den des Verlangens und den der Fortpflanzung. In Bezug auf diese zwei zentralen Funktionen befreit dieser Schnitt denjenigen, der ihn erleidet, von der Anarchie der Triebe und erhebt ihn auf die Ebene des Symbolischen.«[1]

Kierkegaard konzentrierte sich jedoch allein auf Abraham und Isaak. Ismaels weiteres Schicksal interessierte ihn nicht. Warum auch sollte Kierkegaard, der Letztgeborene von sieben Kindern, sich mit einem Erstgeborenen freundlich befassen? Er tat es nicht. Die Bibel tut es auch nicht.

Ihn fesselte die Erschütterung. Ihn fesselte der *horror religiosus*. In allen Variationen, die er durchspielte, waltete dieser vor. Das Entsetzen Abrahams, die Scheu Isaaks. Doch dann: die Größe Abrahams! Seine Treue! Er wurde nicht müde, sie zu besingen. Sie war keine Privatangelegenheit zwischen einem bedeutenden Menschen und Gott. Dabei dachte er sich die Vaterliebe Abrahams riesengroß, pfeilgerade ins Unermessliche gesteigert, denn nur so wuchs dessen Gottesgehorsam in schwindelerregende Höhen, nur so erwuchs dem Paradox des Schlachtgebots die Schlagkraft. Er zweifelte nicht daran, dass Abraham Isaak mehr liebte als sich selbst, zweifelte nicht, dass sein Gemüt auf den tiefsten Grund der Schwermut herabgesunken war. Keinerlei Gewinn war zu erhoffen von der ungeheuerlichen Tat. Da war nur Glaube, sich wölbend über der Absurdität des göttlichen Befehls, der sich nicht in die menschenübliche Weise des Verstehens einpassen ließ. Gerade dieser strikte Glaube zog Kierkegaard mit Macht an. Das Mysterium der göttlichen Transzendenz musste mit aller Kraft vor der Zudringlichkeit profaner Interessen geschützt werden. Natürlich wusste Kierkegaard keine Antwort auf die drängende Frage, die sich angesichts dieser Extremposition sofort stellt: Ist ein unmoralischer Gott noch Gott?

Ungerührt wischte der Philosoph das Problem beiseite. Beim Betrachten des Flockenwirbels berauschte er sich wieder einmal an der dramatischen Szene – er sah Isaak auf den Holzscheiten liegen, schon gebunden, er sah das blitzende Messer in der Hand des Vaters. Windstille. Vermutlich herrschte im entscheidenden Moment Windstille, kein Blätterrascheln, kein Gezwitscher, kein Surren, Summen, Sägen von Insekten, nur tödliche Stille. Der Moment war viel zu erhaben, um einfach nur auf das Dasein zu glotzen. Natürlich dachte Kierkegaard auch daran, was geschehen wäre, wenn Abraham den Befehl verweigert hätte, genauso wie er daran dachte, wie sich das Weitere abgespielt hätte, wenn Isaak tatsächlich erstochen worden wäre. Im ersteren Fall hätte das gewöhnliche Folgen gezeitigt – keine Strafe, aber auch keine Erhebung in den Rang eines großen Vaters der Menschheit. Allerdings hätte Abraham an diesem Sohn dann jede Freude verloren. Er stellte sich vor, wie der Uralte jedes Mal das Gesicht abwandte, wenn er den Sohn daherkommen sah. Umgekehrt – wäre der Sohn durch seine Hand gestorben, hätte sich Abrahams Antlitz für immer verdüstert und alles, was ihn sonst an der Welt hielt, auch die Zuversicht, in Gottes Hand geborgen zu sein, wäre ihm abhandengekommen.

Nun, die Geschichte verlief bekanntlich anders. Durch das Eingreifen des Engels wurde die Klinge um Haaresbreite vor der Kehle des Sohnes abgebogen. Was Isaak in diesem Augenblick empfunden haben mochte, kümmert nicht die Bibel, erst recht nicht kümmerte es Kierkegaard, obwohl es an einer entlegenen Stelle seines Hirns gefährlich zu flackern begann. Geradezu vergnügt beruhigte er den sich anbahnenden Tumult damit, dass die Bindung des willigen Isaak nichts anderes gewesen sei als die Präfiguration des Kreuzesopfers Christi. Damit waren die Leerstellen des unheimlichen Geschehens mit vorausbedeutender Vernunft gefüllt und geglättet. Doch das Verstörende kann hartnäckig sein. Sollte wirklich nur Abrahams Glaube geprüft werden? Um den Preis, ein hochwirksames ethisches Gebot zu suspendieren? Kierkegaard fühlte sich jetzt stark genug, jeden Widerspruch abzuschmettern, um ein Haar hätte er das Fenster geöffnet und ein fröhliches Ja! in die kalte Winterluft hinausposaunt.

Da erinnerte er sich an die vergangene Nacht. Was hätte die impertinente Maus wohl zu diesen Überlegungen gesagt? Er sah sie wieder mit emporgereckter Pfote auf dem Fußboden stehen. Jetzt sprach sie allerdings nicht mehr, sondern nahm die Pfote herunter und tippte sich damit an die winzige Stirn. Er fühlte sich dadurch so sehr geärgert, dass er in Gedanken noch eins drauflegte. Jetzt war er selbst derjenige, der auf den Berg Moriah stieg und an Abrahams Stelle das Messer zückte und, ohne auch nur eine Sekunde zu zögern, es in die Kehle des Sohnes stieß. Die Maus tippte sich daraufhin wieder nur an die Stirn, das Mäulchen zu einem mokanten Lächeln verzogen. Kierkegaard wandte sich ab und sah empört zum Fenster hinaus. Ein fahles Licht stahl sich ins Zimmer, die schweren, dicken Flocken fielen noch immer dicht an dicht. Er wusste, dass diese Maus nichts weiter war als ein Hirngespinst, ausgebrütet von der Einsamkeit, an der er litt.

Abraham und sein unerschütterlicher Glaube, Abraham, der große Hinnehmende, der sich niemals so klug wähnte,

Gottes Ratschluss in Zweifel zu ziehen und zu durchschauen. Kaum war der Gedanke durch seinen Kopf geschossen, fuhr die lächelnde Maus dazwischen, und wiewohl sich im Zimmer nichts regte, selbst die Scheite im Ofen waren inzwischen zu lautloser Asche zerfallen, schien sie ihm zu bedeuten, manchmal täte man gut daran, solchen Ratschluss in Zweifel zu ziehen und sich zu fragen, ob ein so extremer und offenkundig widersinniger Befehl tatsächlich von Gott stammen könne. War es nicht vielmehr so, dass sich der Widersacher im Hirn des Stammvaters breitgemacht hatte, um ihn zu Schrecklichem zu verleiten? Nun, die Maus berief sich hier nicht auf den glänzenden Kommentar von Stéphane Mosès, der in *Eros und Gesetz* talmudische Erläuterungen diskutiert, denen zufolge Gott ähnlich wie im Falle Hiobs auf eine Provokation des Teufels eingegangen sei, Abraham zu diesem Opferwahnsinn zu verleiten. Abraham war somit einer todestriebhaften Versuchung, einem Instinkt des Bösen, verfallen. Demgemäß waren die Worte, die Abraham vernahm, ihm von einer teuflischen Instanz eingeblasen worden, und sie standen in einem hochgradig irritierenden Kontrast zu den Verheißungen des liebenden Gottes, den er bisher gekannt hatte.

Natürlich kannte Kierkegaard auch den Einspruch von Kant. Ihm zufolge hätte Abraham antworten müssen, er sei sich gewiss, dass er seinen guten Sohn nicht töten solle. Dass aber der, der ihm jetzt erscheine und solches verlange, Gott sei, dies wiederum sei höchst ungewiss. Doch Kierkegaard wischte auch diesen Einwand weg, als hätte er ihm nie zu denken gegeben.

Die Maus säte den Zweifel mit simpleren, wiewohl ebenso eindringlichen Worten wie Kant. Kierkegaard wollte von alldem jedoch nichts wissen. Er musste es verscheuchen, dieses impertinente Biest, das von der überwältigenden Kraft des

Paradoxons keinen Deut verstand! Er zog Stiefel und Mantel an und verließ das Haus. Während der Schnee unter seinen Schuhen knirschte, während Kopf und Schultern schon weiß bestäubt waren, dachte er über sein hochfahrendes Gemüt nach, denn darin bestand sein ureigenes Verhängnis. Der wankelmütige Glaube musste immer wieder aufs Neue befestigt werden, notfalls durch strenge Maßnahmen, die vor dem Äußersten nicht zurückschreckten. Selbst der linde, sanft fallende Schnee konnte daran nichts ändern. Er hatte vergessen, den Hut aufzusetzen, deshalb klebte ihm das Haar feucht am Kopf. Ohne zu wissen warum, musste er mit nassem Haar nun doch an Ismael denken. Immerhin, er war Isaaks älterer Bruder und hätte vielleicht auf gewisse Rechte pochen können. War vielleicht ein Frevel an ihm begangen worden? Handelte es sich um den in der Bibel mehrfach wiederkehrenden Fall, dass der Erstgeborene zugunsten des Zweitgeborenen enterbt wird? In dem Falle kompliziert durch den Umstand, dass der Erstgeborene von einer Magd geboren worden war, der zweite Sohn von der rechtmäßigen Ehefrau? Aber der Gedanke führte zu nichts Rechtem, denn sofort kamen ihm seine älteren Geschwister in den Sinn, mit denen er, der Jüngste von ihnen, sich nur ungern befasste. Schon gar nicht an diesem Morgen, an dem sich allmählich ein helleres Licht verbreitete, als er die Haustür hinter sich zugeschlagen hatte und ihn das weiße Gestöber umfing.

Es sei aber nicht verschwiegen, dass ganz in der Nähe von Kierkegaards Wohnung, in der Jägerstraße 53, die Küchenmagd Herta Großkopf ihren Dienst bei der Witwe Zeidler versah. Die Magd galt als gottesfürchtig und sehr tüchtig. Angesichts einer sprechenden Maus hätte sie wohl keinen Moment gezögert, nach dem Hackbeil zu fassen und das vor ihr aufgebaute Wesen in zwei Teile zu spalten. Das gemeine Volk kennt die Machinationen des Teufels bisweilen besser als die gebildeten Leute.

Die kleine Geschichte ist hier zu Ende. Nein, noch nicht ganz. Bleibt die Frage: Was hat es mit der eingangs erwähnten Koinzidenz auf sich? Sie mag weit hergeholt sein, denn schließlich trennten Sören Kierkegaard und Herman Melville Tausende von Kilometern, als sie ungefähr im selben Zeitraum, kurz vor Weihnachten, über Ismael nachdachten. Der eine befand sich in Berlin, der andere auf einem Walfänger auf hoher See. Für Kierkegaard blieb Ismael eine flüchtige Figur, die ihn nicht sonderlich beschäftigte. In Melvilles Kopf hingegen entwickelte sich, während er in der engen Kajüte der *Acushnet* lag, ein winziger Roman-Embryo. Stoff gab es in Hülle und Fülle, denn was Melville auf See erlebte, war spektakulär und gefährlich: die Jagd auf den Wal, die gnadenlose Bluternte des großen Schlachtopfers, das Trankochen auf der schwimmenden Fabrik, eine Belegschaft, die sich aus den verschiedensten Außenseitern der Gesellschaft zusammensetzte, die ihre Körper häufig mit Tätowierungen gebrandmarkt hatten. All das driftete in losen Erzählfäden durch sein Hirn. Ein Matrose namens Ismael nahm Gestalt an und hielt das Gewürm der Fäden zusammen. Ihn machte er später zum Erzähler seines berühmten Romans *Moby-Dick*. Weshalb Ismael? Der Name klingt geheimnisvoll und fremd in amerikanischen und europäischen Ohren. Vielleicht, weil er in unserem lateinischen Alphabet durch den Austausch nur eines Buchstabens zu etwas ganz anderem wird. Aus Israel wird Ismael. So oder so, für unsereins ist Ismael der archaische Außenseiter par excellence. Ein Wildling auf schwankendem Grund, einer, der nicht so recht dazugehört und um sein Leben kämpfen muss.

Ein letzter Hinweis sei erlaubt. Im Judentum, im Christentum und im Islam gibt es drei berühmte Opferstätten. Im

Judentum ist es der Berg Moriah bei Jerusalem, im Christentum ist es Golgatha, im Islam wird der Opferungsort Abrahams durch Mekka ersetzt, wobei die berühmte Kaaba keine eigentliche Opferstätte ist. Sie ist erbaut von Abraham und Ismael und dient allein dem Wort. Die jüdische Bibel baut auf die Nachkommenschaft Isaaks und lässt Ismael verschwinden. Der Koran lässt Isaak allmählich verschwinden und wertet die Bedeutung Ismaels auf. Zugleich wertet er das Ungeheuerliche der Geschichte ab, indem er es gar nicht so weit kommen lässt, dass der Eindruck entsteht, mit dem Schlachten des einzig wichtigen Sohnes könne Ernst gemacht werden.

1 Stéphane Mosès, Eros und Gesetz: zehn Lektüren der Bibel, München 2004, S. 31.

Ibrahîm

Kann man ein Buch über einige der wichtigsten Figuren in Bibel und Koran nach jemand anderem benennen als nach Ibrahîm (Abraham), dieser mysteriösen Gestalt, von der alle Gläubigen einmütig abzustammen meinen, wie zerstritten sie in anderen Dingen auch sein mögen? Ungeachtet der Schicksale und Wendungen, denen sie ausgesetzt waren, an ihn richten die Muslime ihre Bitten, er solle sie auf seinem Pfad führen, auf dem »rechten Weg«. »Dem Herrn der Weltbewohner wandte ich mich zu, ihm, der Himmel und Erde erschaffen hat, stellte ich meine Sache anheim. Es gibt keinen Gott außer ihm allein, und nichts bin ich als ein wahrer ergebener Gläubiger nach der Glaubensweise Ibrahîms«, pflegte mein Großvater väterlicherseits zu sagen, um dann noch hinzuzufügen: »O mein Herr, leite uns den rechten Weg, den Weg der Glaubensweise Ibrahîms!« Ich denke nicht, dass mein Großvater der Einzige war, der dies sagte, Millionen Nachkommen Ibrahîms sprachen solche oder ähnliche Gebete. Es sind Fragmente aus verschiedenen Koranversen, wenn auch nicht unbedingt vollkommen deckungsgleich mit dem Originaltext.

Ibrahîm ist eine der berühmtesten mythischen Gestalten der Welt und diejenige mit dem höchsten religiösen Rang. Er gilt, nach Âdam, als legitimer Vater der Menschheit und Schutzpatron aller, die an den einzigen Gott glauben. Im Islam gilt er zudem als Vater sämtlicher Propheten, die in Westasien, wenn nicht gar in der ganzen Weltgeschichte in Erscheinung traten.

Kein Prophet nach Muhammad hat bei den Muslimen eine

so besondere Stellung inne wie Ibrahîm. »Unser Herr Ibra-hîm«, heißt er jedes Mal, wenn sie seinen Namen nennen. Er ist für sie der Vater der Propheten und Gottes Vertrauter, des-halb sprechen sie im Rückgriff auf Sure 4,125 von »Ibrahîm dem Freund«. Diese Sure interpretieren sie als schlagenden Beweis dafür, dass Ibrahîm in den Genuss der höchsten Stu-fe der Gottesliebe gekommen ist. Zwar ist er einer von fünf Gesandten, aber man bezeichnet ihn zusätzlich als *Gesandten mit festem Willen*. Und wenn auch zwei Gesandte, Âdam und Nûh (Noah), schon vor ihm gekommen sind, so besitzt doch er einen höheren Rang.

Im Koran ist er an zahlreichen Stellen erwähnt, abgesehen von Muhammad öfter als jeder andere Prophet. Vielleicht rührt seine Stellung daher, dass Muhammad seine eigene Per-sönlichkeit mit der Ibrahîms verglich, die im Koran als Maß-stab für ihn zugrunde gelegt wird. Wer dort Ibrahîms Lebens-geschichte liest, wird überall auf Analogien zwischen ihm und Muhammad treffen.

In den alten religiösen Schriften, die sich auf die Stämme Westasiens – vom sumerischen Ur über Harran und Urfa in der Südtürkei bis nach Damaskus und Palästina – und Ägyp-tens beziehen und als eine Art »historische« Dokumente be-trachtet werden können, wie beispielsweise die Aufzeichnun-gen der babylonischen oder der ägyptischen Zivilisation, wird Ibrahîm zwar nicht namentlich genannt, trotzdem erzählen die drei großen Offenbarungsreligionen seine Geschich-te so, als hätte er wirklich existiert. Wie viel Zweideutigkeit und Dunkel diese Ausnahmegestalt auch umgeben mag, über-einstimmend überliefert ist sein Auszug ins gesegnete Land, der ihm von seinem Herrn befohlen wurde. So berichten es die Religionen ungeachtet der Identität dieses Gottes, sei er jüdisch, christlich oder muslimisch, und ohne Rücksicht auf weitere Einzelheiten wie den Weg, den dieser Auszug und seine späteren Wanderungen nahmen, die Geschichte der Nebenfrau Hagar oder – in der Erzählung von der Opferung eines seiner Söhne – darauf, wem von beiden die Rolle zufiel, sich als Gottesopfer schlachten zu lassen, dem jüngeren Sohn Ishâq (Isaak) wie in der Thora oder dem älteren Sohn Ismaîl (Ismael) wie im Koran. Und dergleichen mehr.

Gottes Versprechen sind vollmundig und verlockend: Er prophezeit Ibrahîm und seinem Stamm, ja, jedem, der in seine Fußstapfen trete, ein glückliches Ende, so steht es in der Thora:

>»Und ich will dich zum großen Volk machen und
>will dich segnen und dir einen großen Namen machen,
>und du sollst ein Segen sein.
>Ich will segnen, die dich segnen, und verfluchen,
>die dich verfluchen; und in dir sollen gesegnet werden
>alle Geschlechter auf Erden.« (Genesis 12,2-3)

– und im Koran:

>»Die glauben und gute Werke tun, die werden wir in
>   Gärten führen,
>unter denen Bäche fließen.
>Für immer und ewig werden sie darin weilen
>als Verheißung Gottes, die in Erfüllung ging.
>Wer ist wahrhaftiger im Reden als Gott?« (Sure 4,122)

Ibrahîms Anhänger gelangen nicht nur ins Paradies, Gott verspricht ihnen auch, dass sie dort seine Freunde und Gefährten sein werden. Wer die Ereignisse verfolgt, wird Ibrahîm um die Auszeichnung beneiden, gleichsam von Gott auserkoren zu sein, egal, ob er seine Geschichte in der Thora und die spätere im Koran als religiöse oder literarische Erzählungen liest. Nicht einmal, ob Ibrahîm eine reale oder fiktive Gestalt für mich ist, spielt eine Rolle, ich sage: Er wird diesen Ibrahîm beneiden! Die Verheißung des Paradieses im Koran nehme ich aus, es ist nicht meine Absicht, mich hier damit auseinanderzusetzen, ob sie sich erfüllt hat. Bei den übrigen Prophezeiungen jedoch ist dies der Fall: Ibrahîms Volk ist groß, alle Juden, Christen und Muslime sind heute durch ihn gesegnet, wenn auch zu einem hohen Preis. Denn was ihm auf seinem Weg zustieß, war der Anlass für weitere Auszüge, deren Preis ebenfalls hoch war, vor allem, was Mûsas (Moses') Exodus betraf. Auch Gottes Verheißung an Ibrahîm spiegelt sich in jenen an die beiden ihm folgenden Propheten Mûsa und Muhammad. Im Falle Mûsas bezieht sie sich auf das Erreichen des Gelobten Landes, im Falle Muhammads auf einen »Garten, breit wie die Himmel und die Erde« (Sure 3,133).

Dem Koran zufolge sendet Gott den Propheten Ibrahîm aus, um sein Volk auf den rechten Weg zu leiten, nämlich Gott allein zu verehren. Er beginnt mit der Missionierung des Menschen, der ihm an nächsten steht, nämlich seines Vaters Terach (im Koran Âzar, Sure 6,74). Behutsam und demütig erklärt er ihm, dass er im Irrtum sei und nicht dem Satan, dem Feind Gottes, folgen solle, sonst werde er zu den reuigen Verlierern gehören. Sein Vater aber weist Ibrahîms Aufrufe stolz zurück und droht seinem Sohn, falls er von seinen Worten und Taten nicht ablasse, kämen alle möglichen Qualen auf ihn herab. Trotzdem bemüht sich der mitleidige Sohn weiterhin, seinen Vater zu bekehren, und bittet bei seinem Herrn für ihn um Vergebung und darum, ihm Rechtleitung und Rettung zu gewähren. Dabei hält er stets daran fest, seinen Vater und sein Volk dazu aufzurufen, den alleinigen Gott zu verehren und von den Götzenbildern und Sternen abzulassen, an die sie ihre Gebete richten. Ein Herr, dessen Schicksal es sei, unterzugehen und zu verschwinden wie die Sonne und der Mond, verdiene keine Verehrung, legt Ibrahîm ihnen dar. Der wirkliche Gott bleibe immer da. Götzenbilder dagegen seien leblose Körper, etwas, was »nichts nützt und auch nicht schadet« (Sure 21,66). Doch vergeblich, die Leute verspotten ihn und bezichtigen ihn der Lüge.

Da geht Ibrahîm mit einer Axt in den Tempel, zerstört alle Götzenbilder »bis auf den ›Großen‹, den sie hatten« (Sure 21,58), und lässt die Axt bei ihm liegen. Als die Menschen diese schreckliche Tat entdecken, fragen sie einander nach dem Täter, und einige sagen: »›Wir hörten einen jungen Mann mit Namen Abraham [Ibrahîm] sie nennen!‹« (Sure 21,60) Daraufhin stellen sie ihn zur Rede, doch er spricht: »›Keineswegs! Der ›Große‹ unter ihnen da, der hat es getan! So fragt sie doch, wenn sie sprechen können!‹« (Sure 21,63) Als sie entgegnen, diese Götzenbilder sprächen nicht, fragt er: »Warum verehrt ihr sie dann?«

Ungeachtet seiner vernünftigen Rede entscheiden sie, Ibrahîm zu bestrafen und vor aller Augen zu verbrennen. Sie machen ein Feuer, holen ihn und werfen ihn hinein. Er aber wendet sich vertrauensvoll an Gott, den Mächtigen, den Gewaltigen, und dieser rettet ihn mit den Worten: »›Feuer, sei kalt und taste Abraham [Ibrahîm] nicht an!‹« (Sure 21,69) Da tut ihm das Feuer nichts, und es ist ein Zeichen und Wunder. Die Menschen jedoch sind noch immer nicht überzeugt, und so fordert er einen von ihnen zum Disput. Der fragt ihn: »Wer ist dein Herr, Ibrahîm?«, und er antwortet: »Mein Herr ist's, der lebendig macht und tötet« (Sure 2,258). »Ich mache auch lebendig und töte«, meint der andere, »das ist nichts Besonderes.« Daraufhin sagt Ibrahîm: »›Siehe, Gott bringt die Sonne aus dem Osten. So bringe *du* sie aus dem Westen!‹« (Sure 2,258) Da ist der andere verblüfft, und sein Unvermögen liegt offen zutage.

Als sein Vater stirbt, gibt Ibrahîm es auf, für ihn um Verzeihung zu bitten. Âzar stirbt als Götzendiener, Ungläubiger und Feind Gottes, auf ihn wartet das Höllenfeuer. Abgesehen von seinem Neffen Lût (Lot) glaubt dem Koran zufolge niemand aus Ibrahîms Volk so sehr an seine Mission, dass er die Verehrung der Sterne und Götzenbilder aufgäbe:

>»Da glaubte ihm Lot [Lût] und sprach:
>›Siehe, auswandern werde ich zu meinem Herrn.
>Siehe, er ist der Mächtige, der Weise.‹
>Wir schenkten ihm Isaak [Ishâq] und Jakob [Yaqûb].
>Unter seinen Nachkommen stifteten wir das
>Prophetentum und das Buch.
>Wir gaben ihm im Diesseits seinen Lohn,
>und im Jenseits ist er fürwahr unter den Rechtschaffenen.«
>   (Sure 29,26-27)

Wohin Ibrahîm anschließend mit Lût und seiner Frau Sara auswandert, erfahren wir nicht. Wir begegnen ihm an einem, wie er selbst sagt, »unfruchtbaren« Ort wieder, diesmal in Begleitung seines erstgeborenen Sohnes Ismaîl:

>»Unser Herr, siehe, ich habe von meinen Nachkommen
>   einige angesiedelt
>in einem unfruchtbaren Tal bei deinem Heiligtum,
>unser Herr, auf dass sie das Gebet verrichten.
>Mach du, dass Menschenherzen sich hin zu ihnen neigen,
>und schenke ihnen Früchte für den Lebensunterhalt,
>vielleicht sind sie ja dankbar.« (Sure 14,37)

Wir erfahren, dass er beauftragt ist, dort zusammen mit Ismaîl das *Haus* zu errichten:

>»Damals, als wir das Haus zu einem Ort der Einkehr für
>   die Menschen machten
>und zu einer Sicherheit:
>›Nehmt die Stätte Abrahams [Ibrahîms] zum Betplatz!‹
>Und wir zur Pflicht es machten Abraham [Ibrahîm] – und
>   Ismael [Ismaîl]:

›Reinigt mein Haus für die Umkreisenden und darin
Weilenden,
für die sich Beugenden und die sich Niederwerfenden!‹«
(Sure 2,125)
Daraufhin bitten sie ihren Herrn, das Haus von ihnen anzunehmen:
»… ›Unser Herr! Nimm es von uns an!
Siehe, du bist der Hörende, der Wissende.
Unser Herr! Mach uns beide zu dir Ergebenen,
und mach aus unseren Kindeskindern eine Gemeinde,
die dir ergeben ist!
Zeig uns unsere Opferriten, und wende dich uns zu!
Siehe, du bist es, der sich gnädig zukehrt, der
Barmherzige.« (Sure 2,127-128)
Diese Worte wiederholen die Mekkapilger bis heute, wenn sie
das *Haus* besuchen, das Ibrahîm mit seinem Sohn errichtete,
die Kaaba.

Später schickt Gott zwei Engel in Gestalt junger Männer
zu Ibrahîm, um ihm die Geburt seines Sohns Ishâq durch Sara
zu weissagen. Ibrahîm empfängt sie und lässt sie an einem für
Gäste bestimmten Ort Platz nehmen. Er schlachtet ein fettes Kalb für sie, brät es und setzt es ihnen als Mahl vor. Als
er indes beobachtet, dass sie weder essen noch trinken, bekommt er Angst vor ihnen. Doch sie bemerken seine Furcht,
beruhigen ihn und geben sich als Engel zu erkennen. Sie seien gekommen, um die Stadt Sodom zu bestrafen, weil deren Bewohner sich weigerten, ihrem Propheten Lût zu folgen, und um ihm, Ibrahîm, die Geburt eines »Knaben, begabt
mit Wissen« (Sure 15,53), vorauszusagen. Als Sara diese Botschaft vernimmt, reagiert sie verwundert, denn sie ist alt und
unfruchtbar und ihr Mann ein Greis. Doch die Engel erklären
ihr, dies sei der Befehl des allmächtigen Gottes:

»Sie sprachen: ›Seid ihr über Gottes Befehl verwundert?

Gottes Erbarmen und sein Segen seien über euch, ihr

›Leute des Hauses‹!

Siehe, er ist zu loben und zu rühmen.‹« (Sure 11,73)

Dieselben Worte sollte später, vor der Geburt des Propheten Yahya (Johannes), Zakarîya (Zacharias) vernehmen, dessen Frau ebenfalls unfruchtbar war, und genauso Maryam (Maria), die zwar nicht alt, aber noch Jungfrau war.

Nachdem Ibrahîm diese Worte gehört hat, weicht die Furcht von ihm, und die frohe Botschaft, die die Engel ihm überbracht haben, setzt sich in seinem Herzen fest. In Anbetung wirft er sich vor Gott nieder und dankt ihm. Nach einer Weile wird das erwartete Ereignis, das göttliche Wunder, Ibrahîm und seiner Frau offenbar, Sara gebiert einen schönen Knaben, und Ibrahîm nennt ihn Ishâq. Zwar erweist der Koran auch ihm Anerkennung:

»Gedenke unserer Knechte Abraham [Ibrahîm], Isaak

[Ishâq] und Jakob [Yaqûb],

Männern voller Kraft und Klarsicht!

Siehe, wir haben sie besonders ausersehen

zur Mahnung an das Jenseits.

Siehe, sie gelten bei uns als die besonders Auserwählten.«

(Sure 38,45-47),

jedoch wird ihm weit weniger Platz eingeräumt als seinem Bruder Ismaîl. Weder wird das Volk genannt, zu dem Ishâq als Prophet geschickt wird, noch, wie dessen Antwort auf seine Missionierung aussieht. Nur von der Verkündigung seiner Geburt wird berichtet.

Viele Verse später sieht Ibrahîm eines Nachts im Traum, wie er seinen Erstgeborenen Ismaîl schlachtet, und erzählt es ihm, ohne zu wissen, dass es sich dabei um eine göttliche Prüfung für ihn und seinen Sohn handelt. Aus Gehorsam Gott gegenüber unterwirft sich Ismaîl den Visionen seines Vaters, und beide schicken sich an, den göttlichen Befehl in die Tat umzusetzen. Ibrahîm legt seinen Sohn mit dem Gesicht auf den Boden und greift nach dem Messer, um ihn zu opfern. Die Rettung kommt von Gott persönlich: »Durch ein herrliches Schlachtopfertier schafften wir Ersatz für ihn.« (Sure 37,107)

Damit endet Ibrahîms Geschichte, wie sie im Koran steht. Sie besteht aus zahlreichen, über 25 Suren verteilten Versen. In einigen, wo die Gesandten und Propheten aufgelistet werden, die zur Verehrung des einzigen Gottes aufriefen, wird nur sein Name genannt. Andere gehen genauer auf die Einzelheiten ein. Hinzuweisen bleibt hier auf diejenigen Suren, die sich auf jeweils einen wichtigen Aspekt der Legende Ibrahîms konzentrieren, wie wir sie aus der Thora kennen. Dass die Formulierungen abweichen, ist unerheblich, wichtig ist der allgemeine Rahmen: In Sure 2 (»Die Kuh«) ist von dem Mann die Rede, der mit Ibrahîm über seinen Gott streitet und von dem er verlangt, er solle die Sonne im Westen aufgehen lassen; Sure 14 trägt Ibrahîms Namen und wiederholt die Geschichte seines Kampfes gegen sein Volk während seines Aufrufs zur Verehrung des einzigen Gottes; in Sure 6 (»Das Vieh«) wird Ibrahîms Konflikt mit seinem Vater und seinem Volk bekräftigt; Sure 11 (»Hûd«) enthält die Ankündigung der Geburt seines Sohnes Ishâq durch Sara. Die Ankündigung der Geburt Ismaîls wiederum und die Geschichte vom Schlachtopfer werden in einer relativ weit hinten stehenden Sure geschildert, nämlich in Sure 37 (»Die sich Reihenden«). In all diesen Koranversen wird betont, dass Ibrahîm sich von den übrigen Propheten unterscheide, da er von Beginn an ein Gottergebener, ein »Muslim« gewesen sei:

»Abraham [Ibrahîm] war weder Jude noch Christ;
sondern er war ein wahrer Gläubiger, ein Gottergebener.

Und er war keiner von den Beigesellern.« (Sure 3,67)
Und nicht nur das, auch seine Söhne, Enkel und Urenkel sind
Muslime, wie wir in Sure 2 lesen. Denn nachdem sein Herr zu
ihm gesagt hat: »›Ergib dich!‹«, spricht er: »›Ich habe mich ergeben dem Herrn der Weltbewohner.‹« (Sure 2,131), und dazu
hält er auch seine Nachkommen an:

»Abraham [Ibrahîm] trug dies seinen Söhnen auf sowie
auch Jakob [Yaqûb]:
›Meine Söhne! Siehe, Gott hat die Religion für euch
erwählt.
Daher dürft ihr nicht sterben, es sei denn, ihr seid
Ergebene!« (Sure 2,132)

Als Yaqûb dem Tod nahe ist, versammelt er seine Söhne um
sich und sagt zu ihnen:

»›Was werdet ihr nach mir verehren?‹
Sie sprachen: ›Wir werden *deinen* Gott verehren,
den deiner Väter Abraham [Ibrahîm] und Ismael [Ismaîl]
und Isaak [Ishâq], als einen *einzigen* Gott!
Wir werden ihm ergeben sein!‹« (Sure 2,133)

Die Geschichte von Ibrahîm hat viele Exegeten beschäftigt.
Nehmen wir etwa den Mann, der in Sure 2,258 mit ihm streitet. Viele Interpreten behaupteten, es handele sich bei dem Ungläubigen um Numrûd (Nimrod), einen der vier tyrannischen
Könige, die der Koran erwähnt, wenn auch sein Name nicht
genannt wird. Davon ausgehend, erzählten sie eine phantastische Legende, die weit über den Korantext hinausweist. Auch
hier stützten sie sich auf die Israiliyât. Denn im Alten Testament wird Nimrod tatsächlich namentlich erwähnt, allerdings
nur an drei Stellen. Der Genesis zufolge war er König im Lande
Schinar, Sohn des Kusch, Enkel des Ham und Urenkel Noahs:

»Kusch aber zeugte Nimrod. Der war der Erste, der
Gewalt übte auf Erden,

und war ein gewaltiger Jäger vor dem HERRN.«

(Genesis 10,8-9)

Diese Informationen werden im 1. Buch der Chronik und im Buch Micha wiederholt. Nimrod soll ein Reich sowie die Städte Babel, Erech, Akkad und Kalne im Lande Schinar, in Mesopotamien, gegründet haben. Mehr ist auch aus dem Alten Testament nicht über ihn zu erfahren. Erst die anderen Bücher der Juden geben detailliertere Informationen. So bringt der Targum »Jonathan« Nimrod mit König Amrafel in Zusammenhang, der zu Ibrahîms Zeit herrschte. An anderer Stelle heißt es, Nimrod sei ein Vorfahre Ibrahîms und infolgedessen Stammvater der Juden gewesen, er habe den Turm zu Babel erbaut, sich wie Gott verehren lassen und Semiramis zur Frau genommen.

Auch in der volkstümlichen Kultur der Muslime trifft man auf ihn. Numrûd gilt beispielsweise als erster Gewaltherrscher auf Erden, es heißt, er habe sich als Erster eine Krone aufgesetzt und vierhundert Jahre lang eisern regiert, sein Volk unterdrückt, gewütet und Einfluss auf das gesamte irdische Leben genommen. Ferner erzählt man sich, er habe einmal geträumt, am Himmel gehe ein Stern auf, der das Licht der Sonne vollständig zum Verschwinden bringe. Die Priester und Astrologen deuteten den Traum als Ankündigung der Geburt eines Knaben, von dessen Hand Numrûd Verderben drohe. Daher befahl er, jeden männlichen Neugeborenen zu töten. Doch Ibrahîm wurde von seiner Mutter versteckt, bis er erwachsen war und Numrûds Kult und Götzen herausforderte. Als Numrûd im Streit mit Ibrahîm unterlag, habe er befohlen, ihn zu verbrennen, aber auf Gottes Befehl hin tasteten die Flammen ihn nicht an. Numrûds Tod hingegen ist ein vorzügliches Beispiel für magischen Realismus avant la lettre: »Gott schickte zu jenem tyrannischen König einen Engel, der ihm befahl, an Gott zu glauben, doch er lehnte ab. Daraufhin forderte er ihn ein zweites Mal auf, er weigerte sich, ein drittes Mal, er weigerte sich wieder und sagte: ›Ziehe du deine Leute zusammen und ich meine!‹ Da versammelte Numrûd bei Sonnenaufgang seine Armee und seine Soldaten, und Gott sandte auf sie ein Tor von Mücken, so dass sie die Sonne nicht mehr sahen. Gott ließ die Mücken auf sie los, und sie fraßen ihr Fleisch bis auf die Knochen. Eine von ihnen jedoch drang dem König in die Nase und blieb dort vierhundert Jahre. Gott quälte ihn mit ihr, und er schlug sich während dieser ganzen Zeit mit Hämmern auf den Kopf, bis Gott ihn mit ihr vernichtet hatte.«[1]

Numrûd taucht in vielen verschiedenen Kulturen auf. Er wird in zahlreichen Büchern arabischer und muslimischer Koraninterpreten und Historiker erwähnt, die seine Abstammung kontrovers diskutieren. Einige bezeichnen ihn als Numrûd, Sohn Kanaans, Enkel Kuschs, Urenkel Hams, Ururenkel Nûhs, als Numrûd, Sohn des Fâlich, Enkel des Âbir, Urenkel des Schâlich, Ururenkel des Arpachschad, Urururenkel des Sem, Ururururenkel des Nûh oder als Sohn des Mâsch, Enkel des Arâm, Urenkel des Sem. Al-Tabari (839-923), der einer der prominentesten Exegeten war und mit seiner 903 nach Christus erschienenen Interpretation »Tafsîr al-Tabari« den Korankommentar zu einem eigenständigen Genre erhob, nannte Numrûd den Sohn des Kusch. Zwei berühmte Historiker teilten seine Meinung, nämlich Abu al-Abbâs al-Qalqaschandi (1355-1418) und Ibn al-Athîr (1160-1233), der Verfasser der »Vollständigen Geschichte«.[2] Dabei stützen sie sich natürlich auf die Geschichte in der Genesis. In Dante Alighieris *Göttlicher Komödie* ist der König ein Riese und unterliegt zusammen mit anderen Riesen der Strafe im neunten Kreis der Hölle.[3] Und nicht zuletzt glauben manche, in ihm den sumerischen Sagenkönig Gilgamesch zu erkennen.

Was aber hat all dies mit Ibrahîm zu tun? Keine Antwort im Koran, keine Antwort bei den alten Exegeten. Vom Koran brauchen wir keine Antwort zu erwarten, schließlich lässt er offen, mit wem Ibrahîm streitet, und erwähnt nur ein einziges Mal in der zweiten Sure einen Ort in Mesopotamien, »… und das, was auf Harut und Marut herabgesandt ward – Engel beide zu Babylon« (Sure 2,102). Es sind die zeitgenössischen Gelehrten, die eine Beziehung zu Ibrahîm herstellen und bei dem Wort »Babel« einen Weg einschlagen, der zu allem Möglichen führt, nur nicht zu dem eigentlich Gemeinten.

Seht her, sagen sie uns, das Wort »Babel« im Koran ist selbsterklärend, man braucht es gar nicht näher zu erläutern. Es ist abgeleitet von »Bâbiliya«, dieses Wort setzt sich zusammen aus »Bâb« und »Elo« beziehungsweise »Bâb« und »Il«, was »Bâb Allah« (»Tor Gottes«) bedeutet, nach Ausfall des Hamza durch Kontraktion oder Elision, wie die Grammatiker sagen. So entstand eine im Arabischen verbreitete Wortform nach dem Muster »fâ'il«: Bâbil. Anschließend sollen wir diese ihrer Meinung nach evidente Interpretation des Wortes Babel im Koran wiederfinden. Weil wir wissen, dass die Babylonier ständig zu den Sternen aufsahen, sollen wir annehmen, dass sie die Sterne anbeteten und deshalb den »Turm« bauten, nach dem man die Stadt später »Bâb Elo« nannte. Gemeint sei damit natürlich »Tor des Himmels«, ein Tempel für ihren höchsten Gott Marduk, eine Art Ausguck, von dem aus sie ihre Götter beobachten konnten, ähnlich wie es später der Pharao mit Mûsas (Moses') Gott vorhatte:

»Brenne mir, Haman, Ziegelsteine, und mache mir ein
                         hochgebautes Schloss,
dass ich vielleicht aufsteigen kann zum Gott von Mose
                         [Mûsa]!« (Sure 28,38)

Und Ibrahîm, sollen wir denken, wollte die Babylonier anleiten, anstelle der Sterne Gott zu verehren.

Dass die Babylonier sich zu wissenschaftlichen Zwecken für Astronomie interessiert haben könnten, ist dem Verstand der Gelehrten der finsteren Theologie unserer modernen Zeit – falls sie über einen solchen überhaupt verfügen sollten! – nicht begreiflich. Und leider sind sie heutzutage so zahlreich wie die Fischbrut im Meer, um einen Satz der Göttin Ischtar aus dem Gilgamesch-Epos zu zitieren, die sich nach der Sintflut selbst anklagte:

»Wäre doch jener Tag zu Lehm geworden,
Da ich in der Schar der Götter Schlimmes geboten!
Wie konnte in der Schar der Götter ich Schlimmes
gebieten,
Den Kampf zur Vernichtung meiner Menschen gebieten!
Erst gebäre ich meine lieben Menschen,
Dann erfüllen sie wie Fischbrut das Meer!«
(Elfte Tafel, 118-123)

Die Tatsache, dass Ibrahîms Geburtsort im Koran ungenannt bleibt, macht es möglich, mit ihm nach Belieben zu verfahren. Die Muslime berufen sich auf Erzählungen, und es besteht dabei große Uneinigkeit zwischen ihnen, allerdings datieren sie sämtlich Ibrahîms Geburt zwischen 2324 und 1850 vor Christus. Vor allem das letzte Datum entspricht ziemlich genau seinem Geburtstag nach dem Talmud, wo er mit 1948 Anno mundi angegeben wird. Einige berichten, er sei in der Gegend von Harran geboren, das als eine der alten Städte Mesopotamiens gilt, gelegen im Quellgebiet des Euphrat in der heutigen Südosttürkei. Andere, und sie sind in der Mehrheit, geben an, er sei im Südirak zur Welt gekommen, in Ur, das nicht weit entfernt von Babel liegt, ein wenig weiter südlich. Wieder andere nennen Susa in der Gegend von Ahvaz, einige

die Gegend von Kûtha nahe der Stadt Kufa im heutigen Irak,
anderswo wiederum heißt es, sein Geburtsort liege in Uruk
Richtung al-Zawâbi im Gebiet von Kaschkar. Anschließend
habe sein Vater ihn in Richtung Kûtha an den Ort gebracht,
wo Numrûd lebte. Und was der Legenden mehr sind.

Dasselbe gilt für Ibrahîms Auszug und seine Wanderungen. Der Koran nennt nicht die Orte, die er aufsuchte, er begnügt sich damit, den Grund für den Auszug anzuführen,
den Befehl Gottes. Es sind die Exegeten, die Ibrahîms Wege
nachträglich imaginieren. Ihnen zufolge ging er erst nach Palästina (obwohl Palästina im Koran nie genannt wird), dann
nach Ägypten, das im Koran fünfmal erwähnt wird, als Land
(Sure 2,61), in Verbindung mit Mûsa (Moses) und seinem Bruder Harûn (Aaron, Sure 10,87), mit dem ägyptischen Pharao
(Sure 43,51) sowie mit Yûsuf (Josef, Sure 12,21 und 99). Nicht
ein einziges Mal aber taucht der Name in Verbindung mit
Ibrahîm und seiner Frau Sara auf, die der Pharao, so erfahren
wir in der Thora, in seinen Harem aufnehmen wollte:

»Als nun Abram nach Ägypten kam, sahen die Ägypter,
dass seine Frau sehr schön war. Und die Großen des Pharao
sahen sie und priesen sie vor ihm. Da wurde sie in das Haus
des Pharao gebracht. Und er tat Abram Gutes um ihretwil-
len« (Genesis 12,14-16). Die Exegeten oder späteren Erzähler übernahmen diese Geschichte, spannen sie aber noch weiter. Denn es gab eine Irritation, die aufgelöst werden musste.
Wie bei der Geschichte von Jesu Geburt – wie kann eine Frau,
die ein Kind geboren hat, noch Jungfrau sein? – musste man
auch in Ibrahîms und Saras Fall eine Erklärung für die Ereignisse finden. Sollte Ibrahîm, der Vater der Menschheit, seine
Frau tatsächlich aus Feigheit oder Geldgier dem ägyptischen
König überlassen und reiche Geschenke dafür angenommen
haben? Um dafür eine Lösung zu finden, wurde die Legende

um folgende Geschichte ergänzt: Als Ibrahîm erfahren habe, dass der Pharao Sara begehre und seine Soldaten losgeschickt habe, um sie zu holen, sei ihm eine Eingebung gekommen und er habe zu Sara gesagt: »Wenn man dich nach mir fragt, dann bist du meine Schwester, das heißt meine Schwester in Gott.« Und weiter: »Außer mir und dir gibt es keinen Gläubigen auf dieser Erde, alle Einwohner Ägyptens sind Ungläubige, niemand dort bekennt sich zur Einheit des allmächtigen Gottes.« Darauf folgt der unterhaltsamste und pikanteste Teil der Anekdote: Als Sara erfahren habe, dass der ägyptische König ein Wüstling sei und sie haben wolle, betete sie zu Gott: »O Gott, wenn du weißt, dass ich an dich und deinen Propheten glaube und meinen Schoß, außer für meinen Ehemann, stets verschlossen hielt, so lasse den Ungläubigen nicht los auf mich!« Als man sie nun zum Pharao brachte, streckte er seine Hand nach ihr aus, um sie zu berühren, und seine Hand war auf der Stelle wie erstarrt. Erschrocken, dass er sie nicht mehr bewegen konnte, schrie er auf. Seine Leibwächter eilten herbei, um ihm zu helfen, doch sie wussten keinen Rat. Aus Angst, man könnte sie umbringen für das, was sie dem König angetan hatte, sagte Sara: »O Herr, lass ihn frei, damit sie mich nicht seinetwegen töten!« Gott erhörte ihr Gebet, aber der König ließ sich nicht bekehren und dachte, es handele sich bei dem Vorfall um eine vorübergehende Sache. Darum fiel er erneut über sie her, doch zum zweiten Mal war er gelähmt. »Löse mich!«, sagte er, sie betete zu Gott dem Erhabenen, und er löste ihn. Doch noch ein drittes Mal streckte der Pharao seine Hand aus und erstarrte. »Löse mich, dann werde ich dich freilassen und dir Ehre erweisen!«, versprach er nun. Da betete sie zu Gott, und er löste ihn. Daraufhin befahl der König seinen Dienern: »Führt sie fort von mir, denn ihr habt mir keinen Menschen gebracht, sondern einen Dämon!« Er ließ Sara frei, gab ihr etwas Gold und eine Sklavin namens Hagar.

Der Rest ist bekannt. Weil Sara unfruchtbar ist, bekommt sie keine Kinder, deshalb gibt sie Ibrahîm ihre Magd Hagar, die der Pharao ihr geschenkt hat, zur Frau, denn sie weiß, dass er sich nach Nachkommen sehnt. Ibrahîm heiratet Hagar, und sie gebiert ihm Ismaîl. Doch es ist Gott, der ihm befiehlt, seine Frau Hagar und ihren Sohn Ismaîl zu nehmen und mit ihnen nach Mekka zu wandern, sie gehen nicht etwa Saras Eifersucht wegen. Dort angekommen, wendet sich Ibrahîm an Gott, bittet ihn, für Hagar und Ismaîl zu sorgen, verlässt die beiden und kehrt zu Sara zurück. Wenig später wird ihm die Geburt seines Sohnes Ishâq durch Sara verkündet, von der wir bereits gehört haben.

Doch die Erzählungen der Exegeten gehen noch weiter. Ibrahîm sei von Zeit zu Zeit nach Mekka gereist, um bei Hagar und ihrem Sohn Ismaîl nach dem Rechten zu sehen. Bei einem dieser Besuche habe Ibrahîm seinen Sohn aufgefordert, ihm bei der Fundamentlegung der Kaaba zu helfen.

Während all der Reisen, die er unternahm, sei Ibrahîm es nie leid geworden, die Menschen zur Verehrung Gottes aufzurufen, auf seinem Weg zu kämpfen, den Schwachen und Armen zu dienen und zwischen den Menschen zu vermitteln. Bis er, so berichtet es dieselbe Erzählung, im Jahr 1900 vor Christus gestorben sei, nachdem er aus dem Hedschas nach Palästina zurückgekehrt war. Dort liege er begraben, in der Stadt Hebron, deren arabischer Name al-Chalîl von Ibrahîm, dem »Freund« (arabisch »Chalîl«), abgeleitet ist. Sein Grab wurde neben dem Grab seiner Frau Sara in der Höhle Machpela erbaut. Später bestattete man in derselben Höhle auch Ishâq mit seiner Frau Rifqa (Rebekka) und Yaqûb mit seiner Frau Lîya (Lea) und errichtete über den Gräbern das Ibrahîm-

Heiligtum, das Juden und Muslime gleichermaßen verehren. Nach einer bestimmten Ursache für Ibrahîms Tod wird in den heiligen Texten nicht gefragt, aber sie betonen, dass er im Alter von 175 Jahren verstarb.

Wenn in der griechischen Tragödie der Dichter über die Gestalt des gefesselten Prometheus berichtete, wusste das gesamte Publikum bereits, wer Prometheus war, und dies erleichterte ihnen die Aufnahme und Interpretation der Erzählung. Ist dagegen im Koran die Rede von den Propheten und Gesandten, wandelt sich der Sinn der Allusion, denn die Offenbarungen verweisen das Publikum nicht auf die Mythologie, sondern auf Gott. Bei den Griechen ließ der Verweis einen Austausch zu, während die Religionen mit einem absoluten Wahrheitsanspruch auftreten. Wie wir wissen, sind weite Teile der Erde heute vom Geist der Kaaba beherrscht, andere vom Geiste Roms und Jerusalems. Auch die beiden Letzteren lieben den Vortrag, der das Publikum narkotisiert. Griechenland dagegen ist verloren – und mit ihm jeder Dialog.

Halten wir also fest: Ibrahîm, der mit nur einer Ehefrau und seinem Neffen Lût auswanderte, festigte Traditionen, die bis heute nachwirken. Seine Söhne, Enkel und Urenkel sollten dieselbe Geschichte von Auszug, Wanderschaft und Flucht immer wieder durchleben, ist doch Ibrahîm als legitimer Vater der Semiten, nämlich der Hebräer und Araber, ebenso legitimer Vater der Angehörigen des Judentums und des Islams, zweier Religionen, die sich manchmal nahe sind und dann wieder unterscheiden, zweier Religionen, deren Angehörige ihre ewige Wanderschaft bis heute fortsetzen. Ishâqs Nachkommenschaft gaukelte sich selbst eine feste Heimstatt vor, nämlich Palästina, wo sie sich niederließ, das sie Israel nannte und dessen Bevölkerung sie vertrieb. Ismaîls Nachkommen dagegen verstreuten sich über das, was man die Ara-

bische Welt nennt, die Länder zwischen der Arabischen Halbinsel und Syrien. Auch sie redeten sich ein, sie hätten eine
sichere Heimat namens »Arabische Nation«, aus der sie alle
vertrieben, die sie nicht als ihrer Glaubensgemeinschaft zu-
gehörig betrachteten. Ganzen Völkern und großen ethnischen
Minderheiten wurde auferlegt, sich der Tyrannei dieser beiden Nachkommenschaften zu beugen, sich an ihren ständigen
Kriegen zu beteiligen. Bis heute lassen sie nicht davon ab, und
kein Friede winkt am Horizont, immer weiter zerfleischen sie
einander, während ihre Enkel Richtung Norden ziehen. Diesmal allerdings machen sie nicht Halt in Harran, wie ihr Ur-
vater Ibrahîm es tat, sondern setzen den Weg fort, weiter und
weiter nach Norden, Richtung Balkanroute. Sie tun dasselbe
wie ihr Vorfahr Ibrahîm, nachdem Ur, wo er geboren worden
war – egal, welches Ur damit gemeint ist –, von den Menschen
vernichtet wurde, durch alles, was der Hass auf Brüder, Eth-
nien und Glaubensgemeinschaften an Bösem und Aggressio-
nen mit sich bringt.

Es ist »die klare Prüfung« (Sure 37,106) – wie die Opferung
Ismaîls. Welches Kind man abschlachtet, macht für mich heute genauso wenig einen Unterschied wie damals, als ich noch
klein war. Immer noch habe ich das Bild vor Augen, das bei
uns zu Hause im Gästezimmer hing. Es zeigte einen bärti-
gen Alten und in dessen Händen seinen schönen Sohn, mit
der Messerklinge am Hals. Am Himmel war ein Engel zu sehen, mit zwei Flügeln und einem hübschen hellen Kinder-
gesicht, und aus seinen Händen stieg ein Widder zu dem Alten hernieder. Wie genau habe ich mir dieses Bild angeschaut!
Man sagte mir, es zeige den Propheten Ibrahîm, wie er dem
Herrn seinen Sohn zum Opfer anbietet, und von ihm stamme
auch die Tradition, am Festtag einen Hammel zu schlachten.
Doch jedes Mal, wenn ich mir ein paar Tage vor dem Op-

ferfest dieses Bild ansah, musste ich weinen – um das Schaf, das für die Feier, zu der man den Toten ein Opfer bringt, geschlachtet werden sollte. Es war hart für mich, dass ich mich von einem lieben Freund, mit dem ich vor dem Fest tagelang gespielt hatte, trennen sollte und er geschlachtet werden würde. Lange Nächte träumte ich, wenn der Zeitpunkt gekommen wäre, würden Engel vom Himmel herabsteigen und das Schaf befreien. Doch zu meiner Enttäuschung ließen sich nie welche blicken, und es kümmerte sich auch niemand um meine Worte. Heute, wo ich erwachsen und fast sechzig Jahre alt bin, weiß ich gar nicht mehr, wie viele meiner menschlichen Freunde schon in allen Teilen der Welt den Religionen zum Opfer gefallen und abgeschlachtet worden sind. Nie ist ein Widder gekommen, sie zu retten, nie haben sie Trost erhalten, noch erschien je, um sie zu ihrem Opfer zu beglückwünschen, ein Engel!

1 Ismaîl Bin Umar Bin Kathîr al-Qirschi al-Dimaschqi: Tafsîr Bin Kathîr, Riad 2002, S. 686.
2 In Band 1, Seite 81 schreibt er: »Ham wurde Kusch geboren ... und Kusch Numrûd, der Sohn Kuschs ...«.
3 Dante, Die Göttliche Komödie, XXXI. Gesang.

Moses

Ein kleiner Bub namens Lebrecht Moses Steinacker, gebürtig 1762 in Pforzheim, hatte ein schweres Leben. Sein einziges Glück bestand darin, dass der Pfarrer in ihm ein kluges Bürschle erkannte und ihn förderte. Ein enormes Gewicht lastete auf dem Kleinen. Der evangelische und der jüdische Vorname vertrugen sich schlecht miteinander. Ein Name hat die Kraft, die Essenz einer Person auszudrücken. Missglückt eine Namenskombination, ist dies eine schwere Bürde. So hob der Lebrecht in dem Buben gleichsam den tadelnden Finger, wenn er auch nur anflugweise versuchte, sich ein wenig herrscherlich und zornig aufzuführen. Er tat es so gut wie nie. Trotzdem war das Kind insgeheim stolz auf seinen zweiten Vornamen, weil es dadurch wichtig wurde. Der Kontrast zwischen dem machtvollen Moses, der in der Oberschicht Ägyptens aufgewachsen war, und dem schmächtigen, oft kränklichen Buben hätte kaum größer sein können.

Die Geschichte von Moses und den Gesetzestafeln beeindruckte den Kleinen. Er lernte rasch und schrieb schon mit fünf Jahren seinen eigenen Dekalog. Allerdings einen anderen, als wir ihn kennen. Gleich zehn Mal schrieb er den Satz: *Vatterle und Mutterle mustu ären.* Offensichtlich hatte der Knabe es nötig, sich diesen Satz einzuprägen, denn seine Eltern betrugen sich ihm gegenüber alles andere als liebreich. Der Vater, ein Geschützgießer und Feuerwerker von Beruf, schlug das Kind so heftig, dass er ihm einmal das Bein und zweimal das Ärmchen brach. Die Mutter galt als zänkisch und half dem Kleinen nicht. Obwohl man es damals für normal hielt,

Kinder *tüchtig*, wie es immer hieß, zu schlagen, fiel einer gutherzigen Nachbarin doch auf, dass der alte Steinacker bei seinen Prügelattacken zu weit ging. Zumal der verschüchterte Bub kaum Anlass bot, derart grausam mit ihm zu verfahren. Bei der Nachbarin und dem Pfarrer fand er manchmal Zuflucht. Nun, er lebte nicht allzu lang. Mit dreizehn Jahren starb Steinacker unter ungeklärten Umständen. Zuvor hatte ihn der Vater noch zu einer obskuren Sekte verschleppt, die der Madame Guyon verfallen war und sich ganz dem Ertöten der Eigenliebe verschrieben hatte. Sadistische Züchtigungen waren an der Tagesordnung. Eine der Übungen zur Abhärtung bestand darin, dass man die Kinder barfuß über zerstoßenes Glas laufen ließ.

Karl Philipp Moritz, der als Kind ebenfalls Bekanntschaft mit der mystischen Gemeinde des Herrn von Fleischbein schloss, in der nicht das mosaische Gesetz, sondern das Ergebenheitsmantra der Madame Guyon unentwegt gepredigt wurde, hat in seinem *Anton Reiser* ausführlich beschrieben, was die Sekte im Herzen eines Kindes anrichten konnte. Lebrecht Moses lernte Karl Philipp nicht kennen. Vielleicht hätte sich daraus eine rettende Freundschaft ergeben können. Moritz überlebte die Torturen, die das Elternhaus ihm zufügte, der kleine Steinacker leider nicht. Die verzweifelten Zeilen des Buben, man müsse seine Eltern ehren, deuten darauf hin, dass in seiner verwundeten Seele bereits ein Rachewunsch glomm, der durch die beschwichtigende Wiederholung des vierten Gebotes beruhigt werden musste. Wer weiß, als Erwachsener wäre Steinacker vielleicht zu Kräften gekommen, wäre ein Aufrührer und Lebfalsch geworden, gar der Mörder seiner brutalen Eltern. Das sind jedoch bloß haltlose Spekulationen. Wie gesagt, das gezüchtigte, gehudelte Kind mit den einander widerstreitenden Namen starb, bevor der Bartflaum eines Mannes auf seinen mageren Wangen hätte wachsen können.

Der biblische Moses war furchtlos, herrisch, kampfbereit, zornig, demütig. Ein Mann der reichen Kultur Oberägyptens, ein Führer durch die Wüste. Und er wurde zu dem, der die Substanz des Judentums und dessen Gedächtnis durch das Gesetz festigte. Zum König wurde er jedoch nicht gekrönt. Hören und Sehen, Enthüllen und Verhüllen, Steigen und Fallen spielen im Drama des Moses eine große Rolle. Vieles an ihm ist doppeldeutig. Als Adoptivsohn einer ägyptischen Prinzessin wächst das Kind aus dem Nirgendwo in luxuriöser Umgebung auf. Wobei *Nirgendwo* der falsche Begriff ist. Denn alles rund um Moses ist von Anfang an hochbedeutsam, die bereits dem Säugling mitgegebenen Zeichen beglaubigen einen Anspruch von alters her, der sich als Linie von Abraham zu Jakob, von Jakob zu Josef und von Josef zu Moses beschreiben lässt. Eine der vielen Legenden, die sich um seine Herkunft ranken, spricht von der jüdischen Abstammung des Kleinen. Am Hofe der Ägypterin arbeitet die Schwester des Moses, und diese überredet die Prinzessin, das Kind von ihrer Mutter säugen zu lassen. Auf diesem komplizierten Weg wird Moses' jüdische Mutter zu dessen Amme. Das Kind war aus Angst vor Verfolgung ausgesetzt worden, jetzt kehrt es ins Auge der Gefahr zurück und wächst dort zu einem mächtigen Mann heran. (Beim Auszug der Juden aus dem Land Pharaos wird Moses später die Gebeine Josefs mitführen lassen, um sie den Ägyptern wieder zu entreißen.)

Moses gehört nicht ganz zu den Ägyptern, aber zunächst auch nicht zum versklavten Volk der Semiten. Der Mann wird deshalb so mächtig, geht deshalb so unerschrocken vor, weil er eben nicht unter der Knechtschaft litt. Die schweren Arbeiten, die Abertausende von Sklaven das Leben kosteten, haben seinen Körper nie geschunden. Sowohl in der ägyptischen als auch in der jüdischen Bedeutung seines Namens lassen sich Anklänge an sein Kinderschicksal finden, wasserpflanzenhaft schweben darin der *Same des Teichs* und der *aus dem Wasser Gezogene*. Und in einem sich später vollendenden Sinn wächst er zu dem heran, *der Israel aus der Flut gezogen hat*.[1] Denn der kleine Moses wurde von seiner Mutter in einem sorgsam verpichten Kästchen am Schilfufer des Nils ausgesetzt. Im Sinne Sigmund Freuds kann man in diesem Kästchen auch eine besonders schön ausgezierte Geburtshöhle sehen: »Wenn die Volksphantasie an eine hervorragende Persönlichkeit den hier behandelten Geburtsmythos heftet, so will sie den Betreffenden hiedurch als Helden anerkennen, verkünden, dass er das Schema eines Heldenlebens erfüllt hat.«[2] Das Schifflein hat aber auch die Form eines Schreins, es ist gleichsam eine Miniaturausgabe der ungleich größeren Schreine, die an hohen Festtagen beladen mit Götterbildern den Nil entlangzogen.[3] Es passt natürlich sehr gut zu vielen antiken Heldensagen, dass ein Kind von hoher Abkunft ausgesetzt wird, um später die unwahrscheinlichsten Taten zu vollbringen. Das Spannungsverhältnis von hoch und niedrig spielt im Fall des Moses eine wichtige Rolle. Dabei geht es immer um Widrigkeiten, die es zu überwinden gilt, damit ein Kind mit vielversprechenden Anlagen überhaupt heranwachsen kann. Eine Dienerin fand das Kästchen im Schilf, und die Tochter des Pharaos nahm sich des Kleinen an. Thomas Mann hat die Geburtsumstände des Moses zu Recht als *unordentlich* bezeichnet.[4]

Vieles um Moses bleibt rätselhaft. Von ihm ist gesagt, dass er zum Stammeln neigte, mithin kein besonders geschmeidiger Sprecher war, was insofern kurios ist, als man vom Anführer eines Volkes erwartet, dass er ein ausgepichter Rhetor ist. Die Sprachschwäche kann auf seine fremde Herkunft, aber genauso gut auf die Nähe des Heiligen deuten, die ihn von Anfang an überschattete. Sie macht ihn aber auch zu einem kleinen, unbehülflichen Menschen. Eine höhere Macht scheint seine Rede zu zerhacken und in Kürzeln voranzustoßen. Mit dieser steht er allerdings des Öfteren im Zwiegespräch, denn der Herr spricht zu ihm, und Moses antwortet. Fingert man das in den fünf Büchern Mose aufgezeichnete Geschehen im Schnelllauf durch, begegnet man einem ungezügelten Menschen, der mühsam erlernen muss, sich selbst zu bändigen.

Man fragt sich, warum dem reichen ägyptischen Zögling das Schicksal der versklavten Menschen ins Herz schnitt, obwohl die Gemeinschaft, die er kannte, davon unberührt blieb. Wusste er von seiner Mutter, dass diese halbnackten, notdürftig in Lumpen gehüllten Männer seine Brüder waren? Warum treibt er sich überhaupt zwischen ihnen herum? Vieles um Moses bleibt im Dunkeln, bis er als ein Mann der Tat glanzvoll aus der Verschwiegenheit heraustritt. Spätestens in dem Moment, da er einen brutalen Aufseher erschlägt, wird Moses zum Befreier, auf den sein Volk später – zumindest zeitweise – hören wird. Dem Herrscher Ägyptens kommt die Gewalttat zu Ohren, er will Moses töten lassen. Der rettet sich nach Midian, vermutlich im heutigen Saudi-Arabien gelegen.

Und wieder kommt es zu einer bereits wohlbekannten Brunnenszene, denn dort trifft Moses auf seine künftige Frau Zippora. Als er nach der Hochzeit die Schafe seines Schwiegervaters hütet, erscheint ihm der Engel des Herrn im brennenden Dornbusch am Berg Horeb. Moses erkennt rasch, dass hier ein wunderlicher Brand knistert und Funken sprüht, denn der Busch sinkt nicht zu einem Aschehaufen zusammen. Die Erscheinung wird verstärkt, indem Gott nun selbst aus dem brennenden Busch den Namen »Mose, Mose!« ruft und dem sich neugierig Nähernden befiehlt, die Riemen seiner Sandalen zu lösen.

Der Namenszuruf ist von grundlegender Bedeutung. Er verhaftet die Person, um die es geht. Ein Weglaufen ist nicht mehr möglich. Das Namensgehäus hütet den Kern der Persönlichkeit, deshalb sind die in der Bibel verliehenen Namen wichtig, sie geben Hinweise auf Charaktereigenschaften, Herkunft, Bindung an einen Ort und künftige Handlungen. Sich selbst erklärend als Gott der Väter, gibt Er sich nun zu erkennen. Daraufhin verhüllt Moses sein Gesicht, um von der Gewalt der Erscheinung nicht geblendet zu werden. Er tut dies aus eigenem Antrieb, Gott hat es ihm nicht befohlen. Daher liegt die Vermutung nahe, Moses habe schemenhaft, wenn auch in verwandelter Existenzform, etwas von Gott wahrgenommen und dieser Anblick habe so mächtig auf ihn eingewirkt, dass er sich davor schützen musste. Hier wird das Verbot, sich von Gott ein Bild zu machen, vorauseilend wirksam, noch bevor es zur präzisen Deklaration der Zehn Gebote kommt. Es passt auch gut zur lodernden Flamme, in die man nicht allzu lange starren sollte, um nicht ganz und gar von ihr vexiert zu werden. Edmond Jabès hat in diesem Zusammenhang eine widersprüchliche Vermutung angestellt. »Gott ist vielleicht ein Wort ohne Worte. Ein Wort ohne Bedeutung. Und das Außerordentliche ist, daß Gott in der jüdischen Überlieferung unsichtbar ist, und um diese Unsichtbarkeit zu unterstreichen, hat er einen unaussprechlichen Namen. Was ich wahrhaft phantastisch finde, ist, daß man, wenn man etwas ›unsichtbar‹ nennt, etwas benennt, und das bedeutet, daß man damit fast eine Darstellung des Unsichtbaren gibt. Anders gesagt, wenn man ›unsichtbar‹ sagt, weist man auf die Grenze zwischen dem Sichtbaren und dem Unsichtbaren; dafür gibt es Worte.«[5]

Worte fallen in großer Zahl. Es handelt sich um eine Botschaft, die verstanden werden muss. Das Auge wird überwältigt und geblendet, aber das Ohr vernimmt und kann die empfangene Botschaft im Nachhinein deuten. Deshalb ist in Bezug auf geoffenbartes Wissen das Ohr ein wichtigerer Zeuge als das Auge. Und das auffangsame Ohr des Moses vernimmt die glückverheißende Botschaft, dass Gott Sein Volk in ein Land führen will, in dem Milch und Honig fließen. Wichtig ist auch, dass Moses Gott danach fragt, welchen Namen er dem Volk nennen soll, wenn er von Ihm redet, und es fällt die zukunftsweisende Antwort: *Ich werde sein, der ich sein werde.* Hiermit ist ein Namensversprechen gegeben, das sich erst künftig in seiner vollen Bedeutung enthüllen wird. Aber nicht nur das. Darin ist auch eine Wandlungsfähigkeit Gottes als möglich angedeutet; aus der früher gängigen Übersetzung *Ich bin, der ich bin* lässt sich dies nicht entnehmen.

Moses erhält nun den Auftrag, die Juden aus Ägypten wegzuführen. Begreiflicherweise hat er Angst, ihn zu erfüllen, denn der neue Pharao ist ebenso mächtig wie der alte. Da tut Gott an ihm drei Wunder – ein Stab wird zur Schlange und wieder zum Stab, Moses' Hand, die er in den Bausch seines Gewandes stecken soll, wird aussätzig, sobald er sie herauszieht, und dann wieder geheilt, und es folgt eine wundersame Verheißung, die nicht an Ort und Stelle erprobt werden kann. Moses soll sein Exil verlassen und den Ägyptern einen Schrecken einjagen, indem er Wasser aus dem Nil entnimmt und es aufs Land gießt, dann werde es zu Blut.

Starker Tobak, das alles. Ein Skeptiker kann hier einwenden, dass dies eine gewaltige, auf Magie gegründete Zutat der Geschichte ist, deren Kraft sich alsbald erweisen wird. Die jedoch problematisch ist, da die biblischen Erzählungen nach und nach versuchen, sich aus den Fängen des magischen

Denkens zu befreien. Allerdings sind die Grenzen zwischen Magie und Wunder fließend. Ein Wunder löst das große Staunen aus, von der Magie erwartet man, dass sie wirkt. Franz Rosenzweig schrieb in diesem Zusammenhang: »Das Wunder erwies zu seiner Zeit grade das, woran seine Glaubwürdigkeit heute zu scheitern scheint: die vorbestimmte Gesetzmäßigkeit der Welt ... So schien ... das Wunder dem unbedingten Gelten des Naturgesetzes mit nichten zu widersprechen; es war gewissermaßen von der Schöpfung her mit allem andern zugleich angelegt und trat dann eines Tages mit naturgesetzlicher Notwendigkeit ans Licht.«[6]

Der Werdegang des Moses ist ungeheuerlich. Man stelle sich vor: Ein in überbordendem Luxus aufgewachsener Mann nimmt es auf sich, das Volk, dem er sich verwandt fühlt, zu bereden, mit ihm in die Wüste zu ziehen. Ein schärferer Kontrast der Lebensweisen ist kaum vorstellbar. Die Wüste ist ein äußerst gefährliches Terrain, man kann sehr leicht die Orientierung verlieren, kann verdursten und verhungern. Zwar können sich die gerade befreiten Sklaven noch dunkel an die Vorzeit erinnern, in der ihre Ahnen als halbnomadisches Volk ebenfalls durch wüstenhafte Gegenden zogen, aber das Wissen darum, wie man sich dort behauptet, ist inzwischen verlorengegangen. Außerdem darf man annehmen, dass es ihnen an Kamelen gefehlt hat, um den Auszug etwas sicherer zu gestalten.

Ein Grundzug vieler biblischer Geschichten zeigt sich darin, dass sich unter den harten Bedingungen der Wüste, fernab von jeglicher Zivilisation, eine Reinigung vollzieht. Bevor er den Leidensweg beschreitet, harrt auch Jesus in der Wüste aus und widersteht dort den Versuchungen des Teufels. Es wirkt so, als würde unter dem Sonnenglast die bisherige Existenz des Menschen ausgebrannt, um bei Nacht, da die Temperaturen urplötzlich fallen, eine Auffrischung zu erfahren. Wie die Rose von Jericho, die zu einem staubigen Gewirr verdorrt und sich im Kontakt mit Wasser verlebendigt und weitet, ist das Denken und Fühlen des Menschen einer erstaunlichen Wandlung fähig. Die ersehnte Kühle, die vom sternenklaren Himmel herabfällt und sich über den Sand breitet, öffnet ihn für die überwältigende Schau des Universums und bringt ihn Gott nah. Die Geschichte der Wanderung des Volkes Israel durch die Wüste spielt sich als Drama der Verzweiflung ausgedörrter Herzen und deren Erquickung ab. Man kann die Assoziationen zu heiß und kalt sogar noch weitertreiben. Im Feuer werden die Tafeln des Gesetzes gehärtet, von ihren glasklaren Verboten und Geboten geht jedoch eine zwingende Kühle aus. Gesetze bieten keine herzerwärmenden Lektüren, sie definieren und bekräftigen ein überlegenes Hoheitszeichen der Macht.

Die Erinnerung der Versklavten an ihren Gott ist dürftig, falls überhaupt noch vorhanden, dann nur als vage Ahnung. In der Begegnung mit Moses wird Er von einem verblassten Geschöpf vergangener Zeiten zum nahen und einzigen Gott, in dessen Schutz sich das Volk begibt, welches sich auf Sein Geheiß nun ängstlich, voller Zweifel in den wankelmütigen Herzen, in die Wüste hinauswagt. Vorher sind allerdings noch andere Abenteuer zu bestehen, denn die Geschichte des Auszugs der Juden aus Ägypten steckt voller Gefahren. Im Vergleich zu den vorangegangenen Teilen der Bibel, der Schöpfungsgeschichte, der Sintflut, der Prüfung Abrahams, den Geschichten Isaaks, Jakobs und Josefs, ist der Text, der sich mit Moses' Wirken befasst, recht lang. Er wirkt wie ein Neubeginn, als wäre alles, was sich inzwischen ereignet hat, in graue Vorzeit gerückt. Das hat natürlich mit der einzigartigen Bedeutung der Gesetze zu tun, die die Beziehung zwischen

Gott und Seinem auserwählten Volk definieren und die daraus resultierenden Verpflichtungen festhämmern.

Der neue Pharao erlegt den Sklaven immer schwerere Bürden auf, die kaum mehr zu erfüllen sind. Das Volk ächzt. Gott befiehlt Moses, mit dem Gewaltherrscher zu sprechen, doch der hat Angst davor, weil er ein schlechter Redner ist. Wie soll einer, der stammelt, den mächtigsten Mann der damals bekannten Welt überzeugen? Nun, Moses wird bei der Begegnung mit ihm den flüssigen Sprecher Aaron an seiner Seite haben. Was geschehen wird, bleibt jedoch kein Geheimnis, denn Gott lässt Moses wissen, dass der Pharao nicht auf sie beide als Emissäre hören wird. Alle weiteren Schritte sind im Voraus geplant. Trotz des ersten Wunders mit den Stäben, das sich vor seinen Augen abspielt, bleibt der Herrscher uneinsichtig.

Eine ferne Erinnerung an die Verführungsszene im Paradies wird aufgerufen, denn aus den Stäben der Zauberer bei Hofe werden Schlangen, die wiederum vom Stab Aarons verschlungen werden. Ein Ringeltrick kommt dabei zum Einsatz, den sich ein Hollywoodregisseur nicht entgehen lassen würde. Das Körpergewirr rückt auf den Stab Aarons zu und umwimmelt ihn, der saugt es in sich auf und verholzt die schlüpfrigen Leiber. Im Film wäre der Stab dann etwas dicker als zuvor. Verständlicherweise wird in der Bibel darüber nichts gesagt. Hollywood dehnt das Phantastische gern ins Phallische, die Bibel verkargt's – trotz der exuberanten Zahl an Wundern, die in der Geschichte des Moses eine Rolle spielen, denn es sind insgesamt zehn Strafwunder, die über die Ägypter kommen. Ein Verweis auf das, was hernach geschieht: Die Zehnzahl wird auch mit den Geboten erreicht werden. Es ist hier nicht der Ort, die Bedeutung insbesondere der Zahlen Zwölf, Zehn und Drei näher zu beleuchten. Sie spielen in der Bibel eine große Rolle und bleiben über Jahrhunderte hinweg äußerst vielsagend; mystische Spekulationen und wissenschaftliche Deutungen über sie könnten eine Bibliothek füllen. Auch in Dantes *Divina Commedia* bildet der Zahlenaufbau das Knochengerüst der poetischen Konstruktion. Sie ist bis ins Detail dem göttlichen Schöpfungsplan nachgebildet, in dem bestimmte Zahlen die Stabilität und innere Ordnung der Welt garantieren. Aber auch bei den Ägyptern spielte der Umgang mit Zahlen eine große, durchaus praktische Rolle. Sie versuchten mit Hilfe der Astronomie vorauszuberechnen, wann die Überflutung des Nils eintreffen würde, die so dringend benötigt wurde, um die Felder ertragreich werden zu lassen.

Im Falle des uneinsichtigen Pharaos kommt's, wie's kommen muss: Erst werden die Gewässer mit Hilfe des mächtigen Stabes in Blut verwandelt, dann werden Tausende von Fröschen herbeordert, es folgen Schwärme von Stechmücken, allerlei sonstiges Geziefer macht sich auf den Weg, die Pest verheert das Vieh, Hagelkörner zerschlagen Gebäude und verwüsten die Felder, Heuschrecken verzehren den Rest der Ernte, eine Finsternis hüllt das Land in erschreckendes Gefahrendunkel. Zu guter Letzt wird die Tötung der Erstgeburt geweissagt, nicht nur der Menschen, sondern auch des Viehs, eine besonders schaurige Ankündigung, denn Gott wird um Mitternacht todbringend durch Gassen und Felder ziehen. Ausgenommen davon werden die Kinder Israel sein, doch dafür bedarf es der Vorsichtsmaßnahmen: Die Juden sollen Lämmer und Ziegen schlachten und mit deren Blut die Pfosten der Hauseingänge und die Türstürze bestreichen. Das Schlachten dient zugleich der Einsetzung des Passamahles, dessen Speisen und die Art ihrer Zubereitung nun festgelegt werden.

Türen sind Schleusen zwischen außen und innen, einer öffentlichen und einer verschwiegenen Welt. Das Schließen der

Türen dient in diesem Fall nicht nur der Abwehr von Gefahren, sondern der Intimität eines Rituals, das die besondere Hut anzeigt, in die Gott Sein Volk nehmen will. In den speziell zubereiteten Speisen ist Gott zwar nicht selbst enthalten, aber rituell wird der Bund mit Ihm bekräftigt und geheiligt. Wöchentlich wiederkehrend, soll das Mahl daran erinnern. Zugleich wird das mit Gott geschlossene Bündnis gefeiert. Allerdings nicht dadurch, dass etwas von Gottes Substanz mitgegessen würde. *Gott essen* ist eine vielerorts bekannte heidnische Praxis, der sich das Judentum strikt verweigert. Das Christentum wird sich später an die heidnischen Bräuche anlehnen, indem es bei der Messe die Wandlung von Christi Fleisch und Blut in Form von gesegneten Oblaten und gesegnetem Wein ausfolgt, doch die Lehre der Transsubstantiation ist äußerst komplex und sucht Abstand zum naiven heidnischen Inkorporationsdenken. Es ist, als würden göttlich durchglühte Partikel in die Ersatzspeise und in das Ersatzgetränk fahren und dadurch in den profanen Menschenleib geholt, um die Nähe von Gott und Mensch in einer beglückenden Materiewandlung zu feiern. Man kann annehmen, dass das Ritual der Transsubstantiation es so manchem heidnischen Römer oder Griechen leichter machte, sich zum Christentum zu bekehren. In einigen mythischen Erzählungen spielt *Gott essen* ja durchaus eine Rolle.

Dass sich der Pharao von der ungeheuerlichen Zahl der verheerenden Plagen nicht von seiner Haltung abbringen lässt, ist einerseits mehr als unvernünftig, andererseits ist sein Starrsinn auf einen göttlichen Eingriff zurückzuführen, denn Gott hat ihn *verstockt*. Die Schlangen werden verstockt, der Pharao wird verstockt, bis heute sprechen wir von verstockten Sündern. Es handelt sich um eine schlagende Metapher, die das Erstarren des Denkens und das Einfrieren der Gefühle

glänzend beschreibt. Ein Verstockter kann weder wahrneh-
men noch in sprühender Form seinen Gedanken nachhängen,
die quecksilbrige Lebendigkeit des Geistes wirkt bei ihm wie
verholzt. Wer sich die oftmals völlig unbewegten Gesichts-
züge von Mördern des Naziregimes vor Gericht anschaut,
bekommt einen Eindruck davon, wie sich diese Verstockt-
heit auf den Menschen auswirkt. Alles, was zwittrig, geist-
voll, freudig, gefühlsdurchzittert, wutentbrannt, tränenselig
oder gewitzt wirken kann, ist weg. Es verbleibt ein böser
Schrumpfkopf und ein böser Schrumpfleib. Vermeintlich ist
ein solcher Mensch in seiner üblichen Größe noch vorhanden.
Doch das täuscht. Er sitzt längst in der Hölle und wartet auf
seine Verbrennung. Augenblicksweis wie die Rose von Jericho sich mit der Gnade vollzusaugen und zu erblühen, ist ihm
nicht vergönnt.

Am Ende gibt der erschöpfte, aber im Geheimen hintersinnige Pharao nach und lässt die Israeliten ziehen. Eine schwer
zu ordnende Menge anarchischen Volks, das immer wieder
in Teile zerfällt, geht nun auf Wanderschaft. Als himmlischer
Wegbereiter wandelt Gott vor den Auszüglern her. Doch
es gibt eine letzte Station, bei der sie es mit Pharaos Wut zu
tun bekommen. Dessen Streitmacht, ein gewaltiges Heer, be-
stehend aus Wagen, Rossen und Reitern und dem Pharao an
der Spitze, verfolgt den armseligen Haufen wehrloser Menschen. Natürlich sind die Wanderer schreckstarr und bereuen
ihren Mut. Doch der Herr befiehlt Moses, sie sollten unbe-
kümmert weiterziehen. Der Engel des Herrn wacht nun über
die Nachhut Seines Volkes in einer alles eindunkelnden Wol-
kensäule, Gott selbst zieht ihm als lichtspendende Feuersäule
voraus. Hinter den Wanderern wird alles finster, an der Spitze des Zuges leuchten der Pfad und der Himmel über ihm
in verheißungsvoller Helligkeit. Ein erschreckend schönes

Bild, das wir von manchen Gewittertagen her kennen. Auf der einen Seite verfinstert sich der Horizont zu einem drohenden Gefahrendunkel, auf der anderen Seite leuchtet alles in hellem, unnatürlichem Glanz wie frisch geboren. Die vorauswandernde Erscheinung Gottes wird auch später wesentlich bleiben, wenn die Bundeslade nach Seinen genauen Vorgaben von Menschenhänden erschaffen wird. Gott hockt jedoch nicht unbewegt darin. Er ist nicht wie die Pharaonen und die wichtigen ägyptischen Götter in monumentale Sitzplastiken gebannt, die für die Ewigkeit geschaffen wurden, um das Getümmel der Menschen zu ihren Füßen aus großer Höhe souverän zu überwachen.

Der Herr befiehlt Moses, er solle seinen Stab heben und die Hand über dem Meer recken, und siehe da, das Meer teilt sich, und es entsteht eine gangbare Furt für den Zug der Israeliten. Und nun zeigt sich ein anderes hinreißendes Bild, denn die gewaltigen Wasser des Meeres werden zu beiden Seiten aufgestaut und geben den Weg frei. Das erinnert an ein in den Ozean hineingebautes Aquarium, vor dessen Glasfront die Zuschauer trockenen Fußes einherlaufen können, um die Bewohner des Meeres zu betrachten. Nun, für eine derartige Kontemplation wird den verängstigten Auszüglern keine Zeit geblieben sein. Hurtig geht es voran. Als sie das Meer passiert haben, soll Moses wieder seine Hand recken. Das Wasser stürzt zurück und reißt Mann und Maus, Ross und Reiter der Verfolger in seine Fluten. Eine derartige Gewalt ist uns inzwischen aus Fernsehbildern bekannt. Bei einem Tsunami geschieht auch nichts anderes, als dass sich das Meer sehr weit zurückzieht und dann mit meterhohen Wellen zurückkehrt, um alles zu überspülen und zu verschlingen, was sich in seiner Reichweite befindet.

Vor der Ankunft am Sinai muss noch mit den Amalekitern

gekämpft werden, doch dann ereignet sich das Wesentliche –
die Übergabe der beiden Tafeln mit den Zehn Geboten. Die
Spannung steigt. Drei Tage lang muss sich das Volk Reinigun-
gen unterziehen und darf den Berg Sinai nicht erklimmen.
Dann ereignet sich ein Tumult, es donnert und blitzt vom
Gipfel herab, ohrenbetäubend laut ertönt eine Posaune. Eine
große Gefahr gewittert um den Berg, nicht einmal die Priester
dürfen hinaufsteigen, »damit er nicht zwischen sie dreinfah-
re«.[7] Der Akt um die Verkündung der Zehn Gebote ist äußerst
dramatisch, alles ist grell und laut, das Volk flieht erschreckt.
Die verzagten Leute bitten Moses, dass er mit Gott rede. »So
stand das Volk von ferne, aber Mose nahte sich dem Dunkel,
darinnen Gott war.«[8]

Und nun folgt die ausführlichste Rede, die Gott vor einem
Menschen je gehalten hat. In der neuen Ausgabe der Lutherbibel füllt sie viele engbedruckte Seiten, enthält jede Menge Spezialanweisungen, wie rituelle Handlungen en détail
auszuführen sind. Es geht aber auch um die Rechte hebräi-
scher Sklaven, Totschlag, Diebstahl, den Rechtsschutz für die
Schwachen und das Sabbatjahr, dem berühmten siebten Jahr,
in dem die Felder nicht bewirtschaftet werden und sich die
Armen die herumliegenden Früchte holen dürfen. Der Schutz
der Armen ist in diesen Präzisierungen sehr wichtig. Vergessen wir nicht: Die überragende Bedeutung beider biblischer
Bücher besteht zu einem guten Teil darin, in einem bedürfti-
gen Menschen den Nächsten zu erkennen, ihm wohlwollend
und hilfreich zu begegnen. Darin steckt eine zivilisierende
Energie, die dem rein mythischen Denken der Sklavenhalter-
gesellschaften nicht innewohnt. Und damit begibt sich machtvoll, von Wunder zu Wunder mit immer stärkerer Energie
aufgeladen, das größte aller Wunder: Ein anscheinend armse-
liger Mensch, der in der Gesellschaft außer seiner kräftezeh-

renden Arbeit nichts zu bestellen hat, wird groß und wichtig. Gott hat ein besonderes Augenmerk auf ihn.

Die weitere Geschichte ist lang. Machen wir's kurz. Es folgt die Übergabe der von Gottes Finger geschriebenen Gesetzestafeln an Moses, das Irrewerden des Volkes an der Verheißung, nachdem Moses vierzig Tage lang ausbleibt, worauf die Leute in wilder Verzückung ums Goldene Kalb tanzen. Angesichts des wilden Treibens gerät Moses in unbändigen Zorn und zerbricht die Tafeln. Ausgerechnet Aaron, sein engster Gefährte, hatte das Kalb gefertigt. Und nun kommt es zu einem großen Gemetzel, dem wohl blutrünstigsten Teil der Bibel, denn es versammeln sich die Leviten um Moses zu einer gewaltigen Strafaktion. Es werden jedoch nicht äußere Feinde im Kampf um Land erschlagen, sondern dreitausend eigene Leute, Angehörige der anderen Stämme, aber auch Leviten, die von Leviten erschlagen werden. Letztere gehen als Sieger aus dem Blutbad hervor. Das ist abschreckend und gibt den Verächtern der Bibel reichlich Nahrung, gleich das ganze Buch als ein Werk archaischer Schlagetots zu verdammen. In den christlichen Predigten wird dieser Teil der Geschichte so gut wie nie erwähnt. Ich weiß nicht, wie fromme Juden sie heutzutage auslegen. Einfach kann's nicht sein. Greift man auf die historische Analyse zurück und sucht sein Interpretationsheil allein darin, das Geschehen als Landnahmekämpfe halbnomadischer Stämme zu begreifen, entwertet man die faszinierende Wirkmacht der fünf Bücher Mose.

Es ist im Übrigen schwer zu verstehen, weshalb ausgerechnet der Levit Aaron verschont wird. Er hat während Moses' langer Abwesenheit die Führung über das Volk übernommen und das Kalb gegossen. Allerdings wird er später insofern gestraft, als zwei seiner Söhne eine Übertretung begehen und sterben müssen. Auch wird Aaron das Gelobte Land nicht betreten. Moses selbst wird zwar ebenfalls daran gehindert werden, den Jordan zu überschreiten, aber er darf das Gelobte Land wenigstens sehen.

Im vierten und fünften Buch Mose finden sich lange, ellenlange Listen von Vorschriften, die Zubereitung der Speisen und vieler anderer Vorrichtungen betreffend, die den Alltag und den einmal in der Woche wiederkehrenden Feiertag gliedern, allerdings auch so wichtige Dinge wie die Behandlung von Feinden oder so kuriose wie die Quasten an Kleidern. Sie sind allesamt von Gott erlassen, und man mag sich darüber wundern, dass Höhererseits derart bürokratisch anmutende Mühen auf eine solche Fülle von Details verwandt wurden. Aus christlicher Sicht ist das hochkompliziert, ein regelrechtes Bombardement an Festlegungen. Wie sinnreich sie in Bezug auf das damalige teils wüstenhafte, teils sesshafte Leben des sich als Volk mit eigenen Gebräuchen konstituierenden Judentums sein mochten, vermag ich nicht zu beurteilen. Eine Ordnung des Lebens wird verfügt, die eine enorme Disziplin verlangt, um sie einzuhalten.

Hochgradig wirksam und verständlich sind jedoch einige der grundlegenden Bestimmungen: »Der JHWH geweihte Sabbat stiftet die Einheit der Woche, ... das Sabbatjahr stiftet die Einheit des Jahrsiebents. Wie der Sabbat die wirtschaftende Hausgemeinschaft, alle Differenzen der Werktage überwindend, in der gemeinsamen Gottesfreiheit vereinigt, so vereinigt das Sabbatjahr, alle Differenzen der sechs Vorjahre überwindend, die wirtschaftende Volksgemeinschaft in der gemeinsamen Gottesfreiheit.«[9] Das siebte Jahr ist dann das Jahr der Freiheit, das Jahr des Niemandslandes und der erlassenen Schulden. Es beugt bis zu einem gewissen Grade dem vor, dass auf der einen Seite ein unermesslicher Reichtum angehäuft wird, auf der anderen Seite nur die armen Schlucker übrig bleiben, wobei Hass und Neid entstehen. Die soziale Komponente der erlassenen Gesetze ist bewundernswert. Sie geben der Gemeinschaft eine neue Form. Man bedenke, die Gesetze sind in einer Umgebung entstanden, in der die Verfügbarkeit des Herrn über seine Sklaven schier grenzenlos war. Sklaven wurden nicht als Menschen, sondern als Objekte angesehen.

Kommen wir noch einmal auf den überbordenden Maßregelkatalog zu sprechen. Mir erscheint eines plausibel: Der knistrige Witz der Juden hat viel damit zu tun. Viele jüdische Witze sind auf einer ziemlich umständlichen Dreiergliederung aufgebaut, mit verzweifelt genauen Festlegungen, um dann in einer hinreißenden Pointe zu explodieren. Von Christen ist nicht bekannt, dass sie erstklassige Witzeschmiede wären. Die Katholiken verstehen sich darauf etwas besser als die Protestanten, aber den Juden können sie darin nicht das Wasser reichen. Mit Ausnahme der Engländer, die dem Ordinären einen surrealistischen Reiz abgewinnen können, ist das christliche Witzterrain ein Feld mit dürren Halmen. Ob muslimische Witze existieren, weiß ich nicht. Schwer vorstellbar, dass die Saudis witzig sind, Chomeini war's nicht, Ahmadinedschad, der säuerliche Erdoğan oder das Terrorgesindel sind's erst recht nicht. Salopp gesagt, die Juden sind unter dem Hut, unter dem Gott sie versammelt hat, immer wieder ausgebüxt, die Christen haben den Gottesdeckel inzwischen so gelüpft, dass gar keine Witze mehr gerissen werden müssen. Aber wie steht's mit dem Islam? Auf welch krummen Wegen entgehen die Muslime Allah und verschaffen sich ein wenig Luft?

Zurück zu Moses. Die neuerliche Übergabe der Tafeln geschieht nach einem dramatischen Geschehen, worin sich der zunächst in aufgetummelter Wildheit erscheinende Gott der Langmut befleißigt. Dies wäre ein eigenes Kapitel wert, denn auch Moses hat sich wieder beruhigt und bittet Ihn, dem sündhaften Volk zu verzeihen. Alles geschieht vorbedacht. Gott stellt Moses verdeckten Auges in eine Felsspalte, um an ihm vorüberzugehen. Dann wird die Beschirmung abgezogen, und nun ist es Moses möglich, einen Blick von hinten auf Ihn zu werfen. Die Rabbinen haben diese Schau auf den sich wieder entziehenden Gott später dahingehend gedeutet, Moses habe von Ihm die Tefillin, die Gebetsriemen, gesehen. Moses muss die Tafeln auf Gottes Geheiß nun selbst beschreiben. In dieser Übung steckt eine Art Kontaktaufnahme, eine mittels des Fingers erfolgte Inkorporation der Gesetze. Erwähnt sei nur noch, dass über der Schlussszene des fünften Buchs Mose die Wehmut hängt. Der große Retter und Befreier seines Volkes darf zwar einen Blick auf das Gelobte Land werfen, doch der Tod rafft ihn hinweg, bevor er es betreten kann. Hundertzwanzig Jahre sind ihm vergönnt, er stirbt ungetrübten Auges, bei vollen Kräften.

In Stein gemeißelte Gesetze sollen länger gelten als das Leben eines Menschen. Sie sind von herrischer Wirkkraft, jedenfalls sind sie ungleich stärker als auf Papier geschriebene. Daran dachte wohl auch Roy Stewart Moore, ein unerbittlicher Richter aus Alabama, als er die Zehn Gebote in Stein gemeißelt im Foyer des Alabama Judicial Building in Montgomery aufrichten ließ. Kein unbedeutendes Gebäude im Nirgendwo, sondern der Sitz des Alabama Supreme Court. Der ehemalige Richter tritt für die Rechte der Waffenlobby ein, er reitet gern – nein, nicht wie Jesus auf einem bescheidenen Esel, sondern auf einem Pferd. Es kann vorkommen, dass er zu wichtigen Versammlungen hoch zu Ross einrückt, auch ist er dafür bekannt, dass er in der Öffentlichkeit gern mal seine Pistole zieht. Dass die errichteten Tafeln wieder abgeräumt werden mussten, hat der eigenwillige Mann als Schmach empfunden. Seine Radikalität hat das wohl noch gesteigert. Er ist auch dafür bekannt, dass er zu Hause auf seiner Ranch auf abgetragene Schuhe schießt. Wie bringen wir das nun in Zusammenhang damit, dass der kleine Moses barfuß über Scherben laufen musste, während der große Moses willig die Riemen seiner Sandalen löste, bevor er sich dem brennenden Dornbusch näherte? Wie ist die Verbindung zu den Muslimen, die ihre Schuhe ausziehen, bevor sie den Innenraum einer Moschee betreten? Die stumme Zeugenschaft des Schuhwerks, aber auch ihre geheimen Leiden stehen hier leider nicht zur Debatte.

1 Martin Buber, Moses, Gerlingen 1994, S. 46-47.
2 Sigmund Freud, Der Mann Moses und die monotheistische Religion, Frankfurt am Main 1970, S. 13.
3 Vgl. Martin Buber, S. 46.
4 Thomas Mann, Das Gesetz, in: ders., Späte Erzählungen, Frankfurt am Main 1981, S. 337.
5 Edmond Jabès, Schreiben als Exil, München 1989, Bogen 30.
6 Franz Rosenzweig, Der Stern der Erlösung, Frankfurt am Main 1988, S. 106.
7 Lutherbibel, revidiert 2017, Stuttgart 2016, Exodus 19,22.
8 Ebenda, Exodus 20,21.
9 Martin Buber, S. 246.

Mûsa

Um Mûsas (Moses') Stellenwert im Koran zu zeigen, reicht es, darauf hinzuweisen, dass seine Geschichte dort insgesamt zehn Mal in zehn verschiedenen Suren angeführt wird: in Sure 7, 10, 11, 20, 23, 26, 27, 28, 40 und 43.

Darüber hinaus wird sein Name in verschiedenen Versen insgesamt einhundertsechsunddreißigmal genannt. Dies erscheint im Vergleich zu Muhammad nicht nur bemerkenswert, sondern für Letzteren geradezu demütigend, wird dieser doch nur viermal, in vier verschiedenen Suren, namentlich erwähnt:

in Sure 3,144: »Mohammed [Muhammad] ist nichts als ein Gesandter, dem andere Gesandte vorausgegangen sind.«,

Sure 33,40: »Mohammed [Muhammad] ist nicht der Vater eines eurer Männer.

Er ist vielmehr Gesandter Gottes und Siegel der Propheten ...«,

Sure 48,29: »Mohammed [Muhammad] ist der Gesandte Gottes.

Hart sind seine Leute gegen die Leugner, untereinander aber voll Erbarmen.«,

und Sure 47,2: »Die aber gläubig sind und gute Werke tun und an das glauben, was auf Mohammed [Muhammad] herabgesandt – es ist von ihrem Herrn die Wahrheit! – ...«.

Die häufige Erwähnung Mûsas ist ein Hinweis darauf, dass der Koran sein Augenmerk eher darauf legte, die Juden der

Arabischen Halbinsel anzusprechen und nicht so sehr die Christen, obwohl der letzte Prophet vor Muhammad Îsa war und das Christentum dem Islam zeitlich näher stand. Trotzdem wandte sich der Koran offenbar vor allem an die Anhänger der Religion älteren Ursprungs.

Auffällig ist, dass der Koran schon früh auf Mûsas Geschichte zu sprechen kommt, nämlich in Sure 7, einer derjenigen, die zu Beginn von Muhammads Prophetentum offenbart wurden. Über 54 Verse hinweg werden die Ereignisse recht detailliert erzählt, beginnend damit, dass Mûsa, bereits ein reifer Mann, den göttlichen Befehl erhält, als Prophet zum Pharao zu gehen und ihm den Weg zum rechten Glauben zu weisen:

»Dann sandten wir, nach ihnen, Mose [Mûsa] mit unseren
Zeichen
zu Pharao und seinen Ältesten.
Da frevelten sie – an ihnen.
Schau, wie das Ende der Unheilstifter war!
Mose [Mûsa] sprach: ›Pharao!
Siehe, ich bin Gesandter vom Herrn der Weltbewohner –
verpflichtet, nichts als die Wahrheit über Gott zu sagen.
Ich kam zu euch mit einem Beweis von eurem Herrn:
Lass die Kinder Israel daher mit mir ziehen!‹
Er sprach: ›Wenn du mit einem Zeichen gekommen bist,
so bringe es herbei,
wenn du die Wahrheit sprichst!‹
Da warf er seinen Stab, und siehe da, er ward zu einer
Schlange, klar sichtbar!
Und er zog seine Hand heraus, und siehe da, weiß war
sie für die Sehenden.
Es sprachen die Ältesten vom Volke Pharaos:
›Siehe, das ist fürwahr ein Zauberer, der kundig ist.

Er will euch aus eurem Land vertreiben.

Was ratet ihr denn nun?‹« (Sure 7,103-110)

Die Geschichte, wie Mûsas Mutter ihn als Kind ins Wasser wirft, damit er nicht getötet werde, lesen wir dagegen erst in der ebenfalls mekkanischen Sure 28, als wäre es dem Koran zu Beginn vor allem darauf angekommen, den Vorwurf der Zauberei zu entkräften, mit dem Muhammad konfrontiert war, als er sich als Gesandter Gottes zu erkennen gab – wie vor ihm Mûsa vonseiten des Pharaos.

Doch versuchen wir zunächst, die Einzelteile zusammenzufügen und die Geschichte, wie sie im Koran steht, kurz zu umreißen: Ein tyrannischer König, genannt Pharao, herrschte

»… hochmütig … im Land

und machte dessen Volk zu Parteien,

indem er eine ihrer Gruppen unterdrückte

und ihre Söhne abschlachtete, doch ihre Frauen am Leben

ließ.

Siehe, er war einer, der Unheil stiftete.« (Sure 28,4)

Seine Priester und Soldaten hatten ihn vor der Geburt eines Knaben aus der von ihm unterjochten Gruppe, den Kindern Israel, gewarnt, durch den er seine Macht verlieren und sein Verderben finden werde. Erschrocken befahl der Pharao daraufhin seinen Soldaten und Dienern, jeden Sohn, der den Kindern Israel geboren würde, zu töten.

Weil Gott Mûsa aber bereits dazu auserwählt hatte, einst als Prophet ins Reich des Pharaos gesandt zu werden, befahl er seiner Mutter, das Neugeborene in einen kleinen Kasten zu legen und ins Wasser zu werfen, um es so vor dem Tod zu bewahren. Als sie Angst bekam, beruhigte Gott sie mit den Worten, sie solle sich nicht fürchten, er werde das Kind retten:

»Wir gaben Moses [Mûsas] Mutter ein: ›Nähre ihn an

deiner Brust!

Wenn du aber um ihn fürchtest, dann wirf ihn in den
Strom!
Und fürchte dich nicht, und sei nicht traurig!
Siehe, wir werden ihn dir wiedergeben und ihn zu einem
der Gesandten machen!‹« (Sure 28,7)
Die Mutter sah das Kästchen im Strom treiben, bis Leute des
Pharaos Mûsa entdeckten und zu ihrem König brachten.

»Da nahmen ihn Leute aus dem Hause Pharaos mit sich,
auf dass er ihnen zu einem Feind und Grund zur Trübsal
werde.
Siehe, Pharao, Haman und ihre Heerscharen, die waren
Missetäter.« (Sure 28,8)
Der König wollte ihn umbringen lassen, doch seine Frau bat
ihn, es nicht zu tun. Sie hatte auf den ersten Blick Gefallen an
dem Jungen gefunden und drängte ihren Mann, ihn an Kindes
statt annehmen zu dürfen:

»Pharaos Frau sprach: ›Eine Freude ist er für mich und
dich!
Tötet ihn nicht! Vielleicht ist er uns noch von Nutzen,
oder wir nehmen ihn als Sohn an!‹
Und dabei ahnten sie nichts.« (Sure 28,9)
Auf Befehl seines Herrn weigerte sich Mûsa jedoch, an der
Brust der Frau des Pharaos und aller Ammen zu saugen. Davon erfuhr Mûsas Schwester, und sie erzählte der Frau des
Pharaos, sie kenne jemanden, der dieses Kind stillen könne:
Sie meinte damit ihre und Mûsas Mutter. Auf diese Weise
wurde das Kind durch Gott gerettet und zu seiner leiblichen
Mutter zurückgebracht. Denn die Frau des Pharaos selbst bat
sie, den Jungen aufzunehmen, und so kehrte er sicher heim zu
seiner Familie.

Er wuchs zu einem starken jungen Mann heran, der gerecht
war und Unrecht nicht ertragen konnte. Eines Tages traf er

zwei streitende Männer, einer von den Kindern Israel, der andere ein Soldat des Pharaos. Da stieß er den Ägypter so heftig von sich, dass dieser, ohne dass Mûsa es beabsichtigt hätte, tot niederfiel. Als die Nachricht von seinem Ableben zum Pharao gelangte, beschloss dieser, Mûsa zur Strafe für seine Tat umbringen zu lassen. Doch einer seiner Leute erfuhr davon, rannte, von Gott geleitet, zu Mûsa und berichtete ihm von der Absicht des Pharaos. »Verlasse Ägypten«, warnte er, und Mûsa beschloss, in die Stadt Madyan (Midian) zu fliehen.

Dort traf er auf Leute, die gerade dabei waren, ihre Kamele und Schafe zu tränken. Sein Blick fiel auf zwei zarte Mädchen, die aus Furcht, sich unter die Männer zu mischen, ihre Tiere nicht zur Wasserquelle führen mochten. Da nahm Mûsa ihre Schafe und ließ sie trinken. Wieder zu Hause, erzählten die beiden Mädchen ihrem Vater, was geschehen war, und dieser forderte Mûsa auf, eine seiner Töchter zu heiraten und im Gegenzug in seinen Dienst zu treten. Mûsa war einverstanden und blieb einige Jahre in Madyan. Doch dann befahl ihm Gott, nach Ägypten zurückzukehren. Als er zum Berg Sinai im Tal Tuwan kam, rief sein Herr ihn beim Namen, forderte ihn auf, zu ihm hinaufzukommen, und nachdem sie miteinander gesprochen hatten, erklärte er ihm, er habe ihn als Propheten für die Kinder Israel auserwählt, er solle mit seinem Bruder Harûn (Aaron) zum Pharao gehen und ihn auffordern, sich zu Gott zu bekehren. Also ging Mûsa weiter nach Ägypten und mahnte den Pharao und seine Leute, sich zum Glauben an den alleinigen Gott zu bekennen. Dieser aber war hochmütig, wies seinen Aufruf zurück, warf ihm vor, ein Zauberer und Lügner zu sein, und ließ die Zauberer aus dem ganzen Land herbeirufen, damit sie dies vor aller Augen bewiesen. Doch als Mûsa seinen Stab warf, verwandelte er sich in eine Schlange und verleibte sich nach Gottes Willen sämtliche Stäbe der

Zauberer ein, und sie schenkten seinen Worten Glauben. Daraufhin ließ der Pharao sie zu Tode foltern. Gott aber befahl Mûsa, mit den Kindern Israel Ägypten zu verlassen. Als sie sich dem Meer näherten, bekamen sie Angst, entweder von den Soldaten des Pharaos eingeholt zu werden oder zu ertrinken. Da gebot Gott Mûsa, mit seinem Stock auf das Wasser zu schlagen, so dass es sich teilte und ein Korridor entstand, durch den die Kinder Israel trockenen Fußes hindurchziehen konnten. Während er Mûsa und sein Volk auf diese Weise errettete, ließ er den Pharao und seine Soldaten ihres Unrechts wegen ertrinken.

Als Mûsa mit den Seinen in Sicherheit war, ging er für ein paar Tage fort und ließ als Stellvertreter seinen Bruder Harûn zurück. Bei seiner Rückkehr musste er allerdings feststellen, dass die Menschen ein goldenes Kalb anbeteten. Darüber geriet er in großen Zorn, und Gott ebenfalls. Doch Mûsa bat seinen Herrn, ihm und seinem Volk zu vergeben, und anders als in der Thora erfüllte Gott seinen Wunsch. Und damit ist die Geschichte zu Ende. Wohin Mûsa und sein Volk danach gingen, wird nicht berichtet, allerdings versprach Gott den unterjochten Kindern Israel, dass sie die Erben des gesegneten Landes sein würden:

»Und wir ließen das Volk, das unterdrückt war,
das Land erben, auf dem unser Segen ruht –
von Osten bis nach Westen.
Und das gute Wort deines Herrn über die Kinder Israel
                                        traf ein,
darum, dass sie geduldig waren.
Und wir zerstörten, was Pharao und sein Volk geschaffen
                        und errichtet hatten.« (Sure 7,137)
»Wir aber wollten den Schwachen im Lande Huld erweisen
und sie zu Anführern und zu Erben machen ...« (Sure 28,5)

Wie bei den anderen Propheten ist auch Mûsas Geschichte auf mehrere Suren verteilt. In vieren, nämlich in Sure 7, 20, 26 und 28, sind die Ereignisse detaillierter wiedergegeben, in anderen nur kursorisch. Größtenteils handelt es sich um Wiederholungen, in einigen Fällen wird etwas ergänzt, und nur selten und ausnahmsweise widersprechen diese Verse einander oder manchmal auch der Thora. Im Wesentlichen aber stimmen sie überein. Die marginalen Unterschiede sind folgende:

Erstens der Zeitpunkt, zu dem der Kindermord stattfand: Nach Sure 40 befahl der Pharao, erst nachdem Mûsa begonnen hatte, zu missionieren und das Volk gegen ihn aufzuwiegeln, die Söhne der Kinder Israel abzuschlachten:

»Einst sandten wir Mose [Mûsa] mit unseren Zeichen
                                        und einer klaren Vollmacht
zu Pharao, Haman und Korah.
Da sprachen sie: ›Ein betrügerischer Zauberer!‹
Und als er ihnen die Wahrheit von uns brachte,
                                        sprachen sie:
›Tötet die Söhne derer, die mit ihm glauben,
doch lasst ihre Frauen leben!‹
Doch führt die List der Ungläubigen nur in die Irre.«
                                        (Sure 40,23-25),

obwohl die Exegeten dies später verneinten und an anderer Stelle im Koran, in Sure 28, steht, dass Gott Mûsa als Propheten aussandte, gerade weil der Pharao so tyrannisch war, die Kinder ermorden und nur die Frauen am Leben ließ:

»Vortragen wollen wir dir – nach der Wahrheit –
von dem, was mit Mose [Mûsa] und Pharao geschah,
für Menschen, welche glauben.
Siehe, hochmütig herrschte Pharao im Land
und machte dessen Volk zu Parteien,
indem er eine ihrer Gruppen unterdrückte

und ihre Söhne abschlachtete, doch ihre Frauen am Leben
ließ.
Siehe, er war einer, der Unheil stiftete.« (Sure 28,3-4)
Dann berichtet die Sure, wie Gott den Schwachen, nämlich
den Kindern Israel, Huld erweisen wollte, um sie als Anführer
und Erben des Landes einzusetzen, und zwar, indem er, wie
in Sure 28,5-7 erwähnt, Mûsas Mutter eingab, ihren Sohn zu
seiner Rettung in den Strom zu werfen.

Zweitens: Während die Thora die Tötung des Ägypters
nachträglich nicht kommentiert, bewertet der Koran dieses
Vorkommnis als Sünde, indem er Mûsa seine Tat bereuen und
seinen Herrn um Vergebung bitten lässt:
»Er sprach: ›Mein Herr, siehe, ich habe gegen mich
gefrevelt.
So vergib mir!‹ Und er vergab ihm.
Siehe, er ist es, der bereit ist zu vergeben, der
Barmherzige.« (Sure 28,16)
Drittens: Bei der Erzählung vom Untergang des Pharaos und
seiner Soldaten, einer Urszene sowohl in der Thora als auch
im Koran, lesen wir an nahezu allen Stellen, dass die Ägyp-
ter sämtlich auf ihrem Unglauben beharren und zur Strafe im
Meer versinken. Ein einziger Vers macht hier eine Ausnahme:
»Wir ließen die Kinder Israel das Meer überqueren.
Da folgte ihnen Pharao mit seinen Truppen,
aus Raubgier und Gesetzesübertretung,
bis er, als er zu ertrinken drohte, sprach:
›Ich glaube, dass es keinen Gott gibt außer dem,
an den die Kinder Israel glauben.
Und ich gehöre zu den Gottergebenen.‹« (Sure 10,90)
Selbst wenn wir einige Ergänzungen berücksichtigen, die der
Koran der Thora hinzufügt, wie den Bericht vom Wunsch des
Pharaos, einen Turm zu bauen, um Mûsas Gott zu sehen:

»Pharao sprach: ›Ihr Ältesten!
Ich kenne für euch keinen anderen Gott als mich.
Brenne mir, Haman, Ziegelsteine, und mache mir ein
                    hochgebautes Schloss,
dass ich vielleicht aufsteigen kann zum Gott von Mose
                    [Mûsa]!
Doch siehe, ich halte ihn wahrhaftig für einen Lügner!«
                    (Sure 28,38),

oder Mûsas Gespräch mit seinem Burschen:
»Damals, als Mose [Mûsa] zu seinem Burschen sprach:
›Ich werde keine Ruhe geben, bis ich den Ort erreiche,
wo sich die beiden Ströme treffen,
auch wenn ich Jahre wandern müsste.‹« (Sure 18,60),

stimmt Mûsas Geschichte im Koran in den wesentlichen Zügen mit der Erzählung der Thora überein. So in dem Bericht, wie er als Kind in den Strom geworfen wird, in seinem Gespräch mit Gott im heiligen Tal, der Herrschaft des Pharaos und der Versklavung der Kinder Israel, den Plagen, die Ägypten heimsuchen, dem Auszug, der Durchquerung des Meeres, das mit dem Stab geteilt wird, oder der Anbetung des Goldenen Kalbs. Und nicht nur das, die mosaischen Lehren, wie sie in der Thora stehen, werden bestätigt, wenn Gott auf dem Berg Sinai, wo er zu Mûsa spricht und dieser die Gebotstafeln empfängt, zweimal darauf schwört, einmal in Sure 52,1: »Beim Berg!« und ein weiteres Mal in Sure 95,1-3:

»Bei den Feigenbäumen! Bei den Olivenbäumen!
Beim Berge Sinai!
Bei diesem sicheren Ort!«

Auch das verheißene Land wird im Koran erwähnt, wenn davon die Rede ist, dass die Kinder Israel das Reich Pharaos – also Ägypten und Syrien – erben werden.

So scheint der Koran bei allem, was er über Mûsa berichtet,

auf die Thora zurückzugreifen. Vielleicht sollte damit den Juden Respekt erwiesen werden, damit sie Muhammad als Propheten anerkannten, woran dieser allerdings scheitern sollte. Oder es kam dazu erst später, im Zuge der Islamisierung einer großen Zahl jüdischer und christlicher Araber, die bei ihrem Beitritt zum Islam zahlreiche Geschichten aus dem Alten Testament mitbrachten. Die Niederschrift des Korans erfolgte schließlich erst nach Muhammads Tod. Dabei spielte es eine Rolle, wie viel Vertrauen man den Berichten der verschiedenen Überlieferer schenkte und wer die Macht besaß, die einen auszuwählen und die anderen als unglaubwürdig abzulehnen. Es ist, als wiederhole sich die Geschichte. So wie Thora und Evangelien erst nach Mûsas und Îsas Tod aufgeschrieben wurden, entstand auch der Koran erst nach Muhammads Tod.

Alle Geschichten von den Propheten, die ich hier erzählt habe und erzählen werde, haben in meinen Augen mehr mit Literatur zu tun als mit Religion. Doch selbst wenn man sie religiös nennt, sind sie allesamt recycelte Legenden älteren Datums. Spricht man von Mûsa im Koran, ist deshalb automatisch auch von der Thora die Rede. Welcher der beiden Texte früher entstand, ist dabei zweitrangig. Wichtig ist der Ursprung der Erzählung, die Tatsache, dass man sie vor der schriftlichen Niederlegung an anderer Stelle aufgegriffen hatte.

Die Thora wurde etwa zwischen dem Ende des achten und dem dritten Jahrhundert vor Christus niedergeschrieben. Auch die Babylonische Gefangenschaft fällt in diese Zeit: die erste Gefangenschaft durch den assyrischen König Sanherib, der im Jahr 701 die Juden ins Assyrische Reich verschleppte, in die Stadt Ninive im Norden des Zweistromlandes; und die zweite Gefangenschaft durch den chaldäischen König Nebukadnezar, der über Babel herrschte, 587/586 vor Christus in Jerusalem einfiel, den Tempel zerstörte, eine große Zahl

Juden festsetzte und mit sich nach Babel führte. Kein Wunder also, wenn wir in der Thora beziehungsweise in dem, was sich die fünf Bücher Mose nennt, assyrische Geschichten lesen wie die des Propheten Moses, der von seiner Mutter in den Fluss geworfen und von der Strömung zu jemandem getragen wurde, bei dem er aufwuchs, um später zum Führer zu werden. Ursprünglich ist dies die Legende des Königs Sargon, der im vierundzwanzigsten Jahrhundert vor Christus das Akkadische Reich begründete und sich die sumerischen Stadtstaaten untertan machte. Auch ist es nicht verwunderlich, dass die Gefangenen bei ihrer Rückkehr aus dem Babylonischen Exil babylonische Geschichten und gesetzliche Bestimmungen mitbrachten, wie die Geschichte von der Sintflut, die bereits im Gilgamesch-Epos steht.

Dieser altbabylonische Text geht historisch auf die sumerische Kultur im Mesopotamien des dritten Jahrtausends vor Christus zurück und wurde im Jahr 1853 in der Bibliothek des assyrischen Königs Assurbanipal im irakischen Ninive gefunden. Wir begleiten darin Gilgamesch (den fünften König von Uruk) auf seiner Suche nach dem Geheimnis der Unsterblichkeit, zu der er nach dem Tod seines Freundes Enkidu aufbricht. Um dieses Geheimnis zu lüften, muss Gilgamesch den einzigen Menschen aufspüren, der zur Verwirklichung der Unsterblichkeit vorgestoßen ist. Es ist ein alter Mann namens Utnapischtim, der der Figur des Nûh (Noah) in den drei Religionen Judentum, Christentum und Islam entspricht. Als Gilgamesch Utnapischtim findet, erzählt der Alte ihm die Geschichte von der großen Flut, zu der es auf göttlichen Befehl gekommen sei, wie nur er und seine Frau sich hatten retten können und die Göttin schließlich beschloss, ihnen Unsterblichkeit zu verleihen. Die Geschichte ähnelt der von Noahs Sintflut in Thora und Koran bis in kleinste Details: die Ursache für die göttliche Strafe, die Art der Strafe, der Bau der Arche (des Schiffes), die Zeichen und Botschaften, auf die Nûh sich stützt, um zu erfahren, wann und wo das Leben wieder beginnt, nach all der Zerstörung und Vernichtung, durch die es auf dem Festland ausgelöscht worden ist, sowie der Berg, auf dem die Arche schließlich anlegt – all dies finden wir bereits im sumerischen Epos. Nur kündigt dort das Ausbleiben eines Raben von der frohen Botschaft und nicht, wie in der Thora, die Taube, die mit einem Ölblatt im Schnabel wiederkommt.

»Wie nun der siebente Tag herbeikam,
Ließ ich eine Taube hinaus;
Die Taube machte sich fort – und kam wieder:
Kein Ruheplatz fiel ihr ins Auge, da kehrte sie um. –
Eine Schwalbe ließ ich hinaus;
Die Schwalbe machte sich fort – und kam wieder:
Kein Ruheplatz fiel ihr ins Auge, da kehrte sie um. –
Einen Raben ließ ich hinaus;
Auch der Rabe machte sich fort; da er sah, wie das Wasser
                             sich verlief,
Fraß er, flatterte, *krächzte* – und kehrte nicht um.«
                  (Elfte Tafel, 145-154)[1]

So gibt das Epos Utnapischtims Rede wieder.

Nachdem sie die Menschheit so hart bestraft hatten, quälte die Götter ein schlechtes Gewissen. Als der Gott Adad im schwarzen Gewölk gedonnert hatte, jegliches »Helle in Düster verwandelnd«, das »Land, das weite, … wie ein Topf« zerbrach, »Einen Tag lang … der Südsturm« wehte und eilte, »dreinzublasen, die Berge *ins Wasser zu tauchen*, / Wie ein Kampf zu überkommen die Menschen«, heißt es weiter:

»Nicht sieht einer den andern,
Nicht sind die Menschen erkennbar im Himmel.«

Und niemand kann sich vor der Flut retten:
>>Vor dieser Sintflut erschraken die Götter,
Sie entwichen hinauf zum Himmel des Anu
    [des höchsten sumerischen Gottes] –,
Die Götter kauern wie Hunde, sie lagern draußen!<<
Ischtar, die Herrin der Götter, schreit wie eine Frau in der Geburtsstunde und jammert:
>>Wäre doch jener Tag zu Lehm geworden,
Da ich in der Schar der Götter Schlimmes geboten!
Wie konnte in der Schar der Götter ich Schlimmes
                    gebieten,
Den Kampf zur Vernichtung meiner Menschen gebieten!
Erst gebäre ich meine lieben Menschen,
Dann erfüllen sie wie Fischbrut das Meer!<<<
Da bereuen die versammelten Götter, die sich auf die Bestrafung der Menschen geeinigt hatten, und weinen:
>>Die Anunnaki-Götter klagen mit ihr,
Die Götter – gebeugt sind sie, sitzend in Klagen,
Mit verdorrten Lippen *wehklagen sie*.<<
(Elfte Tafel, 107-126)
Als sie den Gott Enlil sehen, der als Einziger keine Reue zeigt, sondern in Zorn gerät, als er von Utnapischtims Rettung erfährt, strafen sie ihn damit, dass sie ihn vom Duft des Opfers fernhalten, das die Menschen für ihre Rettung aus dem Meer darbringen.
>>Sobald wie die Mach [gemeint ist Ischtar]
                    herzugekommen,
Hob sie die großen Fliegengeschmeide empor,
Die Anu ihr zum Vergnügen gemacht:
   ›Ihr Götter hier, so wahr des Lasuramuletts
   An meinem Halse ich nicht vergesse:
   Will ich die Tage hier, fürwahr, mir merken,

Daß ewig ihrer ich nicht vergesse:
Die Götter mögen nur kommen zum *Schütt*opfer!
Doch Enlil soll nicht kommen zum *Schütt*opfer,
Weil er unüberlegt die Sintflut machte
Und meine Menschen dem Verderben anheimgab!‹«
                    (Elfte Tafel, 162-169)
Die Götter werden beschrieben wie Hunde, sie versammeln
sich um die Opfer wie Fliegen – so berichtet Utnapischtim:
»Ein *Schütt*opfer spendete ich auf dem Gipfel des Berges:
Sieben und abermals sieben Räuchergefäße stellte ich hin,
In ihre Schalen schüttete ich Süßrohr, Zedernholz und
                                          Myrrhe.
Die Götter rochen den Duft,
Die Götter rochen den wohlgefälligen Duft,
Die Götter scharten wie Fliegen sich um den Opferer.«
                    (Elfte Tafel, 159-161)
– und sie empfinden Reue. Darüber hinaus schließt Ischtar den
unbarmherzigen Enlil, diesen Macho von einem Gott, aus!
Welche Bilder stellt uns das sumerische Epos da vor Augen,
Götter mit menschlichen Eigenschaften, die weinen, jammern
und Reue empfinden! Und was für eine starke Frau! Die Göttin Ischtar hindert den Gott Enlil daran, den Duft des Opfers
einzusaugen! Ganz im Gegensatz dazu steht das Gottesbild
in Thora und Koran: Dort sehen wir meist einen finsteren,
zornigen Gott mit alleiniger Entscheidungsbefugnis, den nur
selten Reue oder Gewissensbisse plagen. Und wenn er Reue
zeigt, dann, um einem Propheten einen Gefallen zu erweisen
oder wenn bestrafte Menschen ihn demütig um Gnade bitten.
Abgesehen davon weint er nie und lacht auch nicht. Er denkt
lieber an Strafe und Rache. Insofern ist es nicht verwunderlich, dass die Verfasser der Thora sich später ein Gesetz zu
eigen machten, dessen Bestimmungen sie bewusst passend zu

dem Gottesbild auswählten, das sie benötigten: einen Gott, der nicht zur Diskussion stand, dessen Beschlüsse unumkehrbar waren. Und dieselben Bestimmungen rezipierte auch der Koran. Ich meine hier die Übernahmen aus dem Codex Hammurabi, dessen Text etwa um 1750 vor Christus niedergeschrieben wurde und sich heute im Louvre in Paris befindet. Dort lesen wir zum Beispiel in Paragraph 196: »Wenn ein Bürger das Auge eines Bürgersohnes zerstört hat, so zerstört man sein Auge«, und in Paragraph 200: »Wenn ein Bürger den Zahn eines ihm ebenbürtigen Bürgers ausgeschlagen hat, so schlägt man seinen Zahn aus.«[2] Dasselbe finden wir in Deuteronomium 19,21: »Leben um Leben, Auge um Auge, Zahn um Zahn.« Und dieser Text wiederum fand seinen Niederschlag im Koran: »Wir schrieben ihnen darin vor: Leben um Leben, Auge um Auge, Nase um Nase, Ohr um Ohr, Zahn um Zahn.« (Sure 5,45) Anschließend fügt der Koran im selben Vers hinzu: »Wer nicht danach richtet, was Gott herabgesandt hat, das sind die Frevler.« Welch ein Unterschied, welch eine Verleumdung: War dies denn alles wirklich von Gott herabgesandt worden – oder von Hammurabi verfügt?

Wir brauchen uns also nicht zu wundern, wenn wir für Mûsas Existenz oder seine Zeichen und Wunder keinen einzigen archäologischen Beweis finden, ja, wenn nicht einmal ein ägyptischer Historiker mit auch nur einem Wort auf den Untergang des ägyptischen Pharaos und seiner Soldaten im Meer zu sprechen kommt, diese furchtbare Katastrophe, die in der Chronik der vorangegangenen Grausamkeiten beispiellos ist. Und genauso wenig auf die berühmten zehn Plagen, die das ägyptische Königreich heimsuchten.

Wenn manche dies auf ägyptischen Patriotismus zurückführen, der ihrer Meinung nach die (damaligen) ägyptischen Historiker davon abhielt, die genannten Ereignisse zu erwähnen, so ist dem zu entgegnen: Wie steht es denn dann mit den Historikern anderer Kulturräume? Was hinderte sie daran, diese tragischen Vorfälle festzuhalten, wenn sie davon hörten? Und wie hätten sie nicht davon hören können? Selbst Herodot, der die ägyptische Geschichte genau studierte und zahlreiche Informationen über dieses Volk lieferte, verlor über jene Begebenheiten nicht ein Wort, deutete sie nicht einmal an, wie es in der hellenischen Literatur der Grieche Hekataios von Abdera im vierten Jahrhundert vor Christus tat. Und auch Hekataios schrieb seine Ansichten darüber vielleicht nur ab – was er über Mûsa berichtete, war ja bereits in der Thora erwähnt. Die moderne archäologische Forschung machte das Maß voll, denn auch sie konnte all diese in Thora, Evangelien und Koran erwähnten Ereignisse nicht bestätigen, zum Beispiel die Geschichte, wie der Pharao das Volk Israel knechtete. So sollen die Pyramiden gar nicht von Sklaven erbaut worden sein. Und wenn wir von Sklaverei in der damaligen Zeit reden, dürfen wir nicht vergessen, dass die Sklaverei auch bei den Hebräern nicht unbekannt war. So heißt es in der Thora: »Wenn sich dein Bruder, ein Hebräer – oder eine Hebräerin –, dir verkauft, so soll er dir sechs Jahre dienen; im siebenten Jahr sollst du ihn als frei entlassen.« (Deuteronomium 15,12).

Bei vielen Details in Mûsas Geschichte handelt es sich also um erzählerische Phantasie, nicht um historische Tatsachen. Ganz zu schweigen von der Geschichte Sulaimâns, Salomos, bei der die Verfasser des Alten Testaments ihrer Vorstellungskraft die Zügel schießen ließen, um ihre eigene Herkunft zu verherrlichen. In ihre Fußstapfen trat der Koran, denn dort erhielt Sulaimân sogar ein Heer von Dschinn, Menschen und Vögeln. Bei den Geschichtsschreibern der Nachbarkulturen dagegen wird er mit keinem Wort erwähnt. Wahrscheinlich

erfand man solche Figuren als Folge der Babylonischen Gefangenschaft (vielleicht auch früher), um sich Nationalhelden
zu schaffen. Dies gilt besonders für Moses, der das ägyptische
Königreich um »Jahwes« willen herausforderte und das Volk
Israel befreien konnte, um es zum Heiligen Land zu führen.
Übrigens stand dieses Land Kanaan zeitweise unter ägyp-
tischem Protektorat. Wie es scheint, genügte es nicht, dass
Moses Pharao besiegte, der ihm, dumm, wie er war, mit seiner Armee ins Meer gefolgt war, sein Volk musste auch noch
das Land Kanaan in Besitz nehmen, das unter der Herrschaft
der Pharaonen stand, und sich selbst zum auserwählten, zum
Lieblingsvolk Gottes machen. Dies wiederum wurde in den
Koran übernommen, der den Israeliten diese Eigenschaft
ebenfalls zuerkennt, wenn es dort heißt: »Ihr Kinder Israel!
Gedenket meiner Gnade, die ich euch erwies, und dessen,
dass ich euch erwählte vor den Weltbewohnern!« (Sure 2,122)
Gott zieht ein Volk dem anderen vor, obwohl er sie doch alle
geschaffen hat! Was das Warum betrifft, so ist die Überlegung
wohl folgende: Möglicherweise behaupteten die Juden dies,
um den Patriotismus in den eigenen Reihen anzufachen und
sich unter der Obhut des Schöpfers, der sie auserwählt hatte,
ihren Unterdrückern zu widersetzen. Und der Koran über-
lieferte eifrig zahlreiche Geschichten, die er bei ihnen abge-
schrieben hatte, viele ihrer Mythen und Märchen, weil auch
er ihrer bedurfte. Die Beispiele sind so zahlreich, dass sie hier
nicht alle aufgeführt werden können. Eines der berühmtesten
ist die Schöpfung von Himmel und Erde in sechs Tagen, zu
der der große irakische Dichter Marûf al-Rusâfi (1875-1945)
in seinem kontroversen Buch »Die muhammadanische Persönlichkeit« folgenden Kommentar abgibt: »In Wahrheit ist
die Erschaffung von Himmel und Erde in sechs Tagen ein
Mythos, der in der Thora steht, und weil die Thora bei Mu-

hammad eines der heiligen Bücher Gottes ist, übernahm er es von ihr und erwähnte es im Koran.«

Zurück zu Mûsa: Dass Gott die Welt innerhalb von sechs Tagen erschaffen haben soll, ist ein Mythos, wie al-Rusâfi sagt. Aber was ist mit Mûsa und seiner Geschichte? Würde er sie auch als Teil dieses Mythos betrachten?

Die Geschichte ist vollkommen wahr, weil ich sie erfunden habe[3], schrieb einmal der Franzose Boris Vian. Und Mûsas Geschichte ist ebenfalls wahr, seit die Menschen sie erfunden haben, ob sie nun tatsächlich stattgefunden hat oder nicht. Im Gedächtnis bleibt vor allem ihr tragisches Ende, nicht etwa für das Volk Israel, denn bei seinem Einzug ins Heilige Land handelt es sich unbestreitbar um einen glücklichen Ausgang, sondern für den Propheten selbst. Denn kaum erreicht er die Grenze Kanaans, darf er nicht mehr weitergehen. Es ist ihm nicht erlaubt, das Land der Verheißung zu betreten. Seinem Volk schon, doch Moses selbst nicht. Zudem verlangt sein Herr, der ihn mit diesem mühevollen Auftrag ausgesandt hatte, von ihm, sich auf den Tod vorzubereiten und Josua die Führung zu überlassen (Deuteronomium 30,31). Welch absurdes Schicksal hat Gott dem Propheten da bestimmt? Nicht genug, dass seine Mutter ihn als Säugling in ein Kästchen legte und ins Wasser warf, jetzt soll er auch noch in der Wüste sterben, ohne die Früchte, für die er gekämpft hat, selbst ernten zu können. Welch eine Tragödie, welch trauriges Ende!

---

1 Das Gilgamesch-Epos. Neu übersetzt und mit Anmerkungen versehen von Albert Schott. Durchgesehen und ergänzt von Wolfram von Soden, Stuttgart 1958 (Anm. d. Übers.).

2 Codex Hammurabi. Die Gesetzesstele Hammurabis. In der Übersetzung von Wilhelm Eilers, Wiesbaden 2013.

3 Vgl. Boris Vian: Vorrede zu *Der Schaum der Tage*, Düsseldorf 2016, S. 6.

Lot

Lot. Keine einfache Figur, dieser Lot. Einerseits gilt er als Gerechter, andererseits ist er in zwielichtige Vorkommnisse verstrickt, die ihn nicht zwingend zu einem strahlenden Helden machen. Viele Figuren in der Bibel sind von vornherein keineswegs Helden, es sind Menschen, die von problembeladenen Verwicklungen umzingelt und beschwert sind. Lot ist der Neffe des ehrwürdigen Abraham, er steht mit seinem Onkel auch zeitweilig in intensiver Verbindung. Im Namen *Lot* sind die Bedeutungen *Verhüllung*, *Schleier*, *dunkel* enthalten, die von einer Geheimnisumwitterung zeugen. Salopp gesagt – Lot ist ein von Zweifeln angenagter Gerechter. Zweifel, die wir uns über ihn machen müssen, nicht so sehr Zweifel, von denen er selbst gequält worden wäre. Stellen wir uns vor: Lot, ebenfalls ein Patriarch, wiewohl ein jüngerer als Abraham, doch wie sein Onkel im Besitz von Herden, muss sich von Abraham trennen, da es am selben Ort nicht genug Futter für das Vieh der beiden gibt und sich die verantwortlichen Hirten der verschiedenen Familien bereits zanken. Wir kennen das aus vielen amerikanischen Western. Weideland und gute Wasserstellen sind knapp. Daraus entstehen im pistolenfröhlichen Amerika tödliche Konflikte. Piffpaff, und schon pflastern Leichen die Wege der muhenden Herden, die in Panik alles niedertrampeln. So riesige Rinderherden wie Jahrhunderte später in Amerika gab es in den kargen Landstrichen, in denen Abraham und Lot umherzogen, freilich nicht. Ihr Vieh bestand größtenteils aus Schafen, die in Panik ebenfalls davonrennen können. In unserer Geschichte erfolgt die Trennung der beiden einvernehmlich, zwischen den Patriarchen kommt kein böses Blut auf. Pistolen gab es damals noch nicht. Sobald ein Streit entbrannte, kämpfte man im Vorderen Orient mit Messern, Knütteln und Steinen. Gott hat allerdings bei seinen Vernichtungsorgien – Thomas Bernhard hätte gesagt *naturgemäß* – die größeren Waffen zur Hand. Knatterschüsschen wie im alten Western sind Ihm zu gering.

Abraham blieb jedoch friedlich, Lot blieb friedlich. Abraham siedelt nun mit den Seinen in Kanaan, Lot zieht in Richtung Jordan. Und da deutet sich bereits an, dass Lot keine gute Wahl getroffen hat, vermutlich geblendet vom Reichtum, der sich in der Region angesammelt hat. Um Landnahmekämpfe geht es in dieser Geschichte nicht. Abraham ist in deren Fortgang die erhabenere Figur; nach der Trennung von Lot wird ihm verheißen, seine Nachkommen würden zahlreich sein wie der Staub auf Erden. Im Vergleich zu ihm wirkt der Neffe wie ein Schwachmatikus. Und im Hintergrund lauert auf dessen Nachfahren eine Degradierung, die erst in ferner Zukunft ihre fauligen Blüten treiben wird. Ein wenig Faulgeruch entströmt der Geschichte Lots allerdings schon bald.

In ihr sprechen nur die Männer. Abraham spricht mit Gott, Lot spricht mit seinen Gästen, aufgebrachte Männer krakeelen vor seinem Haus, die Engel sprechen zu Lot. Die Frauen bleiben ohne Stimme und laden in bemerkenswerter Stummheit Schuld auf ihr Haupt. Insofern sind sie zwar waschechte Evastöchter, in einer Hinsicht weichen sie von ihrem Vorbild allerdings ab – eben weil sie stumm bleiben.

Lot siedelt alsbald in der Stadt Sodom. Das geht in der Bibel wie immer zackzack und wird nicht in längeren Schüben auserzählt. Von seinen Herden ist nun nicht mehr die Rede, vielleicht gibt es sie noch, draußen, vor den Toren der Stadt, vielleicht hat Lot sie verkauft und ist nun eindeutig zum

Stadtbewohner geworden. In der Bibel haftet den Städten Unheil an. Der Brudermörder Kain ist ein Städter – er gründete Henoch. Moses zieht aus dem städtereichen Ägypten aus, deren Sklaven und Handeltreibende sich rund um die Pyramiden angesiedelt hatten. Babylon, der große Sündenpfuhl, wird später zum schlimmsten Ort für die geknechteten Juden. Jerusalem ist hochberühmt. In einer Stadt des Friedens zieht Jesus am Palmsonntag ein, die Bewohner legen Palmwedel zu Füßen seines Esels. Wenig später wird er vom römischen Präfekten Pontius Pilatus zum Tod am Kreuz verurteilt und stirbt auf einem Hügel namens Golgatha vor den Toren derselben Stadt, in der zunächst die Zeichen auf Wohlwollen und Traulichkeit gestanden hatten.

Lots neue Heimstatt ist von Sünden überwuchert. Damit legt sich bereits der erste Schatten auf sein Haupt. Alsbald wird klar, die Stadt ist dem Untergang geweiht, denn in ihr wird Homosexualität praktiziert, die Vergewaltigung von Frauen ist ebenfalls gang und gäbe. Erstere Praxis ist für uns heute gottlob kein Gräuel mehr, die zweite aber schon, und das mit Recht. Lot sitzt nun am Stadttor von Sodom (etliche biblische Geschichten nehmen ihren Faden an Stadttoren auf, es handelt sich um Eintritt- und Übertrittszenen an markiertem Grenzgelände). Zwei Fremde nahen sich ihm, und der gastfreundliche Lot lädt sie sogleich ein, bei ihm einzukehren. Sie mögen über Nacht bei ihm ruhen und sich die Füße waschen lassen. Die Fußwaschung hält in einer heißen Gegend offenkundig eine schöne Erquickung bereit, sie trägt sich in der Bibel häufig zu, und immer ist es ein demütiger, frommer Mensch, der sie an einem Gast ausübt. Auch der Papst wäscht an jedem Gründonnerstag einer ausgewählten Schar armer Leute die Füße. Papst Franziskus begab sich 2017 dafür in ein römisches Gefängnis, um die zeremonielle Handlung an Straftätern durchzuführen. Dass dieser Papst jedoch auch Frauen die Fußwaschung hat zukommen lassen, und nicht nur ihnen, sondern auch einem Muslim, wird von den Traditionalisten der katholischen Kirche als anstößig empfunden. Damit hat der neue Papst einem Symbolismus, der die Einsetzung einer Zwölferschar zu Priestern des Neuen Bundes versinnbildlichen soll, nicht mehr gehuldigt.

Wichtige Himmelsboten sind gekommen, um Lot zu prüfen, veritable Engel, deren Mission Lot natürlich nicht erahnen kann, sonst wäre die Geschichte ihrer Spannung beraubt. Und Lot bewährt sich trefflich – sich als Gastfreund zu erweisen, deutet immer darauf hin, dass es sich um einen guten Menschen handelt, der ein gottgefälliges Leben führt. Zumindest in der Bibel ist dies so. Aber auch in mythischen Erzählungen ist die Verletzung des Gastrechts ein ungeheuerlicher Frevel, der grundsätzlich zur Katastrophe führt. In den antiken Gesellschaften steht der Gast unter bedeutsamem Schutz, verlässt er diesen Raum, kann er rasch wieder zum Feind werden und darf unter Umständen sogar getötet werden, ohne dass dem Mörder dies als besondere Verfehlung angerechnet würde.

Die beiden Fremden sind also in Lots Haus eingekehrt und werden dort freundlich behandelt. Der hochmögende Besuch gibt sich noch nicht zu erkennen, nur so kann sich das weitere Geschehen sinnreich entfalten. Engel treten immer dann auf, wenn etwas verheißen oder wenn vor einer drohenden Gefahr gewarnt wird – und natürlich, um einen Menschen auf Herz und Nieren zu prüfen. Lot besteht die Probe glänzend, doch vor seinem Haus braut sich bereits etwas zusammen.

Bevor es zum Auftritt der Engel kommt, erzählt die Bibel allerdings von einem kuriosen Handel, ein Rechenexempel um Leib und Seelen wird durchexerziert, von hoher Warte aus von Drohgebärden begleitet, vom starken Abraham, der sich Seiner Gunst bereits sicher sein kann, gegen den zürnenden Gott geführt. Gott hat angekündigt, Er werde die sündigen Städte Sodom und Gomorrha bis auf den letzten Mann und die letzte Maus vernichten. Abraham, wissend, dass sich sein Neffe Lot in einer der Städte aufhält, versucht um der Gerechten willen, die dort leben könnten, Gott Rechenschritt um Rechenschritt herunterzuhandeln, damit möglichst wenige Menschen umkommen, im Grunde gar keine, denn Abrahams Zahlenrede tendiert gegen null. Gott gibt zwar Schritt um Schritt, Zahl um Zahl nach, bis der Zeiger zitternd bei der Zahl Zehn zu stehen kommt. Damit ist noch nicht ausgemacht, ob das Strafgericht verhindert werden kann oder ob viele Menschen am Ende einen furchtbaren Tod erleiden werden. Ein moderner Technokrat würde dazu sagen, die Verhandlung sei letztendlich *ergebnisoffen* verlaufen.

Dass man Gott etwas abhandeln kann, dass sich Strafen für Sünder mildern oder gar aufheben lassen, wenn ein frommer Mensch auftritt und für seine Mitgenossen spricht, davon erzählt die Bibel an mehreren Stellen. In einem Rededuell, das von menschlicher Seite aus demütig, wiewohl beharrlich geführt werden muss, lässt sich durchaus etwas erreichen. Nicht zuletzt wird sich Jesus, der allerdings erst sehr viel später machtvoll auf den Plan tritt, mit seinem geschundenen Leib zugunsten des Menschen einsetzen. Aber dieser Fall ist komplexer und weitreichender als Abrahams Handel mit Gott, der zu einem eher wackligen Ergebnis führt. Es bleibt jedoch festzuhalten, dass Gott in das Abtrotzmanöver einwilligt. Ein Riesenerfolg für Abraham! Er ist ein potenter Unterhändler: Zehn Gerechte sind die Verhandlungsmasse. Das sind ja nicht allzu viele in einer Stadt von bereits weit über tausend Menschen, um deren Leiber und um die Gebäude, in denen sie hausen, im Sinne der Schonung geschachert wird. Doch offensichtlich findet sich die geforderte Zahl an Gerechten nicht, darum nimmt das angekündigte Zerstörungswerk seinen Lauf. Mit Ausnahme von Lot und seinen beiden Töchtern wird am Ende niemand überleben.

Wenn Gott in voller Wut herniederfährt, sind die Strafen, die Er im Gepäck führt, alles andere als harmlos. Keine Rede davon, dass es den Menschen vergönnt wäre, sanft in ihren Betten zu entschlafen, im Gegenteil, sie werden von einem Feuerhagel aus glühenden Lavasteinen dahingerafft, der Sodom und Gomorrha in Schutt und Asche legt.

Noch ist es nicht so weit. Zurück zu den Engeln, die Lot in seinem Haus großzügig bewirtet. Er ist ein zuvorkommender Gastgeber, der sich verpflichtet fühlt, für das Wohl der Fremden umfassend zu sorgen. In der sündenbeladenen Stadt hat dies Neugier vermischt mit Unmut erregt, eine zornige Menge junger und alter Männer, die sich vor Lots Haus versammelt haben, will, dass er die beiden Fremden herausgibt, damit die Aufgestachelten mit ihnen anstellen können, was sie wollen. Gut möglich, dass Gottes Vorhaben, die Stadt zu zerstören, hätte abgewendet werden können, wenn sich die Meute statt zu einer neuerlichen Gewalttat zu Einkehr und Buße hätte bewegen lassen. Mit einem Mob ist jedoch schlecht verhandeln. Die Leute schreien laut heraus, Lot sei ein Fremdling und habe hier nichts zu melden. Doch Lot weigert sich, seine Gäste auszuliefern, und bietet den aggressiven Männern stattdessen seine beiden Töchter an.

Nach heutigem Ermessen ist das ein gewaltiges Problem. Hätte Lot sich selbst als Opfer und Geisel der Gewalttätigkeit angeboten, die sich da vor seinem Haus zusammenbraute, wäre er glasklar ein Held. Stattdessen die Bereitschaft zu bekunden, die eigenen Töchter anstelle zweier schöner Männer

auszuliefern (Engel erscheinen für gewöhnlich nicht altersbrü-
chig, sondern im Glanzkleid junger, tapferer Recken), ist grausam, zumindest sehr, sehr fragwürdig. Zwei Menschen gegen
zwei andere Menschen hinzugeben, auch wenn man noch so
sehr dem Gastrecht verpflichtet sein mag, leuchtet uns heute
aus gutem Grund nicht mehr ein. Die besagte Stelle klingt in
der Übersetzung von Martin Buber und Franz Rosenzweig so,
als würde ein Begütigungsversuch seitens Lots noch ein wenig
über seinen Töchtern schweben, wenn auch ein beklagenswert
schwacher: »Da, ich habe doch zwei Töchter, die noch keinen
Mann kennen, / die gebe ich euch doch heraus, tut an ihnen,
was euern Augen gutdünkt; / nur diesen Männern tut nichts.«[1]
Das Wort *gutdünken* wird normalerweise in positivem Zusammenhang gebraucht, von einem solchen kann hier allerdings
nicht die Rede sein. Wenn dies früheren Bibellesern nicht auf-
gestoßen ist, so kann das nur daran liegen, dass Frauen als Ware
betrachtet wurden, mit der man nötigenfalls grausam verfahren konnte, selbst wenn es sich um die eigenen Töchter handelte. Auch von deren Mutter ist an dieser entscheidenden Stelle
nicht die Rede. Sie hätte ihrem Mann ja ins Wort fallen können,
um ihre Töchter zu schützen. Ein Sohn wird nicht erwähnt.

Wie sich noch zeigen wird, ergibt sich daraus später ein
neues Dilemma. In einer mythischen Erzählung hätte die Geschichte vermutlich einen anderen Ausgang genommen. Flugs
hätten sich die beiden Götterboten in Krieger verwandelt und
alles abgeschlachtet, was sich vor Lots Haus versammelt hatte. Nur der Palast der Stadt wäre unversehrt geblieben. In ihn
wäre Lot mit seiner Familie eingezogen, um fortan zu herrschen, bis ihn Jahre später ein anderes Verderben ereilt hätte,
denn auf lange Sicht kommt in der Mythologie so gut wie kein
Mensch ungestraft davon, erst recht kein einstiger Götterlieb-
ling und Machthaber.

Zu der angebotenen Auslieferung kommt es natürlich nicht. Die Engel reißen Lot ins Haus zurück. Tür zu. Fürs Erste ist der Mob ausgebremst, und er ist es umso mehr, als die Engel die Männer draußen mit Blindheit schlagen, so dass sie vor Lots Haus wirr herumrennen und keinen weiteren Schaden anrichten können. Den beiden Gästen merkt man die unbezwingliche Engelskraft inzwischen überdeutlich an. Natürlich verschwendet die Bibel nun keine Zeit an ein aufgeregtes Hin und Her oder an die Art, wie sich die Leute zum Hinterausgang hinausschleichen. Keinen Pieps lassen Frau und Töchter verlauten. Doch Lot scheint ein gutmütiger Mensch gewesen zu sein. Bevor die Familie flieht, tritt er noch einmal vor die Tür und rät den Blinden, die Stadt möglichst rasch zu verlassen, da diese dem Untergang geweiht sei. Was selbstredend ein vergebliches Unterfangen ist, denn es gehört zum Charakter der Verstockten, dass sie nicht hören wollen.

Die Engel ergreifen sogar noch die Hände der Familie, um sie endlich auf ihren Weg in Richtung Gebirge zu bringen, denn Eile tut not. Doch Lot will sich lieber in die nahe gelegene Stadt Zoar retten, die vor der Zerstörung bewahrt wird. Bevor sich die Engel auf Nimmerwiedersehen zurückziehen, raten sie zu flottem Weitergehen. Keinesfalls dürften sich die Fliehenden umsehen. Szenenwechsel. Das Familienquartett befindet sich nun ohne seine Beschützer auf dem Weg in die Ferne, bereits in gehörigem Abstand zu Sodom. Und es kommt, wie's kommen muss, wenn eine neugierige Frau im Spiel ist: Lots Frau missachtet den Rat der Engel. Sie dreht sich um.

Sich in die Frau hineinzuversetzen, ist durchaus angezeigt. Es gibt ja eine starke Verbindung zu der Stadt, in der die Familie eine Zeitlang gelebt hat. Vermutlich hört man es donnern, bersten und krachen, vielleicht sind auch verzweifelte Schreie zu hören, die weithin über die Ebene schallen. Sich umzudrehen, um auf die Verheerung zu blicken, ist keine lüsterne Neugierhandlung, es können sehr wohl Schrecken und Besorgnis mitschwingen. Trotzdem: Die Bibel beharrt auf dem Verbot. Lots Frau wird als Evastochter markiert und bestraft. Der Anblick der brennenden Stadt muss überwältigend gewesen sein. Die Frau erstarrt zur Salzsäule. Das Verbot, sich umzuwenden, bis ein bestimmter Punkt des Weges erreicht ist, kennen wir aus der Mythologie. Dem berühmten Sänger Orpheus war es gestattet worden, in die Unterwelt einzudringen, um seine geliebte Eurydike aus dem dunklen Hades wieder an die Oberwelt zu holen. Einziges Gebot: Er durfte sich nicht umdrehen, bis die sonnendurchflutete Welt erreicht wäre. Natürlich geschah, was geschehen musste. Der Sänger drehte sich um, und Eurydike wich klagend dahin zurück, woher sie gekommen. Solche Verbote werden grundsätzlich aufgestellt, damit sie übertreten werden und eine bereits in greifbare Nähe gerückte Rettung zunichtegemacht wird.

Aber warum ist das Umwenden so schlimm? In Orpheus' Fall lässt sich an einen gerissenen Trick des Hades denken, der seine berühmte Gefangene nicht herausrücken will und deshalb eine Prüfung für deren Geliebten ausheckt, die dieser vermutlich verpatzt. In der biblischen Geschichte ist das Rückschauverbot so nicht zu begründen. Ein Hinweis auf das Warum ist nicht gegeben. Deshalb ist dem spekulativen Affen Zucker gegeben. Ist das, was Lots Frau bei der Rückschau sieht, so schrecklich, dass es ihren sofortigen Tod herbeiführt? Wird hier zum wiederholten Male die Neugier einer Frau bestraft? Geht es in der Geschichte vielleicht darum, sich radikal von jeglicher aus der Vergangenheit herrührenden Last zu trennen? Jesus wird später in Lukas 17 eine apokalyptische Vision heraufbeschwören, in der er von der Sintflut spricht und von dem Tag, an dem Feuer und Schwefel auf Sodom fiel.

Zu den Jüngern sagt er: »Denkt an Lots Frau! Wer seine Seele zu erhalten sucht, der wird sie verlieren; und wer sie verlieren wird, der wird ihr zum Leben helfen.«[2] Auch diese Stelle bleibt etwas ungewiss. Lots Frau hat vermutlich ihre Seele verloren, als sie sich umblickte. Damit wäre das Gegenteil von dem eingetreten, was Jesus verheißt. Sicher ist allerdings, wer sich in Gottes Hand begibt, der muss sich von seinem alten Leben trennen. Diese Lehre erfährt bei Jesus eine radikale Zuspitzung. Wer sich ihm anschließt und mit ihm durch die Lande zieht, dem bedeuten Familie, Beruf, Freunde, Haus und Herd nichts mehr, weil er sich mit Haut und Haar dem neuen Meister verschrieben hat. Die Vergangenheit ist damit ausgelöscht. Vielleicht gibt es auch die Möglichkeit, milder auf das ausgesprochene Verbot und dessen Übertretung zu blicken. Eine solche würde bedeuten, die Engel wollten der Frau den entsetzlichen Anblick ersparen, weil sie wussten, dass sie diesen nicht würde verkraften können. Wie gesagt, eine milde Deutung, die den Aspekt der dem Teufel verfallenen Neugierde nicht betont.

Im Koran wird ungleich härter mit Lots Frau abgerechnet. Sie ist es, die vor die Tür des Hauses tritt und der wilden Meute ihre Gäste als Beute anbietet. Mit all den anderen Sündern der Stadt geht Lots Frau denn auch sang- und klanglos unter. Zu einer Statue aus Salz, zu einem aufrecht stehenden Mahnmal muss sie gar nicht erst werden. Sie wird von Ziegelsteinen erschlagen oder in den Wasserfluten ersäuft, die Gott vom Himmel herabregnen lässt. Dabei taucht immer wieder die hinreißende Formulierung auf: Es raffte sie *der Schrei* hinweg. Gott schreit also, und das Verhängnis nimmt seinen Lauf. Zu betonen wäre noch, dass im Koran keineswegs hauptsächlich geschrien wird, vielmehr ausgiebigere Reden gehalten werden als in der Bibel. In Sure 11 kommen die Engel ausführlich zu

Wort, und Lot spricht mit Verve, in rhetorischen Schwüngen und Bögen, zu den Sündern der Stadt. Ein wenig ist die poetische Kraft des Korans auch in der deutschen Übersetzung spürbar, etwa wenn es in Bezug auf die Vernichtung von Sodom in Sure 11,99 heißt: »Was für ein schlimmes Geschenk, das da kredenzt wird!«[3]

Übrigens gibt es nahe der Gegend am Toten Meer, von der vermutet wird, dass dort die Stadt Sodom gelegen haben könnte, ein flaches, bröckeliges Gelände, in dem seltsame Steinformationen annähernd in Menschengröße herumstehen. In einer dieser von der Natur gebildeten Felsstatuen – man nennt sie *Gesteinsausblühungen* –, die wohl auch Salz enthalten, wollte man die darin eingeschlossene Frau Lots erkannt haben. Die Idee ist natürlich verlockend. Ob sie auch stimmig ist, steht auf einem anderen Blatt.

Lot und seine beiden Töchter wurden errettet, was zu erwarten gewesen war. Verblüffend ist allerdings eine weitere Drehung, in die sich die Geschichte nun hineinschraubt. Und sie kommt wieder unter die Fuchtel, unter der die gesamte Lotgeschichte steht: Sex! Erst als böse gebrandmarkter homosexueller Sex, dann als drohende Vergewaltigung, und nun befinden wir uns urplötzlich in einer Höhle und mitten in einer Geschichte um – man könnte es bezeichnen als – samenablistenden Sex. Denn die Töchter Lots machen ihren Vater betrunken, um mit ihm zu schlafen und Nachkommen zu zeugen. Man muss sich das so vorstellen: Das Dreiergespann ist auf sich allein gestellt, an eine geordnete Verheiratung der Töchter ist nicht mehr zu denken, deshalb verfallen die jungen Frauen auf den Ausweg, mit dem betrunkenen Vater zu schlafen. Wir wollen jetzt nicht daran herumdeuteln, *wie* unwahrscheinlich es ist, dass ein Mann, der zu betrunken ist, die eigenen Töchter zu erkennen, gleichzeitig noch so beischlaffähig ist, dass er es mit zwei Frauen treiben und dabei Kinder zeugen kann. Wer weiß, vielleicht waren in weit entlegener Zeit die Männer potenter. Der Fall Abraham spricht allerdings dagegen. In einem ellenlangen Leben nur zwei Kinder mit zwei Frauen zu zeugen, weist nicht gerade auf ein exuberantes Stammhaltervermögen in Sachen Eros. Lassen wir die Fälle auf sich beruhen. Sicher ist nur, dass ein Makel an den drei beteiligten Personen hängenbleibt, der später verkommene Blüten treiben wird. Denn aus der Höhlenzeugung gehen die dem Baal anhängenden Moabiter und die aus jüdischer Perspektive ebenfalls unrühmlichen Ammoniter hervor. Wie bereits erwähnt, ist von Lot später nur noch bei Lukas die Rede. Damit verschwindet er als sturztrunkener Höhlenbewohner aus der Geschichte, und wir erfahren weder, wann er gestorben, noch, wie alt er geworden ist. Ein deutlicher Hinweis auf die mindere Qualität dieses Neffen des glanzvollen Abraham.

Szenenwechsel. Jetzt befinden wir uns in den USA, Anfang der siebziger Jahre des vorigen Jahrhunderts. Ein amerikanischer Filmregisseur und ein Drehbuchautor haben sich zusammengetan, um einen scharfen Porno zu drehen. Ihre Namen können wir hier nicht nennen, weil zumindest der eine von ihnen bekannt ist und ein Schriftsteller nicht sicher sein kann, ob er verklagt wird, wenn er Unziemliches über so jemanden äußert. Der damals noch junge Regisseur hatte sein Handwerk bei Russ Meyer gelernt, der in den sechziger Jahren mit so unwahrscheinlichen Filmen wie *Faster Pussycat! Kill! Kill!* Aufsehen erregte. Der Regisseur und sein Autor hatten sich vorgenommen, Lots Geschichte zu verfilmen, natürlich mit Donner und Doria himmlischer Ergüsse, aber auch mit reichlichen Ergüssen in den Vater-Töchter-Szenen, nein, nicht in einer geheimnisvollen Höhle, sondern in einem Caravan, mit dem das Trio nach der Zerstörung von Los Angeles durch die Appalachen fährt. Daraus wurde nichts oder vielmehr nur das Rumpfstück eines Films. Amerika ist bekanntlich prüde, detailreich gefilmter Sex zwischen Vater und Töchtern kommt vielleicht als Video in einem braunen Tütchen oder per Darknet ins Haus, aber nicht in die öffentlichen Kinosäle. Ob es um den Film schade ist, wollen wir hier nicht diskutieren, vermutlich eher nicht. Er wurde nie zu Ende gedreht. Wer weiß, vielleicht waren Regisseur und Drehbuchautor von Wladimir Nabokovs bezauberndem Roman *Lolita* inspiriert. Aber auch das ist unwahrscheinlich, denn sie gingen handfest und ordinär zu Werke – richteten die Kameras auf Sexszenen mit apokalyptischer Zutat und lange Fahrten durch eine wild zerklüftete Gegend, deren Aufnahmen man bei sehr gutem Willen bis zu einem gewissen Grade als poetisch bezeichnen kann. Das Ganze aber eher nicht. Auch fällt es schwer, die Aufmachung der Protagonisten mit der Bibel in Verbindung zu bringen. Vater Lot hat wildes graues Haar, trägt Lederhose und eine geöffnete Lederjacke, die seine nackte Brust und den Bauch zu sehen gibt. Die Töchter heißen Debby und Etty, stecken in Cowboystiefeln, die todsicher nach Fußschweiß stinken, wenn man sie auszieht, und kauen Kaugummi. Im Inneren des Caravans fallen sie ungestüm über ihren Vater her, es geht so heftig zur Sache, dass das Gefährt wackelt und quietscht, als würden Zyklopen darin einen Beischlaforkan entfachen. Wie gesagt, von dem Film existiert bloß ein Rumpf. Von Interesse ist dabei nur, dass ausgerechnet eine biblische Szene für einen exaltierten Körpertumult im ansonsten eher bigotten Amerika herhalten muss.

Es gibt mehrere Prachtbilder von Peter Paul Rubens, die Lot mit seinen Töchtern in der Höhle zeigen. Eines davon ist in mehrfacher Hinsicht kurios. Die Töchter sind überreich in seidene Gewänder gehüllt, wie zu einem Empfang bei Hofe herausgeputzt, eine Tochter ist mit lasziv blühendem Dekolleté in Szene gesetzt. Der Oberkörper des Vaters ist hingegen nackt. Das wirkt nicht nur seltsam in Bezug auf das karge, wüstenhafte Land, dem sie gerade entronnen sind, sondern auch wegen der wenig glamourösen Umgebung, in der sich das Trio befindet. In einer Höhle ist's dreckig, staubig oder feucht. Vom Betrachter aus gesehen schielt Lot mit geröteter Nase auf die linke Tochter, während die Tochter zur Rechten Wein in eine opulente Schale gießt. Und nun will man uns in dem Glauben wiegen, Lot wüsste nicht, dass es seine Töchter sind, die ihn betrunken machen? Ausgeschlossen. Auf sie wirft er seinen lüsternen Blick. Das hat Rubens klar erkannt.

Eine Kuriosität sei am Rande noch vermerkt. Auf die ermahnende Rede Lots lautet in Sure 29,29 die trotzige Antwort der ihn umringenden Männer: »Bring uns doch die Strafe Gottes herbei, wenn du die Wahrheit sagst!«[4] Ähnlich trieb es Mussolini, als er in einer öffentlichen Versammlung Gott fünf Minuten Zeit gab, um ihn zu vernichten. Mit trotzig verschränkten Armen wartete er ab und sah auf die Uhr. Die Zuschauer standen unter Hochspannung. Nichts geschah. Bis Mussolini triumphierend verkündete, dies sei der Beweis, dass es Gott nicht gebe. Nun, der spätere Diktator wurde zwar nicht binnen dieser fünf Minuten vernichtet, hing 1945 aber kopfunter fußoberst als grässlich geschundene Leiche an einer Tankstelle des Piazzale Loreto in Mailand.

1 Die Schrift, verdeutscht von Martin Buber gemeinsam mit Franz Rosenzweig, Band 1, Heidelberg 1987, Exodus 19,8.
2 Lutherbibel, revidiert 2017, Stuttgart 2016, Lukas 17,28-32.
3 Der Koran, neu übertragen von Hartmut Bobzin, München 2015, Sure 11,99.
4 Der Koran, Sure 29,29.

Lût

Lût (Lot) ist einer der Propheten im Islam, deren Name in der arabischen Sprache eine unauslöschliche Spur hinterlassen hat: So wie wir einen Muslim *Muhammadi* (»Mohammedaner«) nennen (dies allerdings sehr selten), einen Christen (nach dem Namen des Messias im Koran) *Îsawi* und so fort, bezeichnet man mit dem von seinem Namen abgeleiteten Adjektiv *lûti* paradoxerweise Männer, deren sexuelles Verlangen auf ihresgleichen und nicht auf Frauen gerichtet ist – obwohl Lût selbst laut Koran gar nicht homosexuell war, sondern diese Praxis bei seinem Volk sogar bekämpfte.

Für homosexuelle Frauen dagegen gibt es im Arabischen das Wort *Sihâq*: *Sihaqiyât* sind Lesbierinnen. Zudem wurden homosexuelle Handlungen jahrhundertelang mit dem Begriff *Schudhûdh dschinsi* belegt, was eigentlich »sexuelle Perversion« bedeutet. Diese vorurteilsbehaftete und abwertende Bezeichnung bezieht sich auf beide Geschlechter, schließt also *Sihâq* und *Liwât* ein. *Liwât* (dieses Substantiv ist ebenfalls von dem Namen Lût abgeleitet) ist Geschlechtsverkehr unter Männern.

Gleichgeschlechtliche Liebe, die es seit Menschengedenken gibt, wird noch heute von zahlreichen religiösen Gemeinschaften mit Argwohn betrachtet. Für sie ist sie eine Krankheit, die ausgemerzt werden muss. Dies gilt auch für die drei großen Offenbarungsreligionen. Ihre Tugendwächter lehnen Homosexualität einstimmig ab und rufen dazu auf, sie zu bekämpfen. Dies erklärt vielleicht auch die Stellung, die Lût im Koran zukommt. Denn sie beruht nicht allein darauf, dass er, als Ibrahîms Neffe, von Beginn an dessen Lehren Glauben schenkte und schließlich mit ihm auswanderte. Zwar rührt daher sein Name: Man sagt, er habe Ibrahîm am Herzen gelegen, »geklebt«, und sei deshalb Lût (von arabisch »lâta« – »haften«, »kleben«) genannt worden. Doch seinen Rang besitzt er auch wegen der Bedeutung des Themas, das zu behandeln der Koran sich bemühte: der Sexualität.

Siebenundzwanzigmal wird Lût im Koran erwähnt, und im Gegensatz zu anderen Propheten werden seine Geschichte und die seines Volkes in einigen Suren ausführlich, in anderen summarisch wiedergegeben. Will der Koran etwa gleich von Anbeginn sämtliche Zweifel an Lûts Rechtschaffenheit ausräumen und verhindern, dass alles Mögliche in seine Legende hineininterpretiert oder an ihr herumgedeutet wird? Doch lesen wir, bevor wir die Frage beantworten, zunächst die Geschichte:

Dem Koran zufolge lebte Lût zur Zeit des Propheten Ibrahîm. Er war der Sohn seines Bruders, glaubte an ihn, begleitete ihn bei seinem ersten Auszug und wurde von Gott zu einigen Stämmen in Ibrahîms Nachbarschaft gesandt. Diese frönten unzüchtigen Handlungen, verübten Übergriffe auf Fremde und praktizierten eine der Menschheit zuvor unbekannte Art des Geschlechtsverkehrs, nämlich mit Männern statt mit Frauen. Als Lût sie nun dazu anhielt, von ihren verwerflichen Taten abzulassen, forderten sie ihn auf, mit seinen Angehörigen, die – mit Ausnahme seiner Frau – als Einzige an ihn glaubten, fortzuziehen. Aber Lût gab die Hoffnung nicht auf, sondern appellierte weiter an sein Volk, dem alleinigen Gott ungeteilte Verehrung zukommen zu lassen. Schließlich verlegte er sich darauf, seine Landsleute mit der Aussicht auf ihre Bestrafung im Jenseits zu erschrecken und sie gleichzeitig mit den Annehmlichkeiten des Paradieses zu verlocken, doch sie ließen sich nicht ermahnen, bezichtigten ihn der Lüge und leugneten sowohl sein Prophetentum als auch seine Mission. Durch keinerlei Warnung oder Verheißung waren sie zu beeindrucken, bedrohten ihn und waren entschlossen, sowohl ihn als auch jene, die an ihn glaubten, zu vertreiben:

»Und wir sandten Lot [Lût].

Damals, als er zu seinem Volke sprach:

›Wollt ihr denn eine solche Abscheulichkeit begehen,
worin noch niemand von den Weltbewohnern euch
zuvorkam?

Siehe, aus Lust verkehrt ihr mit den Männern statt mit
Frauen.

Nein, ihr seid ein Volk, das es zu weit treibt.‹

Und die Antwort seines Volkes war nichts anderes,
als dass sie sprachen:

›Treibt sie aus eurer Stadt hinaus!

Siehe, das sind Menschen, die sich für rein halten!‹«
(Sure 7,80-82)

Nachdem Lût diese Antwort erhalten hatte, wandte er sich an Gott und bat ihn um Hilfe:

»Er sprach: ›Mein Herr, hilf mir gegen ein Volk von
Unheilstiftern!‹« (Sure 29,30)

»›… Mein Herr, errette mich und meine Angehörigen
vor dem, was sie treiben!‹« (Sure 26,169)

Gott erhörte ihn tatsächlich und sandte ihm zwei Engel in Menschengestalt. Auf ihrem Weg zu Lût kehrten diese allerdings zunächst bei Ibrahîm ein, denn sie wussten, dass er seinen Neffen regelmäßig aufzusuchen und zu ermahnen pflegte, sich der unzüchtigen Handlungen und Gräuel zu enthalten, Gott zu verehren und den Irrtum zu meiden.

»Siehe, Abraham [Ibrahîm] ist wahrlich milde, mitfühlend
und reumütig.

›Abraham [Ibrahîm]! Wende dich davon ab!
Die Entscheidung deines Herrn ist gefallen.
Siehe, über sie wird eine Strafe kommen, die unabwendbar
ist.‹« (Sure 11,75-76)
Nachdem die beiden Engel Ibrahîm die Botschaft verkündet hatten, dass seine Frau Sara ihm einen Knaben – Ishâq
(Isaak) – gebären würde, offenbarten sie ihm auch den Grund
ihres Besuchs: Lûts hochmütiges Volk sei zum Verderben verurteilt, und sie seien gekommen, um Rache an ihm zu nehmen. Gott der Gepriesene, der Erhabene, habe ihnen befohlen, die Bewohner dieser Stätte, die der Unzucht frönten, zu
bestrafen.

»Sie sprachen: ›Siehe, wir sind gesandt zu einem Volk
von Missetätern,
um Steine aus gebranntem Lehm auf sie regnen zu lassen,
gekennzeichnet bei deinem Herrn für die, die es zu weit
treiben.‹« (Sure 51,32-34)
Als Ibrahîm hörte, was die Engel sagten und welche Strafe sie
für die Einwohner der Stadt bereithielten, ängstigte er sich um
seinen Neffen Lût und machte sie darauf aufmerksam, dass
auch dieser sich dort aufhalte. Doch sie erklärten ihm: »›Wir
wissen ganz genau, wer in ihr ist …‹« (Sure 29,32), Gott der
Gepriesene, der Erhabene, werde Lût und seine Angehörigen
gewiss erretten.

Darauf verließen die beiden Engel Ibrahîm, und als sie mit-
tags in Lûts Stadt kamen, gingen sie geradewegs zu ihm. In
Gestalt zweier schöner Jünglinge traten sie bei ihm ein, ohne
ihm zunächst mitzuteilen, wer sie wirklich waren. Lût hielt sie
für Besucher und hieß sie als Gäste willkommen, machte sich
jedoch wegen seiner Landsleute Sorgen um sie:

»Als unsere Boten zu Lot [Lût] kamen,
wurde er ihretwegen ganz bekümmert,

geriet durch sie in Bedrängnis und sprach:
›Das ist ein Tag, der schwer zu ertragen ist!‹« (Sure 11,77)
– gemeint ist ein Tag schwerer Prüfung. Lût fürchtete, jemand könne die beiden Fremden sehen und sie an sein Volk verraten, so dass dieses kommen und sich an ihnen vergehen würde. Und was er fürchtete, trat ein. Seine eigene Frau ging zu den Leuten hinaus und erzählte ihnen, in Lûts Haus befänden sich zwei Männer von einem Aussehen, wie sie noch keiner ansichtig geworden ist. Als die Leute das hörten, kamen sie angelaufen und verlangten von Lût, ihnen die beiden schönen Jünglinge auszuliefern. Lût jedoch weigerte sich, und so umzingelten sie sein Haus und warteten ab, dass die Fremden herauskämen. Warum hatte Gott auch ausgerechnet zwei schöne junge Männer gesandt und nicht zwei hässliche alte oder unscheinbare? Lût, der Schlimmes für sie ahnte, richtete daraufhin das Wort an sein Volk:
»Er sprach: ›Das hier sind meine Gäste!
Stellt mich daher nicht bloß!
Und fürchtet Gott, und bringt nicht Schande über mich!‹«
(Sure 15,68-69)
Die Männer antworteten ihm:
»Sie sprachen: ›Haben wir dir denn nicht verboten die
Weltbewohner?‹« (Sure 15,70)
Nach vergeblichen Versuchen, sie zum Fortgehen zu bewegen, forderte Lût sie schließlich auf, seine jungfräulichen Töchter anstelle der Jünglinge zu nehmen. Sie aber wiesen seine Ermahnungen zurück und erklärten ihm ganz offen und ohne jede Scheu oder Scham, was sie begehrten:
»Sie sprachen: ›Du weißt doch wohl,
dass wir kein Recht an deinen Töchtern haben;
und weißt doch ganz genau, was wir wollen!‹«
(Sure 11,79)

147

Da wurde seine Sorge noch größer, und er wünschte sich, die Kraft zu haben, sie an ihrem Vorhaben zu hindern, oder aber Helfer, um sie zu überwinden und abzuwehren:

»Er sprach: ›O hätte ich doch nur Macht gegen euch
oder könnte Zuflucht suchen bei einer starken Stütze!‹«

(Sure 11,80)

Als die Menge versuchte, das Haus zu stürmen, und die Engel dies und Lûts Angst um sie sahen, gaben sie sich ihm als Engel und Boten des Herrn zu erkennen. Auf Gottes Geheiß seien sie gekommen, um Lûts Volk und seine Stadt wegen ihres Unrechts und Unglaubens gegenüber ihm, dem Gepriesenen, dem Erhabenen, zu verderben. Und sie befahlen Lût, nachts vor Sonnenaufgang mit seinen Angehörigen den Ort zu verlassen, denn das Verderben werde am Morgen über ihn kommen.

»Sie sprachen: ›O Lot [Lût], wir sind die Boten deines
Herrn!
Sie werden dir nichts antun können.
Brich daher auf mit deinen Angehörigen tief in der Nacht,
und keiner von euch wende sich nach hinten,
bis auf deine Frau!
Siehe, ihr Schicksal wird das sein, was sie getroffen hat.
Siehe, der für sie festgesetzte Zeitpunkt ist der Morgen,
und ist der Morgen nicht schon nahe?‹« (Sure 11,81)

Während dessen erreichten die Tumulte vor Lûts Haus ihren Höhepunkt, und der Engel Dschibrîl (Gabriel) bat seinen Herrn um Erlaubnis, die Männer zu bestrafen. Als er diese erhalten hatte, trat er hinaus und wischte ihnen mit den Flügelspitzen über die Gesichter:

»Sie wollten seine Gäste ihm abspenstig machen,
doch da wischten wir ihre Augen aus:
›So kostet meine Strafe und meine Warnungen!‹«

(Sure 54,37)

Dadurch verloren sie ihr Augenlicht, wandten sich verzweifelt ab, tasteten sich an den Wänden entlang und stießen dabei wilde Drohungen gegen Lût aus.

Die Engel forderten Lût auf, sich, wie angewiesen, zum Auszug bereitzumachen, er müsse vor Tagesanbruch fortgehen, ohne sich umzuwenden, damit er nicht sehe, welche Strafe auf die ungläubige Stadt niedergehe. Seine Frau jedoch werde dasselbe Schicksal ereilen wie sein Volk, sie werde mit den anderen untergehen. Und »… dann am frühen Morgen kam eine dauerhafte Strafe über sie.« (Sure 54,38) Gott verdarb sie alle, schickte vom Himmel einen »Schrei« auf sie hinab und ließ »Ziegelsteine auf sie regnen«. Als die Sonne aufging, waren die Häuser einschließlich ihrer Bewohner nur noch Trümmer und Zerstörung.

»So ist der Zugriff deines Herrn,
wenn er die Städte, im Falle ihres Frevels, wegrafft.
Siehe, sein Zugriff ist schmerzhaft, gewaltsam.«

(Sure 11,102)

Der Koran beschreibt die Vernichtung von Lûts Volk durch Gottes »schmerzhaft[en], gewaltsam[en]« Zugriff in zahlreichen Versen, ohne jedoch die Namen Sodom und Gomorrha zu nennen. Führen wir folgende davon an:

»Da raffte sie, bei Sonnenaufgang, ›der Schrei‹ hinweg.
Und wir kehrten das Oberste von ihr zuunterst
und ließen Ziegelsteine auf sie regnen.
Siehe, darin liegen wahrlich Zeichen für sorgfältige
                              Betrachter.
Und siehe, sie liegt wahrlich an einem bleibenden Weg.«

(Sure 15,73-76)

»Als dann unser Entscheid eintraf,
da kehrten wir das Oberste von ihr zuunterst
und ließen geschichtete Ziegelsteine auf sie regnen,

gekennzeichnet bei deinem Herrn.
Und sie liegt nicht weit weg von den Missetätern.«
(Sure 11,82-83)
»Darauf vernichteten wir die anderen.
Wir ließen Regen über sie niedergehen.
Schlimm war der Regen für die Gewarnten.
Siehe, darin liegt wahrlich ein Zeichen;
doch die meisten von ihnen glauben nicht.
Siehe, dein Herr ist fürwahr der Mächtige, Barmherzige!«
(Sure 26,172-175)
Dieser Vernichtung entkamen nur Lût und die Mitglieder seiner Familie, allerdings ohne Lûts Frau, die nicht an ihn glaubte, und sie schlossen sich Ibrahîm an:
»Da erretteten wir ihn mit den Seinen – nicht aber seine
Frau,
sie war unter den Zurückgelassenen.
Und wir ließen starken Regen über sie niedergehen.
So schau doch, wie das Ende der Übeltäter war!«
(Sure 7,83-84)
Wenn der Koran Lûts Frau nicht von der Strafe Gottes ausnimmt, zeigt er bei ihr dieselbe Entschlossenheit wie gegenüber Nûhs (Noahs) Weib, denn beide sind sie nach den Worten Gottes Ungläubige geblieben:
»Gott hat ein Gleichnis für die Ungläubigen geprägt:
Die Frau von Noah [Nûh] und die Frau von Lot [Lût].
Beide waren zweien von unseren frommen Knechten
unterstellt –
und betrogen sie.
Da halfen ihnen beide nichts mehr gegen Gott.
Und es ward gesagt: ›Geht ein ins Feuer, zusammen mit
den anderen!‹« (Sure 66,10)
Wenngleich die Geschichte Lûts im Koran verhältnismäßig

ausführlich erzählt wird, muss ihr doch wie jedem Text, sosehr er auch um Allgemeingültigkeit bemüht ist, etwas von der Zeit und dem Ort anhaften, denen er entstammt. Genau daher rühren zwei Problembereiche, die den Exegeten die Interpretation schwermachen und sie alles Mögliche hineindeuten lassen.

Das erste Problem betrifft die Frage, was Lûts Volk zugestoßen war: Warum zogen sie den Geschlechtsverkehr mit Männern dem mit Frauen vor? Die offizielle islamische Lesart, von der Mehrheit vorgebracht, ist befremdlich genug: Ihr Verlangen, statt mit Frauen mit Männern zu verkehren, sei darauf zurückzuführen, dass sie bei sich zu Hause und entlang der Wegstrecken Gärten mit Früchten besessen hätten. Als nun eine große Dürre und Hungersnot über sie hereingebrochen sei, hätten sie zueinander gesagt: »Wenn ihr den Leuten des Weges und den Reisenden eure Früchte verweigern würdet, könntet ihr von ihnen leben.« – »Aber wie sollen wir sie ihnen verweigern?« Sie seien näher zusammengerückt und auf folgende Antwort verfallen: »Macht es zu eurem Brauch und eurer Tradition: Wenn ihr in eurem Land einen Fremden findet, so plündert ihn aus und heiratet ihn!« Es sei aber kein Geringerer gewesen als der Teufel, der ihnen diese Tat eingab und sie ihnen gut erscheinen ließ, und sie hätten an dieser Tradition festgehalten, bis Gottes Prophet Lût zu ihnen kam und sie aufforderte, Gott zu verehren und diese Gräuel und unzüchtigen Handlungen aufzugeben.

Das zweite Problem stellt die Geschichte von Lûts Töchtern dar, die der Koran nur einmal und ohne Namen erwähnt, im Gegensatz zur Bibel, die ausführlich davon berichtet, dass sie nach ihrer Flucht aus Sodom Geschlechtsverkehr mit ihrem Vater hatten. In beiden Büchern aber bietet Lût sie den Männern während der Belagerung seines Hauses anstelle der Engel an:

»Da kam sein Volk eilends zu ihm gelaufen;
doch hatten sie zuvor immer wieder Schlimmes getan.
Er sprach: ›Mein Volk! Hier, da sind meine Töchter,
sie sind besonders rein für euch.
Fürchtet Gott, und bringt nicht Schande über mich!
Ist unter euch denn kein aufrechter Mann?‹« (Sure 11,78)
Einige interpretieren dies so, dass Lût trotz seiner deutlichen
Worte gar nicht gemeint habe, die Männer sollten Unzucht
mit den Mädchen treiben, der eigentliche Zweck der Aufforderung sei vielmehr gewesen, ihnen den Weg zur Tugend, zur
Heirat mit Frauen zu weisen. Es gebe zwei Deutungsmöglich-
keiten: erstens, dass Lût ihnen seine Töchter nicht zum se-
xuellen Vergnügen, sondern für eine legitime Hochzeit zur
Verfügung gestellt habe, und zweitens, dass mit »seinen Töchtern« alle Frauen des Volkes gemeint gewesen seien, die er den
Männern – ebenfalls zur Eheschließung – anempfohlen hätte. Kurz, indem er, wie in Sure 11 beschrieben, seine Töchter anbot, habe er die Leute auf den rechten Weg, den Weg
der *Tugend und Sittsamkeit*, führen wollen. Statt weiter ihrer
schlimmen Gewohnheit anzuhängen, der sie verfallen waren,
nämlich jener des *Liwât*, sollten sie seine Töchter beziehungsweise die Töchter seines Volkes heiraten. Beiden Deutungen
zufolge ist auszuschließen, dass ein Prophet wie Lût sein Volk
vom Gräuel des *Liwât* abbringen wollte, indem er ihnen einen
anderen Gräuel befahl, nämlich den Beischlaf mit seinen jungfräulichen Töchtern ohne vorherige Hochzeit.

Der Einzige, der eine andere Interpretation ins Feld führt, ist
ein junger saudischer Prediger namens Scheich Sâlih al-Maghamsi, geboren 1963. In seinen koranischen Betrachtungen[1]
führt er sinngemäß aus: Als Lût den Männern seine Töchter
zur Heirat oder auch ohne Heirat anbot, tat er dies, um seine
Gäste damit freizukaufen, war sich dabei aber sicher, dass sie

auf dieses Angebot nicht eingehen würden. Es sei, als beherberge einer einen Gast und jemand drohe damit, den Gast umzubringen, woraufhin der Gastgeber zu diesem sage: »Töte lieber mich anstelle meines Gastes!« – wobei er aber genau weiß, dass dieser nicht ihn umbringen will. Das Wort »Heirat« in Verbindung mit der Auslieferung der Töchter als eine der beiden Möglichkeiten fügt al-Maghamsi wohl hinzu, um sich gegen mögliche Angriffe zu wappnen, denn eine Eheschließung, insbesondere nach islamischem Recht, mindestens zweitausend Jahre vor der Geburt des Propheten Muhammad muss ins Reich der Märchen verbannt werden. Nicht einmal Muhammad selbst hat die große Chadîdscha, seine erste Ehefrau, nach islamischem Recht geheiratet. Ihrer beider Ehe wurde gesegnet und unterstützt von Chadîdschas Cousin väterlicherseits, Waraqa Bin Naufal, der den einen als Christ, den anderen als Jude und wieder anderen als Hanife gilt.

Eine gesetzliche, ja islamische Heirat zur Zeit Lûts? Das hieße, das Pferd von hinten aufzäumen und das, was damals geschehen ist, aus einem modernen Blickwinkel betrachten. Aber ist dieser Aspekt der Legende der einzige, bei dem die Reihenfolge auf diese Weise umgekehrt wird? Sehen wir uns einmal an, wie die Koranexegeten die Vernichtung von Lûts Volk deuten. Manche stützen sich nämlich auf Autoren wie Werner Keller, der beweisen wollte, dass die Heilige Schrift in ihren Berichten von Sodom und Gomorrha auf reale Ereignisse Bezug nimmt. Dass er sich dabei nicht auf den Koran, sondern auf das Alte Testament bezog, wird oft ausgeklammert.

Der Satz »da kehrten wir das Oberste von ihr zuunterst« (Sure 11,82) im Koran wäre demzufolge ein Hinweis auf ein heftiges Erdbeben mit Erdgasaustritten und daraus resultierenden Brandlichtern und Feuersbrünsten, das die Region heimsuchte und an einem einzigen Tag alles im Umkreis zerstörte. Beweise dafür glauben Archäologen am sogenannten Lût-See in der Nähe des Toten Meeres gefunden zu haben. Dort gebe es klare Anzeichen für eine solche Naturkatastrophe. Es handelt sich bei dieser Region um ein aktives Erdbebengebiet, und genau durch das Siddimtal, wo sich Sodom und Gomorrha befunden haben sollen, verläuft ein tiefer Grabenbruch. Die Exegeten der drei großen monotheistischen Religionen aber machen einen göttlichen Befehl für die Zerstörung verantwortlich. Als sei der wissenschaftlich erbrachte Nachweis, dass es dort ein verheerendes Erdbeben gab, ein Beweis für die Existenz Gottes und eine Beglaubigung der Legende von der Bestrafung von Lûts Volk – und nicht etwa ein Beweis dafür, dass die Verfasser des Alten Testaments die Überlieferung eines realen Ereignisses aufgriffen, das durch natürliche physikalische Vorgänge ausgelöst worden war und von den Schreibern oder jemandem vor ihnen in ein moralisches Gewand gekleidet wurde, welches sie nach ihren Maßen zuschnitten – vielleicht, um Homosexualität zu verdammen. Der Koran übernahm später diese Geschichte zum Zweck der moralischen Belehrung der Menschen auf der Arabischen Halbinsel und weil sie zu deren Ansichten von Sexualität passte. Auch hier wird das Pferd also von hinten aufgezäumt.

Lûts Geschichte im Koran endet jedenfalls filmreif mit einem glücklichen Ende: Mit wenigen Angehörigen verlässt er die Stadt, die hinter seinem Rücken von den Flammen verschlungen und dem Boden gleichgemacht wird. Was nach dieser Rettung mit ihm passiert, darüber schweigt der Koran. Dessen Exegeten behaupten, Lût habe sich anschließend nach Zoar begeben, ohne sich bewusst zu machen, dass sie auch dies dem Alten Testament entlehnen. Bis er das Zeitliche segnete, habe er dort zu Gott gebetet und ihn verehrt. Er soll eines natürlichen Todes gestorben sein. Unvorstellbar, dass er vor Wut oder durch Suizid gestorben wäre, nachdem er an dem auf die Katastrophe folgenden Morgen erwacht war und feststellen musste, dass seine beiden Töchter, Rîtha und Dharata, wie sie bei al-Tabari heißen, ihn in einer Höhle oben in den Bergen betrunken gemacht und vergewaltigt hatten, wie es in der Thora heißt. So wird Lût mit gleich zwei Varianten von in den Religionen verbotener Sexualität assoziiert – mit Homosexualität in Sodom und Gomorrha und Inzest in den Bergen von Zoar.

1 »Betrachtungen über die Sure ›Hûd‹, Vorlesungen 2013«.

Hiob

Seit Jizchak Katzenelson sein großes Gedicht schrieb, ist Er
nur mehr er und hat sich bis heute nicht davon erholt. Inzwischen sitzt er als quietschebuntes Plastikfigürchen neben
dem Aufnahmegerät, wenn Margot Kässmann der *Bild*-Zei-
tung ein Interview über das Scheitern ihrer Ehe gibt. Wenn
Eugen Drewermann einen Vortrag hält, fliegt er als Speichel-
tröpfchen auf dessen Manuskript. Als Hiob im Aschehaufen
saß und sich mit einer Scherbe den Grind vom Kopf kratzte,
war Er noch groß und konnte mit einer donnernden Rede
dreinfahren, einer sich ins literarische Gefild emporbauschen-
den Rede, die allerdings schon etwas bedenklich blumig aus-
fiel. Verbergen und Entbergen spielen in den göttlichen Satz-
aufschwüngen die Hauptrolle, denn Gott will sein Geheimnis
wahren, zugleich kann Er die Selbstauskunft und damit eine
Preisgabe der Definition Seiner Macht nicht vermeiden. Ein
radikaler Geheimnisträger hätte sich in Schweigen hüllen
müssen.

Es handelt sich um eine Droh- und Warnrede, ausgefolgt
nicht nur an den leidenden Hiob, sondern an alle, die die Bibel
zur Hand nehmen und darin lesen. Wir mögen uns heute am
metaphorischen Spiel der Rede ergötzen und dabei den Kopf
hoch tragen, doch dem verzweifelten Hiob blieb gar nichts
anderes übrig, als die von oben auf ihn niedergehende An-
sprache ernst zu nehmen und das Haupt zu senken. Die darin
enthaltene Deklaration ist einzigartig. Wer sonst in der Bibel
wurde je mit einer derart üppigen oder, wie die Spötter sagen: ins Kraut schießenden Rede von Ihm höchstpersönlich

bedacht? War es wirklich nötig, den Behemoth und Leviathan ins Feld zu führen, um die eigene Macht zu demonstrieren? War's nicht genug Beweis, dass Gott alle Wesen um Hiob herum hatte sterben lassen und all sein Hab und Gut vernichtet hatte? Um Hiob zittert die Frage, ob es gut ist, geboren worden zu sein, sogar, ob es gut ist, dass die Erde überhaupt erschaffen wurde.

Weshalb hat man es höhererseits gerade auf diesen treuen Mann abgesehen? Warum nicht auf einen, der im Saft seiner Sünden schwelgt? Ist Gott vielleicht ein boshafter Demiurg? Den bedenklichen Teil der Geschichte, der sich gleich anfangs zuträgt, nachdem Hiob vorgestellt ist und es pfeilgerade in den Himmel hinaufgeht, wollen wir lieber nicht anfassen. Eine Teufelswette mit Gott riecht allzu sehr nach kindischem Abrakadabra und nimmt der Geschichte ihre sich über Jahrhunderte hinweg erhaltene Brisanz. Sie wirkt ein wenig wie angeklebt, verbindet sich nicht zwingend mit dem, was sich da zuträgt. Ein starker Gott herrscht. Er leiht keinem Teufel Sein Ohr und lässt sich nicht auf alberne Spielereien ein. Das satanische Intermezzo dient allenfalls dazu, klarzustellen, dass Gott Hiob für gerecht hält. Die sich durch die Geschichte wurmisierende Frage, ob Hiob tatsächlich so ehrenhaft und standfest ist, wie es den Anschein hat, hätte sich Gott auch selbst stellen können. Vergessen wir den altgedienten Zweifelsäer und Streuner, der sich so gern unter den Menschen herumtreibt. Hier tritt er weniger als Person, vielmehr als Funktionsträger in Erscheinung, der insinuiert, Hiob sei im Geheimen alles andere als treu. Der Satan mag zum himmlischen Hofstaat gehören oder nicht, Gott allein ist mächtig und gefährlich genug, Seinen liebsten Diener aus eigener Entschlusskraft auf Herz und Nieren zu prüfen. Ohne Teufel. (Obwohl ... teuflisch an der Geschichte ist sehr wohl, dass

Kinder, Knechte, Mägde und zahlreiche Tiere um einer obskuren Probe willen sterben müssen. Schlau ist der immerzu profitlich gestimmte Satan auch, wenn er behauptet, Hiob sei nur deshalb fromm, weil Gott ihm alles so schön eingerichtet, ihm quasi durch Bestechung den Glauben implantiert habe.)

Von einem Patriarchen hat dieser geprüfte Diener nun gar nichts an sich. Er ist einfach da, ist Vater, trägt nur seinen Namen, die Herkunftsfamilie wird nicht genannt. Einst hatte der umsichtige Hiob Sorge um seine Söhne und Töchter getragen, die sich regelmäßig zu Gastmählern versammelten, denn er opferte hernach im Namen jedes einzelnen Kindes, für den Fall, dass es in seiner Abwesenheit gefehlt hätte. Eine winzige Nachlässigkeit mag darin bestanden haben, dass er mit seinen Kindern nicht geredet hat, um zu ergründen, ob sie überhaupt Sünden begangen haben. Aber das wäre eine moderne Sicht auf Hiobs Vaterschaft. Doch ein Detail stimmt daran bedenklich. Hiob opfert nicht für sich selbst, sondern nur für seine Kinder. Hat er es selbst vielleicht nicht nötig? Fühlt er sich auf überhebliche Weise sündenfrei? Solche Fragen wirken etwas pedantisch, als wolle man partout einen Krümel Schuld an Hiob finden, um die harte Prüfung zu rechtfertigen, der er unterworfen wird.

Anfang gut, Mitte schrecklich, Ende gut, alles gut. Die ersten Nachkommen sind tot, die später gewonnene Familie ist ohne Belang. Hiob erscheint im entscheidenden Teil seiner Geschichte als Solitär. *Es war einmal …* außer dem berühmten Märchenanfang, der uns Hiob als Mann aus dem Lande Uz vorstellt, erfährt man nichts über dessen Herkunft. Umso stärker tritt sein Leiden in Erscheinung. Die Prüfung erfolgt Schlag auf Schlag. Erster Bote: Rinder weg, Eselinnen weg, Knechte tot. Zweiter Bote: Feuer vom Himmel, Schafe tot,

Knechte tot. Dritter Bote: Kamele tot, Knechte tot. Vierter
Bote: Einsturz des Hauses, Söhne und Töchter tot. Die vier
Boten sind die einzigen Zeugen und Überlebenden der Schick-
salsschläge. Und man fragt sich, was haben Knechte, Rinder,
Eselinnen, Schafe, Kamele, Söhne und Töchter verbrochen,
um mit ihrem Tod für eine Prüfung zu bezahlen, die nicht ihnen selbst, sondern allein ihrem Besitzer und Vater gilt? Wobei der Tod der Kinder sehr viel schwerer wiegt als der Verlust
des Besitzes. Bei den biblischen Prüfungen geht es immer darum, ob ein gottesfürchtiger Mensch Ihm auch dann die Treue
hält, wenn er ins Elend gestoßen wird und nicht mehr von seiner Treue profitiert. Dazu bedarf es einer imponierenden Fallhöhe. Vom Gipfel der Macht und des Reichtums hinab in den
Staub. Franz Rosenzweig schrieb dazu: »Und Gott will offenbar nur die Freien zu den Seinen. Um so zwischen den Frei-
en und den Knechtseelen zu scheiden, genügt aber kaum die
bloße Unsichtbarkeit seines Waltens; denn die Ängstlichen
sind ängstlich genug, im Zweifel sich lieber auf die Seite zu
schlagen, zu der zu halten ›in jedem Falle‹ nicht schadet und
möglicherweise … sogar nützt. Gott muß also, um die Geis-
ter zu scheiden, nicht bloß nicht nützen, sondern gradezu
schaden.«[1]

Das erinnert an ein Motto der Anna Katharina Emmerick,
das lautete: *Herr, gib mir Geduld, und dann schlag tüchtig
zu!* Die Emmerick war bitterarm, Hiob ein reicher Mann.
Eine empörende Ungerechtigkeit zwickzwackt nebenbei bemerkt auch an der Geschichte. Menschen, die ihr Leben lang
im Elend, bei schweißtreibender Arbeit verbringen müssen,
erfahren ein so packendes Schicksal wie Hiob erst gar nicht.
Sie bleiben, was sie von Geburt an waren: Staubfresser. Mit
schütterer, manchmal auch herzbewegender Hoffnung auf
eine glanzvolle Entlohnung im Himmelreich. Die Emmerick

hatte ein besonderes, höchst seltenes Armenschicksal – durch ihre überaus zähe Leidensfähigkeit, ihren Leidensdurst hat sie sich aus der Anonymität herausgeschraubt und ihren Namen in die Geschichte eingeschrieben.

Offenkundig hat Gott kein Vergnügen daran, Leute zu prüfen, die halb gut, halb schlecht vor sich hin wursteln. Völlig unerklärlich bleibt das grausame Los, das den einst reichen und zutiefst gottesfürchtigen Familienpatriarchen ereilt hat. Vorgeblich, um ihn zu trösten, sind drei Freunde von weit her angereist. Elifas, Bildad und Zofar suchen nach Erklärungen, fahnden eifrig nach einer Schuld, die Hiob auf sein Haupt gezogen haben muss. Sie sind Dogmatiker im Sinne des Zusammenhangs von menschlicher Schuld und auf dem Fuße folgender göttlicher Strafe. Hiob muss, ja, er *muss* auf irgendeine Weise gesündigt haben, um dieses außerordentliche Strafgericht verdient zu haben, auch wenn sein Vergehen bisher nicht offen zutage getreten ist. Anders ist sein Unglück nicht zu erklären, denn Gott urteilt vernünftig, Er straft Maß für Maß.

Das ist eine bequeme und bis heute effiziente Taktik, den Qualen, von denen ein anderer Mensch heimgesucht wird, die Spitze zu nehmen und die Bedrohung, die davon für die eigene Existenz ausgeht, zu verwischen. Nichts ist einfacher und entlastender, als die Eigenschuld des Leidenden zu betonen. Ein solches Verhalten grassiert auch fröhlich unter Menschen, die mit Religion wenig oder gar nichts mehr im Sinn haben. Das geht mir nichts, dir nichts ganz ohne Gott – ein leidender Mensch hat sich nicht vernünftig genug ernährt oder hat geraucht und ist deshalb krank geworden, jemand kann nicht mit Geld umgehen oder bleibt als Liebender auf der Strecke, weil er sich dumm anstellt; für ein Kind, das sich nicht wie gewünscht entwickelt, haften allein die Eltern; ein Flüchtling, der sich nach Europa auf den Weg macht, ist ein

Verbrecher – das geht immer so fort und fort. Das mythische Vergeltungsgespenst fährt reiche Beute ein. Drastisches Unglück zeigt mit dickem Finger auf eine offen zutage tretende oder verborgene Schuld.

Gegen derartige psychische Abwehrmechanismen führt die Geschichte Hiobs ein starkes Geschütz ins Feld. Tapfer widerspricht er solchen Unterstellungen. Hiob tut es mit Macht, lässt sich weder von den scheinfreundlichen Reden der drei Männer noch von dem über ihn verhängten Strafgericht beirren. Er verweigert die Unterwerfung unter eine ihm anbehauptete Schuld. Mit zäher Energie verteidigt er seine Unschuld. Und ist sich gewiss, dass er spätestens im Tode Gott schauen wird, und diese Schau ist für ihn nicht anders vorstellbar als eine gnadenreiche. Hiob ist sich auch dessen bewusst, dass Gottes Sicht auf das Ganze eine völlig andere ist als die eines Menschen, der in einem engen Schacht herumtrudelt. Doch irgendwann muss der umfassende Großblick von oben mit dem Kleinblick von unten zusammentreffen, damit ein Weisheitsgeflirr das dürftige Wesen aus Fleisch, Haut und Knochen in die Höhe zieht und es teilhaftig wird Seiner Huld.

Die Freunde wollen davon nichts wissen. Sie verhalten sich ein bisschen wie Stalinisten in einer Justizparodie avant la lettre, die einen Unschuldigen zum zähneknirschenden Eingeständnis seiner Verfehlungen bringen wollen, um sich in der eigenen Gerechtigkeit zu sonnen. Dazu gehört zwingend, dass der Angeklagte den Blick senkt und mit zagendem Stimmchen ein Schuldbekenntnis abliefert. Die Gemeinschaft der strahlenden Sieger braucht das jämmerliche Einknicken des Opfers. Damit steht in Frage, ob es sich tatsächlich um Freunde handelt oder nicht doch um Verfolger, die ihren Triumph über den einst so mächtigen Mann genießen. Doch Hiob ist ein harter Knochen. Deshalb hat er das Zeug, seine drei Gegner in Schach zu halten und Gott höchstpersönlich herauszufordern. Irgendwann knickt er erschöpft ein, nicht vor dem Gerede der Freunde, nicht aus Einsicht, aber vor Gott selbst.

Hiob ist kein Prophet. Seine Geschichte steht wie ein erratischer Block in der jüdischen Bibel. Und es ist nicht einmal eindeutig, ob er überhaupt Jude war. Bitterernst war seine Lage ohne Zweifel. Er ist allein. Wenn man in einem Aschehaufen sitzt, die Frau sich abgewandt hat und buchstäblich alles verloren ist, sieben Söhne, drei Töchter, Mägde, Knechte, der gesamte Besitz, funktionieren Ironie und Scherz nicht. Die Welt ist schwarz geworden, selbst unter dem heiteren Strahlen der Sonne. Hiob in der Asche. Auch Millionen von Juden sind später zu Asche gemacht worden, dazwischen liegen allerdings Jahrtausende. Erstaunlich ist die Fügsamkeit des bestäubten Hiob, der sich von Elifas, Bildad und Zofar weder trösten noch beirren lässt. Diese Männer sind zunächst zu loben, denn immerhin, sie setzen sich zu Hiob, mitten ins Auge des Unglücks, sie weinen, zerreißen ihre Kleider und werfen sich Asche auf ihr Haupt, um hiobgleich zu erscheinen. Vielleicht benehmen sie sich ein wenig wie theatralische Leidensexhibitionisten, im Sinne von: Seht her, so stark ist unser Mitgefühl! Sie schweigen mit ihm sieben Tage, was eine extrem lange Zeit ist. Beschwerliche Reisen haben sie dafür von sehr weit her auf sich genommen. Ein jeder für sich, ein jeder aus einer anderen Gegend. Auf wundersame Weise treffen sie zur selben Zeit ein. Auf den ersten Blick erkennen sie den Mann im Aschehaufen nicht. Ein bisschen gemahnt ihre Reise an die der drei Könige, die sich später aus dem Morgenland zum Stall in Bethlehem begeben, oder an eine diplomatische Mission, von langer Hand vorbereitet und eingefädelt.

Man trifft sich also nicht auf ein paar Stündchen im Wirtshaus und hat Biere vor den geröteten Backen stehen. In zugespitzter Lage waltet über der Szene eine bis in unsere Tage hineinschallende Deklamationsenergie, die es in sich hat. Sie singt das große Lied von anbehaupteter und abgewiesener Schuld. Zunächst aber wird beharrlich geschwiegen, denn die drei Männer folgen Hiob in dessen Schweigen, bis er heftig zu klagen beginnt. Dem Schweigen wohnt eine große Kraft inne, es ist vielleicht der *Weltanschauung* überlegen, im Sinne einer inneren *Weltanhörung*. Sie passt zu Hiob, denn er ist kein schuldgeknickter Unglückswurm, sondern ein zutiefst gläubiger und gerechter Gottesknecht, der sich vom Bösen fernhält, zugleich ein Herausforderer, der seine Kräfte sammelt und gedanklich gegen die Festung einer ihm angetragenen Schuld anrennt. Umso mächtiger entfalten sich die Reden, die diesem beharrlichen Schweigen folgen. Alles was sich im dröhnenden inneren Hallraum der Männer versammelt hat, bricht jetzt heraus, erst aus Hiob, danach reden Elifas, Bildad und Zofar.

Nie geboren worden zu sein, danach sehnt sich Hiob in seiner ersten Klage. Im Mutterschoß wollte er gestorben sein, dann hätte er im Grab seine Ruhe gefunden. Ein wenig klingt die wohlgeformte Rede wie eine poetische Tirade der Verzweiflung, die sich in Phantasmagorien ergeht und im Geheimen eine Selbsttröstung bereithält. Keine Paradieshoffnung ist im Wunsch nach dem Grab enthalten, nur Ruhe, endlich Ruhe.

Elifas zeigt sich zunächst würdevoll, besonnen, ein wenig professoral. In seiner zweiten Rede wird er zorniger und führt als Beispiel einen Tyrannen an, der sich brüstet wie ein fetter Wanst, bevor Gott ihn straft – ein ziemlich grässlicher Vergleich in Bezug auf den klapprigen, mit Wunden übersäten Hiob. Der trifft in seiner Antwort sofort den Punkt: »… was reizt dich, so zu reden?«[2]

Elifas' Hauptargument besagt: »Bedenke doch: Wo ist ein Unschuldiger umgekommen? Oder wo wurden die Gerechten je vertilgt? Wohl aber habe ich gesehen: Die da Frevel pflügten und Unheil säten, ernteten es auch ein.«[3] Das ist die klassische Theologenmär, die versucht, das Unglück des Menschen zu rechtfertigen. Sie ist nicht allzu weit entfernt von der Vox populi, die sich am Sturz eines Idols weidet, um es später, wenn Erde und Schmach es genügend lange bedeckt haben, wieder auf mythische Weise zu erhöhen. Doch zunächst verhält sich der Mann freundlich, neigt zu etwas blumigen Abschweifungen – heimlich, in der Nacht, scheinen Weisheiten in ihn gedrungen zu sein, die ihm die Haare zu Berge stehen ließen. Sein Fazit lautet: Der Mensch kann nicht gerecht sein vor Gott. Vor allem behauptet er, Hiob klage sinnlos, denn Gott werde ihm nicht antworten. Unangenehm an den Reden des Elifas ist, dass er Hiobs Schicksal kleinredet, indem er in ein allgemeines Unglücksschwadronieren gerät. Wer dieser Tage in Paderborn eine Krebsdiagnose erhält, dem ist nicht geholfen, wenn man ihn wortreich auf das Flüchtlingselend im Mittelmeer verweist.

Wir wollen aber nicht verschweigen, dass die erste Rede des Elifas schön ausklingt, wenn er Hiob verspricht, er werde über sein Verderben lachen und wie im Paradies Frieden mit den wilden Tieren, ja, sogar mit den Steinen schließen. Doch Hiob ist mit holdseligen Worten nicht beizukommen. Er leidet wirklich in seiner geschundenen Haut, ist kein geschlachteter und wiederauferstandener Mythenheld, beileibe kein Prometheus, dem das permanente Fressen an seiner Leber nicht allzu viel auszumachen scheint. Die Leidenskraft eines wirklichen Menschen ist begrenzt. Hiob sagt von sich selbst, seine Kraft sei nicht aus Stein und sein Fleisch nicht aus Erz. Bitterste Erfahrungen hat er hinter sich, mit Fug und

Recht könnte er seinen Gott verfluchen, dem er bisher treu angehangen hat. Was sich daraus entwickelt, ist eine der interessantesten Geschichten der Bibel überhaupt. Tief hat sie sich eingeprägt. Der jüdische Leidensmann lebt und lebt und lebt. Zwar schüttelt er nicht die Faust, aber seine kraftvolle Stimme gegen den unablässig in Gang gesetzten Tötungsreigen hören wir noch immer. Nicht umsonst ist auf ihn ein wahrer Schauer an Interpretationen und literarischen Bearbeitungen niedergegangen, die ihn immer wiederauferstehen lassen. In jüngerer Zeit etwa der fabelhafte Roman *American Pastoral* von Philip Roth, der das Hiobthema in die amerikanische Welt der sechziger Jahre, nach Newark, versetzt hat.[4] Es ist sinnlos, diesem Kaventsmann von einem Roman Konkurrenz machen zu wollen, indem man nun eine kleine Hiobgeschichte erfindet, die zwischen biblischer Verbürgtheit und eigener literarischer Zutat hin- und herdriftet. Halten wir uns also an die Geschichte selbst und an einige wesentliche Kommentare, die Hiob im Gepäck führt.

Bildad, der als Zweiter redet, ist sehr ungehalten, doch hält er in puncto Aggressivität ungefähr die Mitte zwischen den beiden anderen. Er pocht auf das absolute Recht Gottes, schwingt sich zu dessen Verteidiger auf und argumentiert gleichzeitig wie ein selbst- und geschichtsbewusster Staatsanwalt gegen Hiob, hält dessen Klage gegen die immerwährende Hoheitsbehörde im Himmel für absurd, indem er an ein triumphales Ende der göttlichen Gerechtigkeit glaubt. Zur Untermalung seiner Argumente ruft er poetische Bilder in den Zeugenstand: Da ist von Spinnweb die Rede, von verdorrtem Gras, von Steinhaufen, über die sich Wurzeln schlingen – alles Sinnbilder, die für eine gottlose Existenz stehen, der sich Hiob anscheinend verschrieben hat. Zudem wird die versammelte Erfahrung der Vorväter als Keule gegen Hiob in

Anschlag gebracht. *Sie* wussten noch darum, dass wir unsere Tage auf Erden im Schatten verbringen. Vorväter kommen als Zeugen immer dann ins Spiel, wenn demonstriert werden muss, wie blass die Weisheit der aktuellen Generation ist. Vorväter sind die Pfeiler der Zivilisation. Im Orient galten sie viel. Wenn mit ihren Augen auf die Gegenwart geschaut wird, schnurrt Hiobs Rede auf ein klägliches Restchen zusammen. Doch Hiob hält inmitten der Verzweiflung an Gott fest, auch wenn er nicht glauben kann, dass dieser seine Stimme hört. Auf tausend emporgesandte Fragen des Menschen nicht eine Antwort von Ihm! In Hiobs Replik auf Bildad ist Gott im Grunde der eigentliche Adressat, denn Er ist es, der die Truppen mit schwingenden Todesgeißeln gegen ihn hat losschlagen lassen.

Zofar ist von vornherein eine schroffere Natur. Gleich legt er los mit: »Müssen Männer zu deinem leeren Gerede schweigen, dass du spottest und niemand dich beschämt?«[5] Hiob antwortet ihm beherzt: »Dem Unglück gebührt Verachtung, so meint der Sichere; ein Stoß denen, deren Fuß schon wankt!«[6] Und etwas später sagt er: »Was ihr zu bedenken gebt, sind Sprüche aus Asche … Schweigt still und lasst mich reden; es komme über mich, was da will.«[7] Zofar weigert sich, das Leiden Hiobs ernst zu nehmen. Und er ist äußerst selbstgewiss. Sollte der unwahrscheinliche Fall eintreten, dass Gott sich zeigte, würden Hiob noch ganz andere Sünden vor Augen geführt werden – man darf hinzufügen, Sünden Hiobs, die bisher im Dunkeln geblieben sind. Unpassend ist auch der Rat, Hiob möge Zerknirschung an den Tag legen und sein Herz munter auf Gott richten, dann werde alles gut. Das klingt nach Tröstung eines Kindleins, wenn man über dessen schmerzendes Händchen hinwegbläst und in einem freundlichen Singsang behauptet: *Weh ade!* Wieder einmal regt sich die sattsam bekannte Erfahrung, dass ein gerechter Mensch unter lauter Selbstgerechten, die Gott für sich reklamieren, sehr allein sein kann.

Doch Hiob ist eine harte Nuss. Schroff stellt er klar, Gott schlage ihm viele Wunden ohne Grund, Er sättige ihn mit Bitternis. Gott hat Macht und Gewalt. Das ist unbestreitbar. Damit ist aber noch längst nicht gesagt, dass diese Gewalt gerecht ausgeübt wird. Es klingt nach Ironie, wenn Hiob Zofar rät, er solle sich beim Vieh, den Vögeln und den Fischen erkundigen, denn besser als das zudringliche Debattentrio wüssten die Tiere, wer sie gemacht habe. Der eigentliche Adressat seiner Rede bleibt jedoch Gott, den Hiob bittet, ein wenig Abstand zu wahren, damit der von Ihm ausgehende Schrecken weniger lähmend wirke. Diese Passage lässt sich mit der im Judentum verbreiteten Vorstellung des *Zimzum* in Verbindung bringen. Darin zieht Gott sich zurück, damit der Reigen der geschöpflichen Entstehung Raum greifen kann. Auch der Mensch hat teil an dieser Freiheit, und eine Bedingung dafür ist, dass Gottes Hand nicht unablässig auf seinen Schultern lastet. Die Wahrung des Abstandes würde auch zulassen, dass Hiob Gott besser erkennen kann. Umgekehrt gilt vielleicht auch: damit Gott Hiob besser erkennen kann und somit dessen Unschuld. Doch im Grunde geht es Hiob darum, dass Gott von ihm weicht, damit er endlich zur Ruhe kommen kann, im Totenreich einen Schlafplatz findet, bis Sein Zorn sich gelegt hat. Dann würde Hiob womöglich wiederaufleben, anders leben, worauf eine sympathische Phantasie ihn ergreift: »Du würdest meine Übertretung in ein Bündlein versiegeln und meine Schuld übertünchen.«[8]

Alle drei Freunde sind darauf erpicht, eine Schuldbohrung vorzunehmen. Doch Hiob hat die Kraft, seinen inneren Aufschrei in Sätze einzuschreinen, die wie in Stein gemeißelt wirken: *Der HERR hat's gegeben. Der HERR hat's genommen; der Name des HERRN sei gelobt!*[9] Das wird oft zitiert, dabei wird in aller Regel rein gar nichts gut. Der Schmerz bleibt. Dennoch funktioniert diese rituelle Satzbindung seit Jahrhunderten, es sind gesättigte Sätze, die man Gott zu Füßen legt, indem man sich unter Seinen Ratschluss beugt. *Mein Gott, mein Gott, warum hast du mich verlassen?* Frei nach Hans Urs von Balthasar bleibt am Ende der Schrei, ein durchdringender Laut, der kein Wort mehr ist. Den Schrei erreicht keine Auslegung mehr. Er sei das Ungeheure, das bleibe, nachdem alles Gemäßigte, Geheure, dem menschlichen Ohr Angepasste verklungen sei. Was in diesem Schrei nackt hervorbreche, müsse man in jedem bekleideten Wort mithören. Was jedoch die am Kreuz gesprochenen Worte anlangt, nimmt Jesus die Hiobklage wieder auf. In beiden Klagen wird die intime Beziehung zu Gott befestigt. Auch wenn der Grund gefährlich schwankt, auf dem diese Beziehung gegründet ist.

Der Rat der drei Männer um Hiob mag falsch sein, sie mögen sich über Hiob erheben, indem sie ihm suggerieren, er müsse selbst dafür verantwortlich sein, wenn Gott ihn so hart strafe – ganz und gar im Stich gelassen haben sie den verstörten Unglücksraben allerdings nicht. Zunächst sieht es jedenfalls so aus. Bei genauerem Hinschauen ändert sich das. Halten wir jedoch fest, dass sie sich auch von ihm hätten fernhalten und schadenfroh mit den Nachbarn über ihn tratschen können. Gut möglich, dass sie sich an seinem Unglück weiden, heimlich frohlocken und sich nun als Rechthaber aufführen. Wir kennen das. Nichts Schöneres, als über das Schicksal eines anderen scheinbesorgt und scheinmitleidig, mit blumigen Ausschmückungen im Schwatzgepäck, herzuziehen. Vergessen wir trotzdem nicht: Sie sind zu ihm gekommen und sitzen mit ihm in der Asche. Im Grunde sind diese eher falschen als echte Freunde Gemeinschaftsstabilisierer, die nach dem Grundsatz *was nicht sein kann, auch nicht sein darf* alles abweisen, was der Logik von Strafe und Schuld widerspricht. Sie beginnen mit tröstendem Zuspruch und gelangen in Windeseile zu persönlichen Bezichtigungen.

René Girard schreibt dazu treffend: »Wie die Geier, die sich in gebührendem Abstand vom künftigen Aas niedergelassen haben, überwachen sie dessen Agonie.«[10] Und dies ist nun eine definitiv andere Lesart als die von guten Freunden, die Hiob in seinem Leid beistehen. Ich würde das allerdings nicht so eindeutig bestimmen wollen, Freundschaft und eine Haltung, die sich dem Leidenden gleichzeitig überlegen dünkt, worin sich eine gut camouflierte Rachsucht verbirgt, können nebeneinander bestehen. Fast alle menschlichen Gefühle sind volatil. Mitgefühl und das Gegenteil davon haben in einer Seele Platz. Ein solcher Widerspruch muss dem Eigner der Doppelseele gar nicht zu Bewusstsein kommen. Nichts ist schöner, als von den Sünden anderer auf die eigene Unfehlbarkeit zu schließen und sich zugleich in der Benevolenz zu suhlen. Erst recht, wenn ein ungekrönter König, an Reichtum und Einfluss vielen Menschen überlegen, vom imponierenden Sockel gestürzt ist und nun schwärenbedeckt in der Asche hockt. Nichts leichter, als in dessen Schicksal das Walten der Hybris zu sehen, an deren Ende ein zuvor von Günstlingen umschwirrter Mensch als kläglicher Wurm Staub zu fressen bekommt. Anscheinend hat Gott nur darauf gewartet, Macht und Reichtum dieses Menschen in Ruhe zu mehren und ihn damit in Sicherheit zu wiegen, um ihn von größtmöglicher Fallhöhe abrupt herabzustürzen. Davon, dass sich in den Tagen des Glücks die Schar der Neider rasant vermehrt hat, deren Stunde nun gekommen ist, um sich an seinem Unglück zu weiden, davon hat der Gestürzte nichts mitbekommen.

Neu auf den Plan tritt nun Elihu als vierter Sprecher. In seinem Namen zittert die Bedeutung *er ist Gott* oder auch *er ist mein Gott*. Aber auch das Gegenteil davon klingt darin an, nämlich der *Fluch*. Man weiß nicht, woher der Mann gekommen ist, ob er bereits von Beginn an in der Runde saß oder später hinzutrat. Ist es womöglich Satan höchstpersönlich im Gewand eines frommen jungen Strebers, der mit frischer Kraft und mehreren Reden über Hiob herfällt? Sein wie aus dem Nichts emanierender Auftritt spricht ein wenig dafür. Zunächst zeigt er sich ehrerbietig, weil er den drei alten Männern den Vortritt gelassen hat, um mit Hiob zu rechten. Doch das täuscht: »Die Betagten sind nicht die Weisesten, und die Alten verstehen nicht, was das Rechte ist.«[11]

Das ist starker Tobak, Elihu hält sich für weiser als die Alten, was aus altorientalischer Sicht bereits ein Frevel ohnegleichen ist, doch er setzt noch eins drauf, denn er hält sich auch für gerechter als Gott. Ihm bricht die Bestrafungssucht aus sämtlichen Poren der Haut. Jung, kraftvoll, mit der geballten Ladung der Besserwisserei, schwingt der – stalinistisch gesprochen – erregte Pionier der Zukunft die Schuldgeißel mit frischer Energie, nachdem die drei ältlichen Freunde zuvor kläglich gescheitert sind. In ihm gärt der Zorn wie *zugestopfter Most, der die Schläuche zerreißt*.[12] Und er wartet mit einer Unterstellung auf, wenn er behauptet, Hiob habe sich selbst als rein und ohne Fehl bezeichnet. Es gibt jedoch auch andere Passagen in Elihus Rede, die kein im Zorn gesottenes Gericht servieren, sondern ein mildes Paradieskleid über das Tun und Lassen des Menschen werfen. Das klingt nach den wütigen Wallungen fast ein wenig süßlich, allerdings nicht teuflisch, und ist wieder einmal ein schönes Beispiel dafür, *wie* ambivalent die biblischen Texte sind, nicht dafür geschaffen, sich einen allzu einfachen Reim darauf zu machen.

Doch es bleibt festzuhalten, dass die sich auf Erziehungs-
maßnahmen Gottes berufende Rede Elihus den Opfermecha-
nismus nicht in Gang setzen kann. Hiob reagiert nicht einmal.
Und er bereut nicht. Damit zerlöst sich das aufgetummelte
Geschwätz Elihus, Zorn her, Paradies hin, in einem unerheb-
lichen Nirgendwo. Schweigen tritt ein. Alles ist gesagt. Elihu
nimmt eine Sonderrolle ein, Gott antwortet ihm nicht, so wenig, wie Hiob es tut. Vielleicht will Er den Streit mit Seinem
ewigen Widersacher hier nicht austragen. Doch es ist ebenso gut möglich: Elihu ist bloß ein Mensch, ein unbedeuten-
der zumal, nicht wert, dass Gott sich eigens mit ihm befassen
müsste.

Zwei sehr verschiedene Wahrheiten sind im Abtausch von
Reden und Antworten zum Tragen gekommen – eine ideo-
logisierende Scheinwahrheit, die auf eigensüchtigem Kalkül
beruht, und eine Wahrheit, die nichts als Wahrheit ist, nackt,
grell, empört, aus zugespitzter Lage emporgeklagt in schwindelerregende Höhe. Und alles treibt auf die Apotheose zu: die
Rede Gottes. Eine Replik auf alles, was zur Debatte stand.
Oder vielleicht doch nur, wie ein Spötter insgeheim vermer-
ken könnte – viel Lärm um nichts? Von hoch oben, in einer
sich bauschenden Sprachturbulenz, die vom Ärger zeugt
und trotz ihres poetischen Gefunkels wie ein rhetorischer
Schlachthieb auf Hiob niederfährt, erfolgt eine Antwort, die
ihn erhöht und zugleich in die Schranken weist. Gott hat sich
zu einer ungeheuerlichen Machtdemonstration hinreißen lassen. Durch Hiobs unerschütterlichen Glauben wird Er auf
die Erde herabgezwungen und zu einer Erklärung genötigt.
Da treffen sich zwei Gegenspieler auf höchstem Niveau – der
aschebestäubte Mensch und der herausgeforderte Gott, der
durch die Leidenskraft des Hiob herabfahren muss, um Sein
Wirken zu demonstrieren.

Das Bemerkenswerte an dieser Geschichte ist, dass Gott überhaupt antwortet, noch dazu in derartiger Opulenz. Bisher kennen wir Ihn nur als Handelnden und äußerst kargen Sprecher oder als einen, dessen Schweigen einen unermesslichen Hallraum im Kopf des Menschen eröffnet. Er antwortet Hiob, aber nicht dem Lautsprecher Elihu, der dadurch auf die Größe einer Erbse schrumpft. Gottes bisheriges Auftreten in der Bibel geschah inmitten einer aufgetummelten Natur, dem Sturm, dem Blitz, der Verheerung. Doch über dem Aschehaufen herrscht Ruhe, ein blauer Himmel spannt sich darüber. Und Er beginnt mit einer Phrase, die einen ironischen Beiklang hat, denn Er fordert Hiob dazu auf, Ihn zu belehren. Das ist natürlich nicht ernst gemeint, denn Gott gibt sich als Architekt der Welt zu erkennen, der für den splendiden Beginn von allem und jedem verantwortlich ist. Indem Er die Genesis wiederholt und zugleich das Wissen für sich reklamiert, wie der fertige Bau, in dem Seine Geschöpfe hausen, einst aussehen wird, besiegelt Er Seine Macht. Eine Macht, die im Glanzgefunkel des Jubels erstrahlt, denn die Morgensterne, die aus der nebligen Trübsal der Nacht auftauchen, bejauchzen gemeinsam mit den Engeln den aufziehenden Tag. Gott lässt die Natur entstehen und weist sie zugleich in die Schranken, indem Er das Meer einhegt, den Schnee fallen lässt, aber auch den Platzregen. Im Geheimnisduster regt sich das Zweifelhafte, im Licht zeigt sich das Schöne. Er kümmert sich um das Dunkel wie um das Licht, um das ganz Große wie um das Kleine.

Er spricht zu Hiob, denn der leidende Mann hat Ihn ja zum Sprechen verlockt. Was wiederum beweist, dass Er den einzelnen Menschen für wert hält. Gott herrscht über die Natur und über die Wesen, die Er hervorgebracht hat, herrscht über deren Entwicklung, begnügt sich nicht mit der Ingangsetzung der Schöpfung, sondern bemeistert auch deren Geschichte. Die Erschaffung von Himmel und Erde, die großen Ungeheuer, die Bezwingungsgewalt Gottes über sie, all das wird in einer glanzvollen Prunkrede aufgerufen, die sich über der Tragödie bläht. Das klingt fast so, als müsse Er Seine Größe beweisen. Er ist in jedem Fall Urheber der Schöpfung, birgt Sein Wesen in ihr und wird in ihr offenbar. Damit werden alle Naturkundler, die Land und Meer, Himmel und Sterne, Pflanzen, Tiere, das Gestein und die verschiedenen Völker der Erde beobachten, dazu aufgefordert, aus ihrer Anschauung Rückschlüsse auf Sein Wesen zu ziehen.

Und daraus folgt, dass Gott die verschiedensten Wesen existieren und ein jedes von ihnen das Seine tun lässt. Will heißen, die Wespen dürfen stechen, der Löwe darf einen Menschen zerreißen (wofern es sich nicht um einen vorbildlich gezähmten Heiligenbegleiter handelt), Gottesanbeterinnen dürfen nach der Vereinigung ihre Männchen verspeisen, die Rindviecher Gräser rupfen, der Falke Mäuse in seinen Fängen davontragen und sie seiner Brut verfüttern. Auch Leviathan und Behemoth werden nicht daran gehindert, ihrer gefährlichen Natur zu folgen, wenn auch in einem Maß, das Gott ihnen setzt. Es geht darum, dass jedem Geschöpf seine natürliche Substanz und Veranlagung zuerkannt werden, auch wenn sich diese Substanzen untereinander nicht vertragen, der paradiesische Frieden damit ausgesetzt ist. Gott will aber nicht nur prunken, denn Er stellt sich auf die Seite Hiobs, ganz und gar. Er ermuntert ihn, seinen Zorn auszuschütten, und erlaubt ihm, die Hochmütigen zu demütigen. Der kleine Mensch behält recht, indem er klagt, und wird dadurch keinesfalls erniedrigt. Im Grunde will Gott Hiob in seinem Mut bestärken, und damit zeigt Er, wie sehr Er diesen außerordentlichen Menschen liebt.

Die Geschichte hat einen scharfen beispielgebenden Charakter. Hiob wird erhöht, die Freunde werden in die Schranken gewiesen. Hiob erhält eine neue Familie und wird durch den abermalig sich mehrenden Reichtum entlohnt. Mit allzu modernen Interpretationen, die auf heutigem Familienfeld gewachsen sind, sollte man sich allerdings zurückhalten. Natürlich ist es für uns nicht mehr verständlich, dass man den Verlust von Kindern einfach durch neue ersetzen kann, als wäre nichts geschehen. Aber das ist ein zu vernachlässigender Nebenaspekt. In der Bibel wird nicht ausufernd psychologisiert. Das wesentliche Drama spielt sich in knappen Sätzen ab, die oftmals wie Schwerthiebe niedergehen, um das innere Mark einer Geschichte zu schützen. Diesbezüglich bildet das Buch Hiob jedoch eine einzigartige Ausnahme. Das Verderben Hiobs und seine nachmalige Erhöhung werden in bibelüblicher Knappform ausgefolgt. Die Reden der Freunde sind hingegen ziemlich lang, die Antworten Hiobs ebenfalls, das wogt her und wieder hin und soll die Haltung Hiobs erschüttern, der sich jedoch tapfer und wortreich zur Wehr setzt.

Gott allein besitzt die Macht, weil Er das Maß setzt. In der Aufzählung der entsprechenden Einheiten ist der Mensch allerdings nicht enthalten, erst recht findet sich darin keine Vorgabe für das Erfassen des Gerechtseins Gottes. Das Besondere des Menschen wird betont. Er steht damit viel unmittelbarer in der Hut Seiner Gerechtigkeit, auch wenn diese zutiefst rätselhaft bleibt. Falls es tatsächlich zum Dialog mit Gott kommt, wie es in Hiob der Fall ist, kann der sich allerdings nicht als trauliches Gespräch zwischen zwei Gleichen entspinnen, denn bei Gott allein ist das Recht oder vielmehr die Macht über dem Recht. (Was nicht bedeutet, dass man Ihm nicht widersprechen und etwas abhandeln könnte, wofür es in der jüdischen Bibel reichlich Belege gibt.) Zwar zeigt sich Hiob Gott gegenüber bescheiden, aber der Klageteppich, den er vor Ihm ausrollt, enthält durchaus spitzige Vorwürfe. Sie sind stark genug, um die Gott anbehauptete Gerechtigkeit zu durchlöchern. Zweifel kommen auf, ob es sich bei der Strafe, die Hiob erleidet, um einen Akt der Gerechtigkeit handelt oder um blinde Gewalt.

Gott erscheint in einer Sturmwolke, entfaltet aus der Unsichtbarkeit des himmlischen Seins, einstrahlend aus der Ewigkeit in die Vergänglichkeit, umwittert von möglichen Strafgerichten, umhüllt von Seiner Macht. Er gibt sich keineswegs damit zufrieden, als geistblitzendes Fünkchen aus dem All ein wenig zu irrlichtern. Da am Schluss von Hiobs Rede bekannt wird, dass er Gott zu sehen vermag, muss Er in sehr persönlicher Weise in Erscheinung getreten sein, mit zumindest schemenhaft entborgenem Antlitz. Hiob hat an die Verborgenheit Gottes geglaubt und war an ihr verzweifelt, allerdings nicht so sehr, dass er deshalb an der Ihm allein zustehenden Macht gerüttelt hätte. Durch das erlittene Unrecht hat sich Gott für ihn nicht in einen Satan verwandelt. Aus der Behaglichkeit eines reichen Mannes mit frommer Gewissheit gerissen, hält er trotzdem an Gott fest, auch wenn er lauthals protestiert. Ein bedeutsamer Vorgang! Die Geschichte des Hiob steckt voller Ambivalenzen, die es in sich haben. Denn das Herabsteigen Gottes in die Sichtbarkeit bedeutet Kontakt mit der Endlichkeit, während Hiob eine Lüpfung erfährt, die ihn dem Unendlichen nahebringt. Aug in Aug wird hier verhandelt. Ein Kleiner wird groß, ein Großer stuft sich herab.

Gott singt in beiden Antworten, die er Hiob gibt, das Hohelied der von Ihm geschaffenen Natur, indem er fragt und fragt und fragt, rein rhetorisch fragt, ob Hiob dies könne oder jenes, worauf sich eine Antwort erübrigt, denn Hiob hat weder den Fittich der Straußin noch die Schwinge des Storchs oder des Falken gemacht. Auch der Adler fliegt gewiss nicht auf Hiobs Befehl, um sein Nest in der Höhe zu bauen. Weder die Buntheit der Morgenröte hat Hiob gemacht, noch ist er der Urheber des Schnees oder des Hagels. Auch kann er keine Blitze aussenden oder die Krüge des Himmels ausschütten, »… wenn der Erdboden hart wird, als sei er gegossen, und die Schollen fest aneinanderkleben«.[13] Natürlich kann Hiob auch nicht mit dem Leviathan wie mit einem Vogel spielen. Weder er noch Behemoth sind in seiner Gewalt.

In der bisweilen etwas ins Blumige schießenden Übersetzung von Martin Buber und Franz Rosenzweig lautet ein Abschnitt über den Leviathan (der bei ihnen mit *Lindwurm* übersetzt wird) so:

»Sein Niesen strahlt Licht aus,
seine Augen sind wie Wimpern des Frührots,
aus dem Maul fahren ihm Fackeln,
Feuerfunken sprühen hervor,
aus seinen Nüstern zieht Rauch …
sein Atem entzündet Kohlen,
Lohe zieht ihm aus dem Maul.
Auf seinem Nacken nächtigt die Macht,
vor ihm her schlottert das Verzagen davon.
Die Wampen seines Fleisches haften,
das ist ihm angegossen, ohne Wanken,
festgegossen ist das Herz ihm, dem Klumpen gleich,
wie der untere Mühlstein fest.
Die Starken erschauern vor seinem Auffahren,
vor Zerschlagenheit rücken sie hinweg.
Erreicht einer mit dem Schwert ihn, ohne Standhalten ists.
Wurfspeer – ein Abschütteln, ein Pfeil auch,
das Eisen achtet für Häcksel er,

für morschendes Holz das Erz,
der Sohn des Bogens bringt ihn nicht zum Fliehn,
zu Halmen wandeln Schleudersteine sich ihm,
Halmen gleich sind ihm Knüttel geachtet,
er verlacht das Klirren des Speers.«[14]

Die sich himmelhoch türmende Überbietungsrhetorik preist die Natur, und Er preist sich selbst als deren alleinigen Urheber. Gott lässt den Geschöpfen und Naturphänomenen die Zügel schießen oder bändigt ihre Gewalt, wann und wo und wie Er will. Hiob kann vor einer solchen Demonstration nur kleinlaut kapitulieren und in Staub und Asche bereuen. Die funkelnde Rede wirkt auch wie eine Rede aus Zorn, Zorn darüber, dass Gott so wenig zugetraut wird und Er sich deshalb herausgefordert fühlt, sich machtvoll in Szene zu setzen. Das schillernde Naturgepränge darf aber nicht darüber hinwegtäuschen, dass hier eine Kardinalfrage lauert: Ist Gott gerecht? Ist Seine Gerechtigkeit spürbar? Ist erkennbar, nach welchem Maß Er misst? Kann, darf, soll sich der Mensch ein Bild machen von dieser Gerechtigkeit, darf er über sie spekulieren und auf sie vertrauen um der eigenen Tröstung willen? Nun, am Ende wird für Hiob alles wieder gut, er bekommt Tausende von Schafen, Kamelen, Rindern und Eselinnen. Mit einer neuen Frau zeugt er sieben Söhne und drei Töchter, die hübsche Namen tragen. In der Übersetzung von Martin Buber und Franz Rosenzweig heißen sie *Täubchen*, *Zimtblüte* und *Schminkhörnlein*.[15] Natürlich sind Hiob noch viele Jahrzehnte gegönnt, er stirbt seinen Buchstabentod über den wunderbaren Schlussworten *alt und lebenssatt*.[16] Und Gott sinkt unmerklich wieder dahin, woher Er unbegreiflicherweise gekommen.

Mit Hiobs Tod und Gottes Verschwinden stirbt aber nicht die drangvolle Frage nach der Gerechtigkeit. Gibt es Gott noch und damit eine Gerechtigkeit, die sich glanzvoll und tröstend über das Leiden der Kreatur ausspannt? Steht Ihm das Treiben Seines interessantesten Geschöpfs noch vor Augen? Kümmert Ihn überhaupt, wie es den Menschen ergeht? Zweifellos ist der Mensch dazu da, die Wahrheit im Leben zu suchen. Was aber, wenn das Leben nur noch das blanke Entsetzen bereithält und sonst nichts? Kann Gott, verborgen oder entborgen, da noch irgend im Spiel sein?

Im Koran nimmt sich die Geschichte Hiobs harmloser aus. Die aufrührerische Frage nach Gottes Gerechtigkeit wird längst nicht in der Schärfe gestellt und in Disputen aufgerufen wie in der jüdischen Bibel. Die betreffenden Verse des Korans mögen schöner klingen als die ungleich längeren Passagen auf Hebräisch oder Deutsch. Aber ist Schönheit im Gewand der Harmlosigkeit wirklich ein Vorzug?

Ein außerordentlicher Dichter und frommer Mann hat dies verneint. Jizchak Katzenelson hatte jedes Recht dazu. Wer als Atheist in schreiende Not gerät, die Menschen ihm bereitet haben, kann sich an keine höhere Instanz wenden. Er kann nur das grausame Schicksal verfluchen, kann die Menschen verfluchen, die an seiner Qual Schuld tragen. Bei einem zutiefst religiösen Menschen stellt sich die Lage anders dar. Für ihn gibt es eine höhere Instanz, über ihn waltet das Schicksal nicht blind, auch wenn es ihm schwerfällt, es zu verstehen. In seiner Not hofft er dennoch auf Rettung. Wenn Gott aber kein einziges Zeichen sendet angesichts der millionenfachen Tode eines ganzen Volkes, steht alles in Frage. In seinem *Dos Lid funm ojsgehargetn jidischn folk*, übersetzt von Hermann Adler als *Das Lied vom letzten Juden*, rechnet Katzenelson ab.

Er wurde 1886 in Korelitz in Weißrussland geboren, war später der Leiter des hebräischen Gymnasiums in Lodz, lebte mit seiner Frau Chanah und drei Söhnen bis zum Anbruch

des Zweiten Weltkrieges dort. Verhängnisvollerweise floh er
mit der Familie nach Warschau. Zuvor hatte sich Katzenelson
als ostjüdischer Dramatiker und Dichter bereits einen Namen
gemacht. Mit einem seiner Söhne geriet er von Oktober 1943
bis Januar 1944 ins Konzentrationslager Vittel. Dort schrieb
er sein Gedicht in fünfzehn Gesängen und vergrub es in Fla-
schen. Dann wurden Vater und Sohn nach Auschwitz depor-
tiert und dort im Mai 1944 vergast. Katzenelsons Frau und
die anderen beiden Söhne waren bereits vorher getötet worden, wovon er wusste, als er sein großes Poem schrieb. Es gehört zur stärksten Schleudermasse gegen Gewalt, gegen Gott,
gegen den ungerührten Himmel, die je geschrieben wurde.
Die biblische Geschichte Hiobs nimmt sich dagegen harmlos
aus. Die Details aus Not, Wut, Elend, Verzweiflung im Ghet-
to und in den Viehwaggons können hier nicht zitiert werden.
Insgesamt ist das eine Anklage gegen Gott, der ungerührt ver-
harrt. Ungleich stärker klingen Entsetzen und Empörung im
jiddischen Original.

»Schrei nicht
    zum Himmel, wie die Erde hört er dich. Wie nasser Dreck.
Schrei nicht
    zur Sonne. Wenn ich es vermöchte, ich verlöschte sie,
Als wäre sie
    nur eine Lampe von Verbrechern im Versteck.
Mein Volk,
    so hell, wie du mir strahltest, strahlte Gottes Sonne nie. ...

Nicht einer blieb verschont, war das
    gerecht, ihr Himmel? Sagt, und wenn gerecht, für wen?
Für wen? Für uns? Gesteht: Wofür?
    Wir schämen uns für euch. Und für die Schuld der Welt.

Taub war die Erde. Stumm. Sie schloß
  die Augen. Doch ihr Himmel. Hell seid ihr. Und schön.
Von eurer Höhe aus habt ihr
  herabgeblickt – Geblickt! Und nicht seid ihr zerschellt.

Und euer Blau, das schäbige,
  blieb unbewölkt. Voll Falschheit strahlte euer Blau.
Und unsre rote Sonne? Wie
  geruhsam zog die rote Sonne Kreis nach Kreis.
Nachts lächelte der alte Mond,
  verhurt, verhurt wie eine sündenkranke Frau.
Wie Rattenaugen blickten Sterne; und
  beschmutzt schien alles himmlische Geschmeiß. ...

Kein Gott, ihr Himmel, lebt in euch.
  Die Tore auf, ihr Himmel – Himmel, auf, auf, auf!
Die Kinder meines ausgerotteten,
  zerquälten Volkes kommen. Hört den Spott
Der Welt: Welch große Himmelfahrt!
  Ein ganzes Volk, gekreuzigt, fährt zu euch hinauf.
Und Christus gleicht ein jedes Kind;
  denn jedes hat gelitten wie ein Christengott.

Ihr Himmel, wüste, von
  der Liebe ungefüllte Himmel, heilige voll Lug,
Ich habe meinen Gott, den Einzigen,
  in euch verloren. Christen brauchen: Drei.
Drei Gottgestalten: Denn:
  Ein Jude, der am Kreuz sie heilt, ist ihnen nicht genug.
Uns alle kreuzigen sie für
  euch, Himmel – Oh, gemeine Götterdienerei! ...

Warum? Nicht frage du. Und niemand frage dich.
  Denn: schuldig ist der schlechteste und auch der beste
                                            Christ.
Der schlechteste der Christen hilft dem Deutschen
                                            morden, und
  der beste zwinkert, schläfrig, mit dem Augenlid.
Nein, nein – Nicht Rechenschaft verlangen wird die Welt.
  Und nicht den Mörder suchen. Und der Mörder? Er
                                            vergißt.
Wie billig ist doch unser Blut! Nie seinen Richter
  finden wird der Schuldige. Gott selber bebt. Und flieht. ...

Für immer schweigen sie, gleich Jeremia
  und Jesaja und Jecheskel im vergilbten Bibelblatt,
Als bleibende Gestalten göttlicher
  Gesichte, farbenreiche Bildnisse in Gottes Märchenbuch.

Das Wort des Heils, das Gottes Hand geschrieben hat,
  liegt bei den Toten meines Volkes, die verschollen sind.
Leer sind die Klausen frommer Wissenschaft,
  die Gotteshäuser, wo der Thora Mahnruf tönte, sind
                                            verwaist.
Die Augen unserer Gelehrter, die
  aus großen Köpfen über alten Büchern leuchteten, sind
                                            blind.
Und eines Alten Volkes Weisheit lebt nicht mehr,
  und mit dem Alten Volk wich seines alten Gottes Geist.«[17]

1 Franz Rosenzweig, Der Stern der Erlösung, Frankfurt am Main 1988, S. 296.
2 Lutherbibel, revidiert 2017, Stuttgart 2016, Hiob 16,3.
3 Ebenda, Hiob 4,7-8.
4 Philip Roth, American Pastoral (dt. Amerikanisches Idyll), übersetzt von Werner Schmitz, München und Wien 1998.
5 Lutherbibel, Hiob 11,3.
6 Ebenda, Hiob 12,5.
7 Ebenda, Hiob 13,12-13.
8 Ebenda, Hiob 14,17.
9 Ebenda, Hiob 1,21.
10 René Girard, Hiob. Ein Weg aus der Gewalt, Düsseldorf 1999, S. 105.
11 Lutherbibel, Hiob 32,9.
12 Vgl. ebenda, Hiob 32,19.
13 Ebenda, Hiob 38,38.
14 Die Schrift, verdeutscht von Martin Buber gemeinsam mit Franz Rosenzweig, Band 4, Heidelberg 1986, Hiob 41,10-22.
15 Ebenda, Hiob 42,14.
16 Lutherbibel, Hiob 42,17.
17 Jizchak Katzenelson, Dos Lid funm ojsgehargetn jidischn folk, Das Lied vom letzten Juden, übersetzt von Hermann Adler, Zürich 1951, Berlin 1992, S. 21, S. 97, S. 103, S. 157, S. 161.

Sehr hilfreich war ein Gespräch, das Josy Eisenberg und Elie Wiesel 1985 im französischen Fernsehen miteinander geführt haben. Abgedruckt in: Job ou Dieu dans la Tempête, Paris 1986. Den Hinweis verdanke ich Dorothee von Tippelskirch-Eissing.

Ayyûb

Ayyûb (Hiob) ist möglicherweise der Prophet, mit dessen Geschichte sich der Islam am ausführlichsten befasste. Zahlreiche Erzählungen ranken sich um ihn, um seine Abstammung, seinen Reichtum und das, was ihm widerfuhr. Im Koran selbst kommt er allerdings nur viermal vor, zweimal ist allein von ihm die Rede, nämlich in Sure 21:

»Und Hiob [Ayyûb]. Damals, als er zu seinem Herrn rief:
›Siehe, mich erfasste Unglück,
du aber bist der barmherzigste Erbarmer!‹
Da erhörten wir ihn und nahmen, was an Unglück an ihm
war, von ihm
und gaben ihm seine Familie zurück, und mit ihr noch
einmal so viel,
aus Barmherzigkeit von uns und als Mahnung für die
Dienenden« (Sure 21,83-84),

und in Sure 38:

»Siehe, er ist nahe bei uns und hat eine schöne Heimkehr.
Gedenke unseres Knechtes Hiob [Ayyûb]! Damals, als er
zu seinem Herrn rief:
›Satan hat mich mit Übel und mit Pein geschlagen.‹
›Stampf auf mit deinem Fuß!
Das hier ist ein kühler Badeplatz – und ein Getränk.‹
Wir schenkten ihm seine Angehörigen wieder
und mit ihnen noch einmal so viel aus Barmherzigkeit von
uns
und als Mahnung für die Einsichtsvollen.
›Nimm in deine Hand ein Bündel, dann schlag damit,

und sei nicht eidbrüchig!‹

Wir fanden, dass er geduldig war. Was für ein guter
Knecht!

Siehe, er war bereit zur Buße.« (Sure 38,40-44)

Darüber hinaus führt der Koran seinen Namen ausschließlich
in Verbindung mit den Propheten Dawûd und Sulaimân an:

»… und aus seiner Nachkommenschaft:

David [Dawûd], Salomo [Sulaimân], Hiob [Ayyûb] …«
(Sure 6,84),

und in einer Aufzählung von insgesamt elf Propheten
(Sure 4,163).

Bemerkenswert ist, dass von sämtlichen Propheten im Koran
nur über Dawûd, Sulaimân und Ayyûb gesagt wird, sie seien
»bereit zur Buße« gewesen:

»… Und denke an unseren kraftvollen Knecht David
[Dawûd].

Siehe, er war bereit zur Buße.« (Sure 38,17),

»Wir schenkten David [Dawûd] Salomo [Sulaimân]. Welch
guter Knecht!

Siehe, er war bereit zur Buße.« (Sure 38,30),

»… Wir fanden, dass er [Ayyûb] geduldig war. Was für ein
guter Knecht!

Siehe, er war bereit zur Buße.« (Sure 38,44)

Ayyûb ist der geduldige Prophet, seine Geduld ist sprichwörtlich in der arabischen Sprache: »O Geduld Ayyûbs!«,
sagt man. Die breite Legendenbildung um seine Person ist
jedoch nur zu verstehen, wenn man einen Vergleich anstellt
zwischen den spärlichen Informationen, die der Koran über
ihn bereithält, und seiner detailliert dargebotenen Geschichte
im Buch Hiob im Alten Testament. Denn mögen die verschiedenen Konfessionen und Schulen von Juden und Christen
auch uneins sein, inwieweit die Verfasser dieses Buches von

Gott inspiriert waren, bezogen auf Ayyûb bleibt es doch die Hauptquelle aller Gläubigen, ungeachtet, welcher Konfession, Nationalität oder Rechtsschule sie angehören. Auch wenn die verschiedenen Erzählungen in Einzelheiten voneinander abweichen, bleiben sie doch stets Varianten der Geschichte aus dem Alten Testament, wie sie die gesamte Menschheit kennt.

Wer das Buch Hiob liest, wird einem sehr reichen, frommen Mann begegnen, der bald von einer schweren Krankheit heimgesucht wird und sowohl seinen Besitz als auch seine Familie verliert. Auch die beiden Suren, die auf Ayyûbs Geschichte eingehen, erzählen davon. Doch mehr als diese knappen Einzelheiten berichtet der Koran nicht über ihn, er begnügt sich mit dem Idealbild des geduldigen Propheten, der bei seinem Herrn, Gott dem Erhabenen, Zuflucht sucht und ihn um Erbarmen anfleht.

Für einen zur Buße bereiten Mann gibt es in der arabischen Sprache sieben Beschreibungen: Er ist der Mitleidige, Lobpreisende, Reuige, der sündigt und dann bereut, um anschließend erneut zu sündigen und wieder zu bereuen, der Gehorsame, der sich in der Einsamkeit seiner Sünde erinnert und seinen Herrn dafür um Verzeihung bittet, der Umkehrwillige, der zu Reue und Gehorsam zurückfindet, der Bußfertige und derjenige, der immer wieder zu seinem Herrn zurückkehrt, sich seinen Befehlen fügt und seine Verbote beachtet.

Möglicherweise wollte der Koran, da es in der Geschichte von Ayyûb um den Wert der Geduld geht, auf die Wechselbeziehung zwischen ihm und dem Propheten Sulaimân hinweisen. Denn wenn von einem Mann wie Ayyûb, den Armut, Krankheit und Unglück heimsuchen, Geduld erwartet wird, kann doch von jemandem, den Reichtum, Gesundheit, Ruhm und Macht auf die Probe stellen, erst recht verlangt werden, weise und gerecht zu sein. Sulaimâns Macht ist sprichwörtlich

geworden, ihm wurden die Winde dienstbar gemacht, die rebellischen Dschinne und Heere, gegen die niemand etwas aus-
richten konnte – und selbst zu geben oder zu verweigern, war
ihm freie Hand gelassen:

»Das ist unsere Gabe.

So schenke du nun, oder halte dich zurück,

ohne darüber abzurechnen.« (Sure 38,39)

Ayyûb hingegen wird uns beschrieben als ein Mann, der von
Unglück erfasst wird (Sure 21,83) und sich angesichts seiner
Not geduldig erweist, ohne dass im Koran jedoch ein Hinweis
auf die Art des Übels zu finden wäre, das ihn heimsuchte. War
es eine Krankheit, erlitt er Unrecht oder Unterdrückung? Wie
oft wir auch die Koranverse über Ayyûb daraufhin durch-
forsten, wir kommen zu keinem befriedigenden Ergebnis,
weder was sein körperliches Gebrechen noch was den Verlust seines Besitzes und seiner Kinder betrifft. Erst recht gilt
dies für seinen angeblichen Schwur vor Gott, im Falle seiner
Heilung seine Frau zu bestrafen. In dem betreffenden Koranvers (Sure 38,44) steht nichts darüber. Das legt nahe, dass die
im Koran nur angedeutete Geschichte dem Publikum geläu-
fig war, so wie ein Autor im antiken Griechenland vorausset-
zen konnte, dass die Zuschauer den gefesselten Prometheus
auf der Bühne auch, ohne seinen Namen zu nennen, erkann-
ten und um sein Vergehen, für das er bestraft wurde, wussten.
Doch im Gegensatz zum griechischen Drama, das eine vorübergehende kathartische Funktion hatte, nahm der Koran
ganze Königreiche, Staaten und Gesellschaften für sich ein,
und sie alle begannen, die Geschichte ihren Interessen entsprechend zu deuten. Wie jeder andere religiöse Text lässt der
Koran dies zu, er zeigt sich geschmeidig, vielleicht bei der Geschichte von Ayyûb noch mehr als anderswo, weil er sich hier
auf so wenige Informationen beschränkt.

Seit der Historiker Ibn Kathîr die wenigen Koranverse über Ayyûb interpretiert und alle mündlichen und schriftlichen Quellen zu den Aussagen geprüft hat, die Muhammad oder glaubwürdige Erzähler im Laufe der Geschichte über den Propheten getroffen haben, erzählen die Muslime seine Variante der Geschichte weiter und betonen dabei genau die Aspekte der Legende, von denen sie besonders überzeugt oder die ihnen besonders lieb sind. Manche führen beispielsweise Ayyûbs Abstammung auf Lût zurück. Sie sagen, Ayyûb sei ein Enkel des Propheten, Sohn seiner Tochter gewesen, und stützen sich dabei auf die Aussage Ibn Asâkirs, eines großen Gelehrten und Korankenners, der im zwölften Jahrhundert in Damaskus lebte. Dies würde bedeuten, dass Ayyûbs Mutter eine der beiden Schwestern war, die dem Alten Testament zufolge abwechselnd Geschlechtsverkehr mit ihrem Vater hatten. Kurz: Ayyûb wäre zugleich Lûts Sohn. Wenn sich die Erzähler uneinig sind (und das sind sie immer, nicht nur in der Frage der Abstammung), sagen sie schlicht, er gehöre zu Ibrahîms Nachkommenschaft, und auch was sein religiöses Bekenntnis betrifft, reihen sie ihn unter dessen Anhänger ein. Ibrahîm ist immer für eine Lösung gut.

Auffällig ist allerdings, dass die Leute, wenn sie sich auf Ibn Kathîrs Erzählung berufen, als handele es sich dabei um eine offizielle Überlieferung aus dem Koran, gar nicht reflektieren, dass sie in Wirklichkeit auf dem Buch Hiob im Alten Testament beruht. Fragte man heute irgendeinen Muslim nach Ayyûbs Geschichte, würde er sie folgendermaßen erzählen: Ayyûb war ein Mann von großem Besitz in jeder Hinsicht und von jeglicher Art, reich an Weidetieren, Sklaven, Vieh und an Ländereien, die sich vom Hauran aus über Batanea zogen. All dies gehörte ihm, und er hatte viele Kinder und Angehörige. Doch all dessen wurde er beraubt, und verschiedene

Heimsuchungen befielen seinen Körper, so dass ihm kein heiles Glied mehr blieb als sein Herz und seine Zunge, mit denen er Gottes des Allmächtigen gedachte. Bei alldem jedoch war er geduldig und verdienstvoll und gedachte Gottes Tag und Nacht, morgens wie abends. Seine Krankheit währte, bis den Freunden vor ihm graute, auch Vertraute Abstand hielten – und ihn schließlich vertrieben. Man warf ihn außerhalb des Ortes auf einen Misthaufen, und die Menschen hielten sich von ihm fern. Niemand war ihm geblieben, der Mitleid mit ihm gehabt hätte, außer seiner Frau. Sie sorgte für ihn, erinnerte sich des Guten, das er ihr getan, und seiner Zuneigung zu ihr. Immer wieder ging sie zu ihm, half ihm, unterstützte ihn dabei, sein Bedürfnis zu verrichten, und trat für ihn ein. Doch ihre Lage verschlechterte sich, und was sie hatte, wurde weniger, bis sie für Lohn bei den Leuten diente, um ihren Mann zu ernähren und am Leben zu erhalten. Gott aber fand Wohlgefallen an ihr und schenkte ihr Zufriedenheit, denn sie war geduldig mit Ayyûb angesichts des Verlustes an Besitz und Kindern, der ihnen beiden widerfahren war, all dessen, was auch sie vom Unglück ihres Ehemannes getroffen hatte, der dürftigen Verhältnisse, des Dienstes bei den Leuten, nachdem sie zuvor Glück, Wohlstand, Bedienung und Respekt genossen hatte.

Über die Art der Krankheit sagen die Leute, Ayyûb sei der Erste gewesen, der an den Pocken litt. Über die Dauer seiner Prüfung berichten sie Uneinheitliches. Einige behaupten, er sei drei Jahre lang, nicht mehr und nicht weniger, heimgesucht worden. Andere sprechen von sieben Jahren und mehreren Monaten, und er sei auf den Misthaufen der Kinder Israel geworfen worden und habe verschiedenes Ungeziefer am Körper gehabt, bis Gott ihm Erleichterung verschafft, ihn reich belohnt und ihm große Anerkennung erwiesen habe. Wieder andere sagen, er sei der Heimsuchung achtzehn Jahre lang ausgesetzt gewesen, das Fleisch sei von ihm abgefallen, bis nur noch Knochen und Nerven übrig waren, und seine Frau sei mit Asche gekommen, um sie unter ihm auszubreiten. Als es ihr aber zu lange gedauert habe, habe sie gesagt: »Wenn du zu deinem Herrn betetest, Ayyûb, würde er dir Erleichterung verschaffen«, und er habe geantwortet: »Ich habe siebzig Jahre gesund gelebt, so ist es wenig für Gott, dass ich ihm siebzig Jahre Geduld erweise.« Sie sei über diese Worte bekümmert gewesen, habe aber weiterhin den Leuten gedient und Ayyûb ernährt.

Dann hätten die Menschen auch sie verstoßen und sie nicht mehr bei sich arbeiten lassen, weil sie die Frau Ayyûbs war und sie fürchteten, er könne seine Heimsuchung auf sie übertragen und sie könnten sich durch den Umgang mit ihr anstecken. Als sie niemanden mehr fand, bei dem sie arbeiten konnte, blieb ihr kein Geld mehr, und sie verkaufte für viel gutes Essen einen ihrer beiden Zöpfe an einige Töchter der Vornehmen. Das Essen brachte sie Ayyûb, doch er fragte: »Woher hast du das?«, und wies es zurück. Sie habe es für den Dienst bei einigen Leuten bekommen, sagte sie. Am nächsten Tag verkaufte sie auch den anderen Zopf für Speisen und ging damit zu ihrem Mann. Doch der lehnte wieder ab und schwor, er werde nicht essen, bis sie ihm sagte, woher sie diese Mahlzeit habe. Da nahm sie ihren Schleier ab, und als er ihren rasierten Kopf sah, sagte er im Gebet:

»… ›Siehe, mich erfasste Unglück,
    du aber bist der barmherzigste Erbarmer!‹« (Sure 21,83)
Und er schwor, seine Frau im Falle seiner Heilung mit hundert Peitschenhieben zu bestrafen. Anderswo heißt es, er habe geschworen, sie zu bestrafen, weil ihr der Teufel erschienen sei, und zwar in Gestalt eines Arztes. Sie habe ihn gebeten,

Ayyûb zu behandeln, und er habe geantwortet: »Ich behandele ihn unter einer Bedingung: Dass er, wenn er genesen ist, sagt, dass ich es war, der ihn geheilt hat. Ich will keine Belohnung als diese.« Sie willigte ein und forderte Ayyûb auf, sich daran zu halten. Doch er schwor, ihr hundert Peitschenhiebe zu versetzen, falls er geheilt würde.

Bei Gottes Worten »»Nimm in deine Hand ein Bündel …«« handelt es sich demnach um eine Vollmacht des Herrn an seinen Knecht und Propheten Ayyûb bezüglich dieses geleisteten Schwurs. Als Gott der Allmächtige ihn geheilt hatte, habe er ihm aufgetragen, eine Handvoll Gräser zu nehmen, in der sich Feuchtes und Trockenes mischte wie bei einem Bündel Datteln, und seine Frau einmal damit zu schlagen. Dies sei so gut wie hundert Peitschenhiebe, und damit halte er seinen Schwur und werde nicht eidbrüchig. Es bedeute eine Erleichterung und einen Ausweg für den, der Gott fürchte und ihm gehorche, besonders aber zugunsten seiner geduldigen, verdienstvollen, unerschütterlichen und rechtschaffenen, treuen und rechtgläubigen Frau.

Wieder andere erzählen sich, die Heimsuchung habe achtzehn Jahre bei Ayyûb verweilt und jeder nah und fern habe ihn abgelehnt, außer zwei seiner besten Freunde, die ihn immer wieder aufsuchten. Eines Tages jedoch, als sie zu ihm kamen, konnten sie sich ihm seines Gestanks wegen nicht nähern. Da stellten sie sich weiter abseits hin, und einer von ihnen sagte zu seinem Freund: »Hätte Gott von Ayyûb Gutes erfahren, dann hätte er ihn nicht so heimgesucht.« Ayyûb aber war über ihre Worte so betrübt wie über nichts zuvor.

Und er betete: »O Gott, wenn du weißt, dass ich keine Nacht satt verbracht habe, wenn mir bekannt war, dass noch gehungert wurde, gib mir eine Bestätigung!« Darauf kam vom Himmel die Bestätigung, und sie hörten es. Dann sagte er:

»O Gott, wenn du weißt, dass ich nicht zwei Hemden hatte, während noch jemand nackt blieb, gib mir eine Bestätigung!« Wieder wurde es vom Himmel bestätigt, und sie hörten es. Daraufhin warf er sich nieder und sagte: »O Gott, bei deiner Größe, niemals mehr hebe ich den Kopf, bis du über mich aufklärst.« Und er hob nicht den Kopf, bis er über ihn aufklärte.

Es heißt, Gott habe Ayyûb schließlich mit einem Gewand aus dem Paradies bekleidet und dieser habe sich daraufhin zurückgezogen und in eine Ecke gesetzt. Als seine Frau kam, um ihn zu besuchen, habe sie ihn nicht erkannt und gesagt: »Knecht Gottes, dieser Heimgesuchte, der hier war, ob ihn wohl die Hunde oder Wölfe mitgenommen haben?« Und sie war genötigt, eine Stunde zu ihm zu sprechen, bis er sagte: »Vielleicht bin ja ich Ayyûb.« »Spottest du meiner, Knecht Gottes?«, fragte sie, und er antwortete: »Wehe dir, ich bin Ayyûb! Gott hat mir meinen Leib zurückgegeben.«

Danach gab Gott ihm auch seinen Besitz und seine Kinder wieder und forderte ihn auf, mit den Füßen auf den Boden zu stampfen. Ayyûb folgte dem Befehl, und Gott ließ für ihn einen Quell kalten Wassers hervorsprudeln und befahl ihm, sich darin zu waschen und davon zu trinken. Und Gott entfernte von ihm alles, was er außen und innen an seinem Körper fand an Schmerz, Leid, Siechtum und Krankheit. Danach schenkte Gott ihm äußere und innere Gesundheit, vollkommene Schönheit und großen Besitz und schüttete sogar einen großen Geldregen über ihn aus wie einen goldenen Heuschreckenschwarm. Und er gab ihm nicht nur alle seine Kinder zurück, sondern auch seiner Frau ihre Jugend und noch mehr, bis sie ihm sechsundzwanzig Knaben gebar. Danach lebte Ayyûb noch siebzig Jahre im Lande Rum unter der hanifischen Religion, anschließend wechselten er und seine Frau zur Religion

Ibrahîms. Als er starb, soll Ayyûb dreiundneunzig Jahre alt gewesen sein, teilweise heißt es sogar, er habe noch länger gelebt, und am Jüngsten Tag halte Gott den Reichen Sulaimân, den Sklaven Yûsuf und den Heimgesuchten Ayyûb als Spiegel vor.

Warum aber glaubten die Leute Ayyûbs Geschichte, warum glaubten sie an die Interpretationen, die besagen, der gespenstische Satan habe Ayyûb Schaden zugefügt, indem er sein Hab und Gut und seinen Sohn vernichtet habe, und Ayyûb habe es geduldig ertragen, daraufhin habe er so fürchterliche Krankheiten auf ihn kommen lassen, dass die Menschen wegen der Krätze, die ihn befallen hatte, seinen Anblick nicht ertrugen und seine Frau ihn schließlich drängte, Gott den Erhabenen um Heilung zu bitten? Warum betrachtete Ayyûb dieses Ersuchen als Verbrechen, das hundert Peitschenhiebe verdiente? Dabei ist doch nichts Schlimmes an dieser Bitte, sondern Gott fordert uns sogar zum Beten auf, damit er uns erhöre. Und wie kam es plötzlich dazu, dass Gott Ayyûb nach langer Leidenszeit befahl, mit dem Fuß auf den Boden zu stampfen, damit eine Quelle hervorsprudelte, in der er baden und von der er trinken sollte, so dass er geheilt würde? Und warum befahl Gott Ayyûb, hundert Halme zu nehmen, sie zu einem Bündel zu vereinigen und seine Frau einmal damit zu schlagen, um seinen Schwur nicht zu brechen, obwohl in dem betreffenden Koranvers weder etwas von der Bitte seiner Frau steht noch davon, dass er diesen verbrecherischen Schwur ablegte. Vielmehr rühmt der Koran Ayyûbs Frau.

Das Unheilvollste von alledem ist allerdings, was wir später, im Laufe der Jahrhunderte, erlebten, dass nämlich die Interpretation dieser Koranverse zur Verankerung sogenannter Rechtskniffe führte. Das heißt, dass es Muslimen erlaubt ist, bei der Umsetzung gesetzlicher Vorgaben Kunstgriffe anzuwenden. Wichtig ist, sich an die Buchstaben zu halten, der Sinn ist zu vernachlässigen. Es heißt, Gott habe Ayyûb beigebracht, bei dem von ihm geschworenen Eid einen solchen Kniff anzuwenden, indem er zu ihm gesagt habe: »Nimm ein Büschel aus hundert weichen Halmen, die keinen Schaden anrichten, und schlage damit deine Frau einmal, sie soll dabei keinen Schmerz empfinden. Damit ist dein Schwur erfüllt, und du hast deiner Frau, die geduldig mit dir ausgeharrt und nur das Beste verdient hat, kein Leid zugefügt.« (Seltsam nur, dass es in einem streng islamischen Land wie Saudi-Arabien bei politischen Oppositionellen wie dem Aktivisten Râif Badawi keine Schonung vor Peitschenhieben gibt.)

Mit einem Wort: Warum erzählen sich die Menschen bis heute Ayyûbs Geschichte, warum ist seine Geduld sogar sprichwörtlich geworden? Weil sie ihre eigene Geduld mit der seinen vergleichen wollen? Wer weiß, vielleicht spendet ihnen diese Geschichte Trost, rechtfertigt ihre negative Haltung. Vielleicht können sie mit ihrer Hilfe wenigstens sich selbst davon überzeugen, dass die Hölle, in der sie leben, nichts ist im Vergleich zu dem Unglück, von dem Ayyûb betroffen war.

Jona

Kommen wir noch einmal auf den Wal zurück, allerdings müssen wir jetzt 27 Jahre zurück rudern und an den Rhein gelangen. Der Leviathan ist eine mächtige Gestalt der Bibel. Leviathan und Behemoth, Walfisch und Nilpferd (bisweilen auch als Nilpferd und Krokodil verstanden oder als Geschöpfe dargestellt, die ins Phantastische ausufern), sie repräsentieren die stärksten Naturgestalten, die nur Gott zu zähmen weiß. Am Rhein sind die Viecher bekanntlich nicht zu Hause, allenfalls das Nilpferd im Zoo. Als der Dichter Clemens Brentano Kind war, faszinierten ihn beide biblischen Ungeheuer, insbesondere der Walfisch. Natürlich wusste er bereits, dass Jona eine Zeitlang im Bauch des Wales verbracht hatte, bis er wieder ausgespien und an die Küste geworfen wurde. Clemens war ein flammend begabtes und zugleich unglückliches Kind. Von der schönen jungen Mutter, die unter der Last bereits sehr vieler Kinder im Haus des reichen Kaufmanns Brentano litt, wurde er 1784 mit seiner Schwester Sophie zu einer kinderlosen Tante in Logis gegeben. Damals war Clemens sechs Jahre alt. Er verlor alles. Verlor die geliebte Mutter und den geräumigen Dachboden des großen Hauses in Frankfurt, vollgestopft mit Kisten und Kasten, in denen lauter Schätze lagerten, verlor das Reich, in dem er allein regierte, denn der Dachboden war sein Ländchen Vadutz, in dem er als Herrscher nach phantastischem Belieben waltete und schaltete.

Im Haus der Tante war ihm alles andere als wohl. Er fühlte sich verstoßen. Es war ein ungutes Haus. Der Mann der Tante, ein Herr von Möhn, trank und prügelte die Frau. Bren-

tano erzählte später, er habe ihn betrunken mit einem Messer in der Hand hinter der Tür der Tante lauern sehen. Die
Tante war zu sehr im eigenen Kummer versunken, als dass
sie die weggegebenen Geschwister wirksam hätte trösten können, der kleine Brentano hielt sie für boshaft und behauptete später von ihr, sie habe den Hund besser behandelt als die
beiden Kinder. Nun, der Dichter neigte zu Übertreibungen,
vielleicht war auch die ›lauernde Messer‹-Szene phantastische
Zutat, wer weiß. Dass er sehr unglücklich war und sich auf
grausame Weise an einen Ort des Schreckens verfrachtet fühlte, daran besteht jedoch kein Zweifel.

Was tat der kleine Brentano, um sich gegen die Zumu-
tung der Umgebung zu wappnen? Er versetzte sich in den
Bauch eines Walfischs. In dem Riesenleib richtete er sich ein
und stellte auf diese Weise sein geliebtes Ländchen Vadutz
wieder her. Im Walfischbauch war es behaglich. Das böse
Lärmtheater, das die einander hassenden Eheleute aufführ-
ten, drang nicht durch die dicke Haut des Tieres. Nun wohn-
te er in einem Zimmer, das vom Rauschen des Meeres erfüllt
war, und in ihm schwamm der Wal, und im Bauch des Wals
spazierte der kleine Clemens herum. Er möblierte sein neues Fischheim mit Kisten und Kasten und allerlei verwunsche-
nen Gerätschaften, mit denen er neue Spiele und Machtmit-
tel ersann, zum Beispiel eine Zornpeitsche, die viel wirksamer
war als normale Peitschen, denn sie hatte die Kraft, ein ganzes Haus, ja, sogar eine ganze Stadt zu zerschlagen. Er konnte
die Peitsche tanzen lassen und musste dafür nicht einmal den
Bauch des Wals verlassen. Es reichte, wenn er darin herum-
hüpfte, sie in Gedanken schwang und das Zauberwort *Ninive* vor sich hin murmelte – schon lagen die Orte, über die das
Strafgericht verhängt war, das Haus der Tante und das Städt-
chen Ehrenbreitstein, in Trümmern. Bekanntlich kümmert

sich die Phantasie nicht unbedingt um Logik, immerhin ist es gleich fünffach unwahrscheinlich, dass man in einem kleinen Bett im Zimmer liegt, gleichzeitig durchs Meer getragen wird, im Bauch eines Fischs herumspringt und mithilfe einer kleinen Peitsche einen ganzen Ort zertrümmern kann, noch dazu durch die bloße Nennung des Namens einer weit entfernten, im Orient gelegenen Stadt. Als bibelfest wird man das verstoßene Kind nicht bezeichnen können. Offensichtlich sah es großzügig darüber hinweg, dass Ninive nicht in Schutt und Asche gelegt, sondern durch Gottes Erbarmen gerettet worden war. Von einem Krieger, der sein Rachezettelchen abarbeiten muss, kann man allerdings nicht verlangen, dass er bibelkonform denkt. Es ist nicht auszuschließen, dass der kleine Gewaltherrscher schon in seiner frühen Leidenszeit ein Wortfex war, deshalb imponierte ihm das Wort *Ninive*, und es hakte sich in seinem Hirnlein fest in Gestalt von *Nichts wie weh*. Sein Nichtswieweh war das verhasste Haus der Tante.

So viel zum kleinen Brentano. Jetzt machen wir einen Sprung und gelangen zum älteren Mann, an einen bedeutenden Wendepunkt seines Lebens. Zwei Ehen hat er bereits hinter sich, die erste, zunächst schwärmerisch geliebte Frau, Sophie Mereau, ist im Kindbett gestorben, die zweite Frau, Auguste Bußmann, die er sofort nach dem Tod von Sophie heiratete, war eine Hysterikerin von allerschlimmsten Gnaden. Sie lebten längst getrennt, als 1814 die Scheidung ausgesprochen wurde. Einige Jahre später hat sie sich ertränkt. Ihr trauerte er keineswegs nach, seine erste Frau hingegen, die wie eine etwas jüngere Schwester der Mutter ausgesehen hatte, hielt er in himmlischen Ehren.

Wir schreiben das Jahr 1818. Der geneigte Leser möge sich bitte noch etwas in Geduld üben, denn wir haben das eigentliche Thema keineswegs aus den Augen verloren. Brentano, noch immer unser geschätzter Dichter Brentano, löste seinen Haushalt in Berlin auf, wo er recht mondän gelebt hatte, und zog fort, in ein kleines Kaff namens Dülmen. Was wollte der weltläufige Mann aus reichem Haus, der mit den wichtigsten Geistesmenschen seiner Zeit in Verbindung stand, ausgerechnet dort? In diesem Abseits? Ihn zog es an die Seite einer stigmatisierten Frau. Sie hieß Anna Katharina Emmerick und galt als blutende Wundernonne. Ein kleines, sehr mageres Wesen mit großen schwarzen Augen lag von allerlei bedeutsamen Wunden gequält im Bett und weigerte sich zu essen. Der sie begleitende Arzt Wesener schrieb einmal in sein Krankentagebuch, *es mögte wohl ein Blättlein Salat in ihrem Magen hängen geblieben sein.* Mehr nicht. Die Nonne hatte bereits die Neugier vieler Menschen auf sich gezogen, die sie unbedingt zu sehen begehrten, weil sie sich von ihr Beistand für ihre Leiden und Kümmernisse erhofften.

Als der herrische Brentano auftrat, änderte sich viel. Er nahm die winzige Nonne in Beschlag und brachte den gesamten Haushalt gegen sich auf. So sehr hatte sie ihn beeindruckt, dass er möglichst viel Zeit mit ihr verbringen wollte, allein, ungestört durch lästige Besucher, um Wort für Wort aufzuschreiben, was sie sagte, kleine Zeichnungen anzufertigen, zu notieren, welche Gesten sie dabei vollführte, wie ihre Stimme klang, welche Wunden sich nach und nach zeigten, wie rasch sie verheilten und wann sie erneut zu bluten begannen. Er betätigte sich als eine Art psychischer Magier am Bett der armen Frau und brachte es im Lauf der Jahre zu Aufzeichnungen von über zweitausend Seiten. Bitterarm war die Emmerick gewesen, ein gehudeltes Armenhäuslerkind, das in der Welt nichts zu bestellen und im Kloster niedere Dienste versehen hatte. Sie sprach Plattdeutsch, ihr Wissen bestand einzig und allein aus kleineren Stücken der Bibel, meistenteils aus den Kapiteln, die das Leben Jesu betrafen, versetzt mit Bauernweisheiten, die damals in Umlauf waren.

Mit riesigen, vom Hungern aufgerissenen Augen starrte ihn das Wesen an, es hatte ihn (man verzeihe den unpassenden Ausdruck) regelrecht verhext. Brentano sah sich auf einer gewaltigen Mission unterwegs, denn er erkannte in der Emmerick eine würdige Nachfolgerin von Jesus Christus höchstpersönlich. Sich selbst zu ihrem ersten und einzigen Apostel zu ernennen, war nur die logische Fortsetzung der Bedeutung, die er der Schicksalsbegegnung zumaß. Er vergaß dabei geflissentlich, welch schwere Folter auf einen echten Apostel wartete. Nehmen wir ihm das nicht übel. Ein Dichter ist ein Meister des mimetischen Wortes, nicht zwangsläufig ein knochenharter Realist.

Doch er begnügte sich nicht damit, ihren Reden zu lauschen, ihren Bewegungen zu folgen und alles getreulich zu protokollieren, er führte der Nonne nun seinerseits bibelgefütterte und im Phantastischen blühende Stoffe zu, um das Schwungrad der Visionen in Gang zu halten. Er war der große Experimentator, der es vermochte, die Geheimnisse der Emmerick bis auf den letzten Winkel auszukundschaften. Eine Folie à deux auf biblischer Grundlage bildete sich heraus, die einige Jahre währen sollte. Das ist nicht abschätzig gemeint, denn wie anders als mit kleinen Prisen Wahn durchsetzt ließe sich der Glaube inhalieren und befestigen? Gerade Brentano, der ein äußerst wackliger Katholik war und nur im Gebrodel schäumender Übertreibung an der Religion festhalten konnte, musste eine gewaltige Energie aufbringen, um vor den Rätseln, die insbesondere die Gestalt Jesu im Gepäck führte, nicht zu kapitulieren und zu zerfallen. Vergessen wir nicht, er war Dichter, gewiss der potenteste Dichter des neunzehnten Jahrhunderts, zumindest in deutscher Sprache.

Er experimentierte auf Teufel komm raus. Mit Reliquien, die er unter das Kopfkissen der Nonne legte, suchte er ihre Visionen zu befeuern, vorzugsweise mit solchen, die dem Leidensweg Jesu Christi entlehnt waren. Anna Katharina sollte dadurch angeregt werden, die Stationen aufs Genaueste nachzuerleben, was ihn wiederum befähigte, alles mit dem Stift nachzuvollziehen. Und die Nonne tat mit, willig und leidenschaftlich. Minutiös wurde in den gemeinsamen Praktiken der Dornenweg Christi erforscht, mitsamt Kleidungsstücken der Leute, die den Weg des Kreuzträgers gen Golgatha säumten, mitsamt den Gebäuden, Wimpeln, Fahnen, Fensterläden der antiken Stadt, an denen der Zug vorbeikam. Aussprüche, Haltungen, Gebärdenspiele der beteiligten Personen, alles wurde in den Visionen erfasst, wobei so manches Detail an berühmte Gemälde eines phantastischen Jerusalem erinnerte, die Brentano wohlbekannt und in vielen Kirchen zu besichtigen waren. Nicht zu vergessen die gewaltigen Hammerschläge, die ertönten, als Jesus an Händen und Füßen ans Kreuz geschlagen wurde, die Dramatik der Szene zum Himmel schrie! Auch die Nonne in ihrem Bett litt, als würde sie von Nägeln durchbohrt, die mit Wucht in sie hineingetrieben wurden. (Eine Nebenbemerkung sei erlaubt: Es ist nur logisch, dass der Sadofilm Mel Gibsons sich bis ins Detail der Brentano-Emmerick-Vorlage bedient, wenn es um das Geschlepp des Kreuzes durch die Gassen von Jerusalem und die brutale Kreuzigung auf Golgatha geht).

Bei der zweisamen Hervorlockung grausamer Visionen blieb es allerdings nicht. Brentano wollte auch Aufschluss über so manches Rätsel höchst privater Natur. Ein Taschentüchlein, eine Brosche, eine Haarnadel Sophie Mereaus praktizierte er unter das Kopfkissen, um mehr darüber zu erfahren, wo die geliebte tote Frau jetzt weilte. Er ging sogar so weit, die abgeschnittenen Fuß- und Fingernägel der Nonne unter ihr Kopfkissen zu stecken, um sie zu *Selbstgesichten* anzuregen. Kurios. In der Tat. Doch das war noch nicht alles. Andächtig bewahrte er ein Korsett von Sophie auf, das damals wie üblich mit Walfischknochen bestückt war. Eine Knochenstrebe zog er heraus und legte sie der Nonne ebenfalls unters Kissen. Dabei vereinigte sich für ihn etwas Hochbedeutsames, erinnerte das Walfischbein doch an seine kindlichen Qualen im Haus der Tante und an die geliebte Frau, die er so früh verloren hatte. Als Erwachsener glaubte Brentano zwar nicht mehr daran, dass sich ein Mensch längere Zeit im Bauch eines Walfisches aufhalten könne, ohne zu sterben, dennoch hielt er die Geschichte Jonas in Ehren, der auf so wundersame Weise durchs Meer getragen worden war. Ihn selbst hatte der Walfisch ja auch vor der Bedrückung im Haus der Tante gerettet. Einiges verband ihn mit dem Propheten. Er war ängstlich und aufbrausend wie Jona, der zuerst floh, und als er vom Fisch wieder ausgespien und an den Strand gespült worden war, seinem Ärger darüber Luft machte, dass Gott sich weigerte, die verderbte Stadt Ninive dem Erdboden gleichzumachen. Auch Brentano war ein Ärgerwesen und ein Untergeher, der immer wieder der Rettung bedurfte. Deshalb klammerte er sich so ekstatisch an Anna Katharina Emmerick, von der er glaubte, sie könne ihn aus dem Sumpf der eigenen Lebenswirren ziehen.

Nun, die Fischbeinprobe brachte leider nicht die gewünschten Ergebnisse. Sie fand zu einem späten Zeitpunkt der Begegnung statt, als sich die Emmerick ihrem zudringlichen Apostel mehr und mehr entzog. Inzwischen lag sie oft nur noch mit geschlossenen Augen vor ihm, oder sie drehte den Kopf von ihm weg zur Seite und war für seine Experimente nicht mehr zu erreichen. Cholerisch wie er nun mal war, überforderte er die arme Frau. Brentano kannte kein Maß. Das Maß beherrschte er nur in der Dichtung, beherrschte es so souverän, um es nach Gutdünken zu stören und aufzusprengen, was ihn fraglos zum interessantesten Dichter der Moderne machte, einem leidenschaftlichen Tausendsassa, der auf der Klaviatur der Gefühlsregungen spielte wie kein anderer. Erstaunlicherweise gelangte er bereits im neunzehnten Jahrhundert zur Reife, seine Geburt datiert von 1778 und liegt damit sogar ein weiteres Jahrhundert zurück. In vielerlei Hinsicht wirkt er wie ein Mann der tumultuösen neuen Ära des zwanzigsten Jahrhunderts. Gibt es ein traurigeres und zugleich erschreckenderes Gedicht in deutscher Sprache als *Wenn der lahme Weber träumt, er webe*? Ich glaube nicht. Er schrieb es 1838, da lagen die Emmerick-Jahre bereits hinter ihm, und der Tod stand schon bereit, sich ihn zu holen. Wer weiß, vielleicht kam ein freundlicher Walfisch mitten in der Stadt Aschaffenburg auf ihn zugeschwommen und ließ ihn sanft in sein großes Maul gleiten.

Zurück zu Jona. Er rannte davon. Der Mann wusste nur allzu gut, welch schreckliche Bürde einem Menschen aufgeladen wird, wenn Gott ihn mit einem Auftrag bedenkt und zum Propheten macht. Inzwischen hatte sich herumgesprochen, dass dies keineswegs nur eine Ehre bedeutete. Vielmehr wartete eine Aufgabe voller Mühen und Plagen auf den Ausersehenen. In der bosheitsverseuchten Stadt Ninive sollte Jona Gottes Wort verkündigen und die halsstarrigen Leute zur Umkehr bewegen. Wer solches predigt, läuft schnell Gefahr, gesteinigt zu werden. Als Jona davon erfuhr, hatte er deshalb nichts als Flucht im Sinn, und er floh nach Jaffa, um ein Schiff zu besteigen, das ihn nach Tarsis führen sollte. Den meisten Kommentatoren zufolge war die Stadt im weit entfernten Spanien gelegen, noch über die Straße von Gibraltar hinaus, andere vermuten sie in Kilikien, an der Küste der türkischen Provinz Adana. Wo auch immer Tarsis gelegen haben mag, die Fahrt übers Mittelmeer war gefährlich, und wie man inzwischen nur allzu gut weiß, kann sie es auf Schlauchbooten heute immer noch sein. Vielleicht floh Jona auch deshalb auf einem Schiff, weil er annahm, je weiter er sich vom Ort des eigentlichen Geschehens entferne, umso größer werde die Chance, Gottes Befehl zu entgehen, ja, Ihm sogar ganz zu entgehen.

Ein Irrtum. Gott sieht alles, Gott hört alles, Er kann mitten unter uns sein. Oder sich für immer von uns abwenden. Zu Jonas Zeiten scheint Ihn der Mensch noch interessiert zu haben, Seinen Propheten wollte er jedenfalls nicht aus den Fängen lassen. Was im Grunde zu erwarten war, geschah denn auch. Ein Unwetter kam auf, das Schiff drohte zu sinken. Nachdem sie bereits Ballast abgeworfen hatten, wussten die Seeleute nicht mehr ein noch aus. Kurios an der Geschichte bleibt, dass Jona inmitten der aufgetummelten Wellen, die das Schiff hin- und herwarfen, dem Getöse, dem Geschrei der erschrockenen Menschen in seiner Kajüte lag und schlief. Da weckte ihn der Kapitän und bat ihn dringlich, seinen Gott anzurufen, damit er das Meer bändige. Jona wurde einer Befragung ausgesetzt und musste bekennen, dass er vor seinem Gott geflohen war und Ihn deshalb gar nicht anrufen könne. Der Urheber des Desasters war nun ausgemacht. Dennoch scheinen die Seemänner höfliche Leute gewesen zu sein, sie warfen den Fremdling nicht einfach über Bord, sondern fragten ihn, was nun zu tun sei. Er selbst war es schlussendlich, der den Männern empfahl, ihn dem Meer zu übergeben. Ein winselnder Kriechling war Jona nicht, das muss man ihm lassen.

Das Ganze hat natürlich auch seine komischen Seiten. Man stelle sich vor, hohe Wellen schlagen über dem kleinen Schiff zusammen, die Matrosen haben alle Hände voll zu tun, um den Untergang abzuwenden, sie schreien und fluchen und klammern sich an den Mast oder an die Reling, in der Kabine schläft friedlich ein Fremder und hat von der Wühlarbeit des Meeres nichts mitbekommen. Er wird an Deck geholt, und nun findet sich Zeit zu einer gepflegten Konversation mit dem Mann, der den Leuten in gesammelter Ruhe erklärt, er selbst sei der Grund, weshalb Gott dem Schiff und ihnen allen zürne.

Über solche Ungereimtheiten zu lästern ist leicht. Doch man vergisst dabei, dass es schon immer das Privileg der Sage, des Epos und eben auch der Bibel war, im Auge des Sturms Aufklärung zu betreiben, und das geht nun mal nur mit Worten, die einer inneren Stimmigkeit folgen. Logische Gedanken zu entrollen, dafür braucht es Zeit, auch wenn rundum alles droht in Stücke zu gehen.

Es gibt sogar ein weiteres Innehalten, denn die Schiffer leitet kein Hass. Sie bekehren sich zum Herrn und rufen Ihm zu, Er solle ihnen das unschuldige Blut nicht zurechnen, das nun vergossen werden muss. Eine wichtige Vorsichtsmaßnahme. Erst dann packen sie Jona und werfen ihn in die Fluten. Sofort klingt das Unwetter ab, die Wellen legen sich und kräuseln und murmeln nur mehr sanft vor sich hin. Man mag sich vorstellen, wie der arme Jona zappelt und Wasser schluckt, denn damals konnten selbst die Seeleute nicht schwimmen. Das kleine Problem, wie Jona im Bauch des Wals geatmet haben soll, überlassen wir jetzt aber den ehrpusseligen Rechthabern, die sowieso immer alles besser wissen. Wir begnügen uns damit, dass Jona drei Tage im Leib des Fisches wohnt und vom Wal durchs Meer getragen wird, in Richtung Küste, wo er bekanntlich ausgespien wird.

Doch wie ist die Geschichte in der Tiefe des Ozeans zu deuten, mit der Jona Bekanntschaft schließen muss, wenn auch geschützt durch die Umwandung der dicken Walhaut? Im

Abgrund des Meeres befindet sich nach so manchen mythischen Vorstellungen der Sitz der Unterwelt. Auch die Hölle befindet sich fast immer unten. Über das Meer zu fahren mit erhobenem Mast, der in den Himmel hineinragt, weist hingegen auf eine mögliche Fühlungnahme mit dem Heil. Gott wohnt in der sternenreichen Höhe des Kosmos. Deshalb wurde der Mast von christlichen Theologen auch als Sinnbild für das Kreuz gedeutet, das mit seinem senkrechten Balken nach oben weist.

Demzufolge hätte Jona Fühlung mit den mythischen Abgründen genommen. Natürlich ist er nach seiner Errettung zunächst wie umgedreht. Man gerät ja nicht alle Tage in Seenot, wird von einem Wal verschluckt und hernach wieder an Land gespült. Der Mann muss mehr als nur ein bisschen verdattert gewesen sein. Aber vergessen wir nicht: Es gehört zur Größe der wichtigen biblischen Figuren, dass sie selbst ein klein wenig gottgleich wirken, denn sie sind stark. Über starke Menschen gebietet ein starker Gott. Vielleicht hängt die Gottesunwirksamkeit, die uns heute umgibt, damit zusammen, dass wir allesamt Nichtswieweh-Schwächlinge sind, von denen keiner sich traut, Ihn herauszufordern. (Mit Ausnahme von Jizchak Katzenelson, aber dieser Empörer gehört zu Hiob und nicht zu Jona).

Zwar erledigt Jona den Auftrag, die verderbten Leute in Ninive zu warnen, nun befehlsgemäß und findet sogar Gehör beim König. Die Stadt schickt sich an, Buße zu tun, und Gott beschließt, sie zu schonen. Doch Jona ärgert sich über Gottes Milde, was ziemlich selbstgerecht und verbissen wirkt bei einem Mann, der vor Gottes Auftrag als Angsthase davonlief. Die Feiglinge sind oft die ärgsten Ankläger. Ein geretteter Mensch hat eigentlich Grund genug, sich die eigenen Sünden vor Augen zu halten, bevor er wieder die Faust schwingt und anderen Sündern den Tod wünscht. Und nun handelt Gott selbst ungleich menschlicher als Sein Prophet, indem Er die sündige Stadt Ninive nicht dem Erdboden gleichmacht. Dabei führt Er souverän vor, dass abstrakte, gleichmacherische Ideen der Gerechtigkeit wenig taugen und das selbstgewisse Lodern eines Propheten eitel Schall und Rauch ist. Etliche andere Städte hat Er allerdings nicht verschont. Unerklärlich und verstörend bleibt, dass Gott bisweilen geruht, seine Leidenschaft für das Strafen zu zügeln, an anderer Stelle lässt Er ihr jedoch freien Lauf.

Der murrende Jona kommt außerhalb der Stadt an einem öden, sonnenverbrannten Ort zur Ruhe. Damit sie ihm Schatten spende, lässt Gott eine gewaltige Rizinuspflanze sprießen, die schneller aufschießt, als man bis zehn zählen kann. Ein gewaltiges Exemplar muss der Rekordhalter in Sachen Wachstum gewesen sein, um genug Schatten über einen ausgewachsenen Menschen zu breiten. Tags darauf ist der Wunderbaum verdorrt, und Jona sitzt wieder ungeschützt im Sonnenglast. War's nur der heiße Ostwind, der die Pflanze im Nu hatte eingehen lassen, oder ein radikaler Wurm des Bärenspinners, der sie zernagt hat? Sicher ist nur, Gott hatte seine Hand im Spiel, um dem an der Sonne matt gewordenen Jona eine Lehre zu erteilen. Und Er spricht – Jona bejammere den verdorrten Rizinus, eine Pflanze, die er nicht einmal selbst gehegt habe. Und Er, Gott, solle nicht jammern über eine große Stadt von hundertzwanzigtausend Menschen, die nicht wüssten, was rechts oder links sei, dazu eine große Zahl an Tieren?

Danach hören wir nur noch in einer kurzen Anspielung im Matthäusevangelium 12,39-41 von ihm. Da wird sein dreitägiger Aufenthalt im Bauch des Fisches mit Jesu dreitägigem Verbleib im Grab verglichen. Ob er alt wurde oder nicht, ob er schließlich nach Ninive zurückkehrte oder nicht – die Bibel schweigt sich darüber aus. Aber die Lehre ist eindeutig: Gott ist fähig, sich zu erbarmen. Wen Er verdirbt und wen Er leben lässt, die Entscheidung darüber liegt allein bei Ihm. Der Mensch soll sich nicht anmaßen, eigenmächtig große Strafgerichte zu verhängen. Erst recht keiner, der gerade durch ein spektakuläres Wunder errettet wurde. Von so jemandem darf man erwarten, dass er demütig und dankbar Gottes Huld genießt und einen nachsichtigen Blick auf andere Sünder wirft. Insbesondere, wenn in einer Geschichte gleich dreifach von einer Umkehr die Rede ist. Indem Jona zunächst vor Gott flieht, kehrt er um, nachdem die Leute von Ninive vom drohenden Strafgericht erfahren haben, kehren sie um. Und Gott wiederum kehrt seine Entscheidung um, indem er seinen Beschluss ändert, die Stadt zu vertilgen, und sie nunmehr am Leben lässt.

Kehren auch wir um, zurück zu Brentano. Die Geschichte mit dem schattenspendenden Rizinus interessierte ihn nicht sonderlich, auch Jona selbst im Grunde nicht. Ein in der milden Rheingegend aufgewachsener Mensch hat keinen rechten Begriff von kargen, wüstenhaften Orten, solange er sie nicht aus eigener Anschauung kennt. Den Dichter interessierte einzig und allein der Wal, er wollte Gewissheit, wo seine geliebte Sophie jetzt weilte und ob er selbst einst die Geborgenheit erlangen würde, in die er sich in kindlichen Walfischtagen hineingeträumt hatte. Doch die Emmerick blieb stur. Kein Wort war aus ihr herauszubringen. Sein Verhältnis zu ihr verschlechterte sich im Eiltempo. Inzwischen war von ihr nicht mehr als Nachfolgerin Jesu die Rede und auch nicht von ihm selbst als ihrem Apostel.

Was nach dem Tod der Emmerick geschah, ist komisch, schaurig und absurd zugleich. Und da kommt nun Brentanos damalige Freundin Luise Hensel ins Spiel. Sie hätte er gern zu seiner dritten Frau gemacht. Zu diesem Zwecke lockte er sie einige Male ans Bett der Nonne, um mit ihrer Hilfe den Ehebund zu erzwingen, was allerdings nicht gelang. Luise Hensel verweigerte sich ihm. Sie weigerte sich aber nicht, auf sein Geheiß das Grab der Emmerick bei Nacht und Nebel von zwei angeheuerten Männern öffnen zu lassen, um eine Reliquie zu bergen. Brentano war sich sicher, dass der Körper der Nonne unverweslich sei. Dem war aber nicht so. Eine Hand wurde abgebrochen und herausgeholt. Sie war bereits von Schimmel überzogen. Entsetzt warf Luise Hensel sie zurück ins Grab. Und Brentano? Hochvergnügt verließ er Dülmen in einer Kutsche, in der er Bekanntschaft mit einem amüsanten Schweizer schloss. Wie weggeblasen waren mit einem Mal all die Jahre, die er am Bett der stigmatisierten Nonne verbracht hatte. Vorbei die Scherereien mit den Leuten, die um sie herum waren, vorbei der zähe Widerstand, mit dem Anna Katharina ihn während der letzten Monate schier zur Raserei gebracht hatte. In der Kutsche fühlte er sich geborgen und glücklich wie einst im Bauch des Wals. Mit dem Unterschied, dass er kein einsames Kind mehr war, das Schutz suchte. Nun hatte er einen lustigen Schwadroneur an seiner Seite, mit dem sich das Dahinfahren genießen ließ, auch wenn das Gerüttel in der Kutsche etwas weniger bequem war als die eleganten strömenden Bewegungen, mit denen der Wal mit Jona durchs Meer und mit dem kleinen Brentano durchs Zimmer geschwommen war.

Ob man nun antike oder moderne Maßstäbe ansetzt, an Wunder glaubt oder nicht – eigenartig ist nicht nur, dass Jona von einem Wal verschluckt wurde und lebend davonkam, denkwürdig ist, dass es keinen Zeugen dafür gibt. Wenn ein Fingerzeig Gottes das Tremendum auslöst, sind Zuschauer dringend nötig, um es zu beglaubigen. In ihren erschrockenen

Augen muss sich der aufgerissene Horizont spiegeln. Im Fall Jona und Wal gibt es keinen einzigen bestürzten Zeugen. Für das Wunder, das sich der kleine Brentano im Zimmer schuf, mag das Schwindelzeugnis der Autorin genügen. Vergessen wir aber nicht, dass der Leviathan im Lauf der Ausdeutung der Bibel ein vielfältiges Schicksal erfahren hat. Er ist nicht einfach ein großer Fisch, sondern ein veritables Ungeheuer, das verschiedene Gestalten annehmen kann. Von ihm heißt es bisweilen, Gott spiele täglich einige Stunden mit ihm. In der Bibel wird er mehrfach erwähnt, und auch bei Hiob schiebt sich der Leviathan ins Bild.

Yûnus

Wenn es eine Prophetengeschichte gibt, die ganz besonders
märchenhafte Züge trägt, dann ist es die von Yûnus (Jona) beziehungsweise, wie er im Koran genannt wird, Dhu al-Nûn
oder Sâhib al-Hût, was so viel bedeutet wie »der mit dem
Fisch« beziehungsweise »der mit dem Wal«. Im Alten Testament dagegen, im Buch, das im Zwölfprophetenbuch an fünfter Stelle steht, heißt er Jona oder, in der Übersetzung arabischer Christen, Yunân. Vergeblich haben die drei großen
Offenbarungsreligionen versucht, Yûnus' Geschichte so weit
zu verändern oder abzuwandeln, dass sie zu späteren Epo-
chen passte oder zumindest ein bisschen logischer wurde. So
haben die Christen bei einigen Druckausgaben des Alten Testaments den Ausdruck »großer Fisch« durch »Wal« ersetzt,
weil das Maul des Letzteren groß genug ist, um einen menschlichen Körper aufzunehmen. Auch der Koran verwendet diese Bezeichnung, und in der schiitischen Erzählung heißt es
sogar, es habe sich um einen Pottwal gehandelt. Dennoch ist
es kaum vorstellbar, dass ein Fisch oder Wal einen Menschen
verschluckt und ihn nach drei, sieben oder vierzig Tagen (in
einigen Geschichten sogar erst nach drei Monaten) lebendig
wieder entlässt.

Im Islam zählt Yûnus zu den wichtigen Propheten, wurde
er doch von Gott gesandt, um den Menschen seine Botschaft
zu überbringen. Er ist damit der einzige der zwölf kleinen
Propheten des Alten Testaments, der im Koran namentlich
genannt wird, oft mit dem Beinamen »Bin Matta«. Während einige Gelehrte Matta für Yûnus' Vatersnamen halten,

schreibt al-Buchâri, Matta sei der Name von Yûnus' Mutter. Yûnus und Îsa Bin Maryam wären damit die einzigen Propheten, deren Herkunft auf ihre Mutter zurückgeführt wird. Die Exegeten berufen sich hierbei auf eine Anekdote, die man sich über Muhammad erzählt und die sie auch als Beweis dafür heranziehen, dass Yûnus einer seiner Lieblingspropheten gewesen sei. In dieser Geschichte trifft Muhammad einen Knaben namens Addâs al-Nasrâni (»Addâs der Christ«), der berichtet, er komme aus Ninive. Darauf antwortet Muhammad: »Aus der Stadt des frommen Yûnus Bin Matta?« Addâs, der nicht begreift, was es mit Yûnus Bin Matta auf sich hat, fragt nach, und Muhammad antwortet: »Er ist mein Bruder: Er war Prophet und ich bin Prophet.« Diese Geschichte dient den Exegeten ferner als Beleg dafür, dass Yûnus ursprünglich aus Ninive stammte. Des Weiteren heißt es in islamischen Überlieferungen, dass Yûnus aus dem Stamme Benjamin sei.

Bevor wir aber in immer weitere Erzählungen abdriften, bleiben wir lieber beim Koran und lesen die Yûnusgeschichte dort. Der Koran erwähnt den Propheten sechsmal, in Sure 4, 6, 10, 21, 37 und 68. Er berichtet uns, dass Gott ihn zu seinem Volk sandte (zu welchem, sagt er uns nicht), um es dazu aufzurufen, den einzigen Gott zu verehren. Bemerkenswerterweise waren die Menschen in jenem Lande gut, anders als die übrigen Völker, zu denen Gott seine Propheten schickte. Doch waren sie seit Urzeiten Polytheisten und beteten Götzenbilder an. Yûnus ging nun zu ihnen, um ihnen zu predigen und sie zu ermahnen: »Verehrt Gott allein, und gesellt ihm niemanden bei!« Aber das Volk (die Bewohner Ninives, wie die Koraninterpreten meinen und wie es im Alten Testament heißt) weigerte sich. An die Verehrung ihrer Götzen gewöhnt, widersetzten sie sich ihm. Darin unterscheidet sich Yûnus nicht von seinen Prophetenkollegen, alle mahnten sie die

Menschen, ihren Irrglauben aufzugeben, drangen aber nicht damit durch. Um sie zum Islam zu bekehren, musste erst göttliche Strafe sie treffen (einer Politik von Zuckerbrot und Peitsche folgend also). Nach dem Vorbild der anderen Propheten warnte auch Yûnus die Menschen, dass Gott sie plagen würde, wenn sie halsstarrig blieben und weiterhin ihre Idole anbeteten. Doch sie entgegneten nur: »Du bist ja selbst nur ein Mensch wie wir!« Auch um die Strafandrohung kümmerten sie sich nicht, sie machte ihnen keinerlei Angst. »Lass sehen, was du uns androhst, wenn du aufrichtig bist!«, spotteten sie. Da erboste sich Yûnus über sie, warnte sie ein letztes Mal und drohte ihnen, dass Gottes Zorn sie treffen werde. Und Gott versprach ihm, diese Drohung in die Tat umzusetzen. Doch nach einiger Zeit (wie lange, sagt uns der Koran nicht) verlor Yûnus die Geduld, denn die Strafe ließ auf sich warten. Er verließ die Stadt und machte sich auf zum Meer (zum Mittelmeer? Wenn ja, wie überwand er die mehr als tausend Kilometer bis zur Küste? Der Koran gibt darauf keine Antwort), weiterhin die Strafe für das ungläubige Volk erwartend. Immer wieder fragte er andere Reisende nach Neuigkeiten aus der Stadt und von ihren Bewohnern, und stets vernahm er dieselbe Antwort: Es gehe ihnen gut. Yûnus wunderte sich und dachte, Gott habe dem Volk wohl die Strafe erlassen. Parallel dazu berichten uns die Gelehrten, dass die Bewohner sofort nach Yûnus' Fortgang furchterregende Zeichen erblickten: Pechschwarze Wolken zogen am Himmel auf, und ganz oben sahen sie etwas wie Rauch. Einige kamen zu dem Schluss, dies seien Zeichen des göttlichen Zorns. Das also war es, wovor Yûnus sie gewarnt hatte, als er ihnen sagte: »Habt Erbarmen mit euch selbst! Habt Erbarmen mit euren Kindern, warum widersetzt ihr euch?« Er hatte also nicht gelogen, die Strafe würde sie tatsächlich treffen! Allmählich machten sich die

Leute Gedanken über ihr Schicksal, über das ihrer Kinder und ihrer Stadt. Sie begriffen, dass die Ursache all dessen die Standbilder waren, die ihnen nichts nutzten, die nicht mehr waren als Steine, von ihren Vätern eigenhändig behauen. Warum sollten sie sie also verehren? Die Menschen empfanden Reue. Sie waren unachtsam gewesen, aber nun waren sie aufgewacht. Weinend, unterwürfig, flehend und demütig machten sie sich auf, Yûnus zu suchen, um ihm mitzuteilen, dass sie nunmehr auch an den einzigen Gott glaubten. Doch dieser war inzwischen an einen unbekannten Ort gezogen und für sie unauffindbar. Plötzlich aber hörten sie eine Stimme zu ihnen sprechen: »Erklärt euren Glauben, ihr Leute!«, und weiter: »Gott ist voll Erbarmen mit denen, die ihn verehren, also zeigt Reue und glaubt!« Angesichts ihrer Ergebenheit und ihres aufrichtigen Glaubens nahm Gott ihre Buße an, erließ ihnen die Strafe, und Stück um Stück wurde der blaue Himmel wieder sichtbar, die schwarzen Wolken verzogen sich, die Sonne schien, und die Menschen waren froh über Gottes große Barmherzigkeit und die Gnade des Glaubens an das Leben. Sie kehrten zurück in ihre Häuser auf den Bergen und in der Wüste und beschlossen, sich zu freuen und zu feiern:

> »Und warum gab es keine Stadt, die gläubig wurde
> und der ihr Glauben Nutzen brachte –
> außer dem Volke Jonas [Yûnus']?
> Als es glaubte, nahmen wir von ihnen
> die Strafe der Erniedrigung im Leben hier auf Erden,
> und wir gewährten ihnen noch für eine Weile Lebens-
> genuss.« (Sure 10,98)

Trotz dieses Genusses und der Abwendung der göttlichen Strafe warteten die Bewohner Ninives weiter auf die Rückkehr ihres Propheten. Allerdings vergebens, Yûnus war im Zorn gegangen und kehrte nicht wieder.

Er hatte währenddessen die Küste erreicht und das erste
Schiff bestiegen, das er dort vor Anker liegen sah, es war voller
Reisender. Als das Schiff aufs offene Meer gelangte, kam ein
Sturm auf, und die Wellen türmten sich immer höher. Und da,
während das Schiff die aufgewühlte See durchpflügte, geschah
etwas Seltsames: Ein gewaltiger Wal tauchte auf! Er stürzte
auf das Schiff zu, drehte sich dann plötzlich um und schlug mit
dem Schwanz, um eine riesige Welle gegen das Schiff zu treiben, so dass es heftig ins Wanken geriet. Die Matrosen erkann-
ten, dass der Wal das Schiff zertrümmern und versenken wollte. Er war so riesig und das Schiff so klein, dass dem Kapitän
nur noch ein Ausweg blieb, nämlich dem Wal einen der Passagiere zum Fraß vorzuwerfen. Sie losten – im Koran wird immer gelost, selbst bei Maryams Aufnahme in den Tempel. Auf
wen das Los fiel, der sollte geopfert werden. Und es fiel auf
den Propheten Yûnus. Der trat vor, um sich seinem Schicksal zu stellen. Er wusste, auch dies geschah nach Gottes Willen, darum fürchtete er sich nicht, als er in die Tiefe stürzte.
Die Seeleute und Passagiere des Schiffes sahen noch, wie der
Wal sich seinem Opfer zuwandte – dann sahen sie nichts mehr.
Yûnus war verschwunden, der Wal war verschwunden, und
das Schiff der Gefahr entkommen. Innerhalb weniger Augen-
blicke war Yûnus erst im Maul des Wals, dann in seinem großen dunklen Bauch gelandet. Da erkannte er, dass er sich versündigt hatte. Er hätte zu seinem Volk zurückkehren müssen,
statt aus Zorn über die Einwohner seiner Stadt fortzuziehen.
Deshalb begann er, seinen Herrn um Verzeihung zu bitten. Es
vergingen die Stunden, Yûnus saß im Bauch des Wals, und der
Wal glitt in großer Tiefe durchs Wasser. Yûnus aber lobte Gott:
»Und den mit dem Fisch. Damals, als er erzürnt von
 dannen ging
und dachte, dass wir nichts wider ihn vermöchten.

Da rief er in der Finsternis: ›Keinen Gott gibt es außer dir!
Gepriesen seist du! Siehe, ich war, fürwahr, ein Frevler!‹«
(Sure 21,87)

Yûnus' Ruf war der Ruf des Glaubens an den alles vermögen-
den Gott, und betend verbrachte er die Tage und Nächte.

Dem Willen Gottes gehorchend, schwamm der Wal schließlich auf eine Insel zu. Als er sich dem Ufer näherte, zog sich
sein Magen zusammen, und Wasser ergoss sich aus seinem
Maul. Mit diesen Wellen wurde auch Yûnus hinausgespült,
und er blieb am weichen Sandstrand liegen. Der Wal hatte ihn
wieder ausgespien! Dank göttlicher Gnade gab es an der Küste
keine Felsen, sonst wäre Yûnus' Körper daran zerschellt. Doch
war er äußerst schwach, erschöpft und durstig, konnte sich
nicht bewegen und brauchte dringend Ruhe und ein schattiges
Plätzchen. Was sollte er tun? Er lag ja ganz allein und hilflos
im Sand. Da ließ Gott, der barmherzig war mit seinem Knecht
und seine Propheten stets beschützt, über ihm eine Kürbispflanze wachsen, unter deren ausladenden Blättern Yûnus
Schutz suchte und von deren Früchten er sich ernährte:

»Siehe, Jona [Yûnus] gehörte wahrlich zu den
Abgesandten.

Damals, als er auf das beladene Schiff entfloh,
loste und einer der Verlierer war
und ihn der Fisch verschlang und er zu tadeln war.
Hätte er nicht zu den Lobpreisenden gehört,
dann wäre er in seinem Bauch geblieben –
bis zu dem Tag, an dem sie auferstehen.
Da warfen wir ihn krank aufs weite Land
und ließen über ihn eine Kürbispflanze wachsen.
Und wir sandten ihn zu Hunderttausend oder mehr.
Da glaubten sie, und wir verliehen ihnen für eine Weile
Lebensgenuss.« (Sure 37,139-148)

So wurde Yûnus aus dem Bauch des Wals gerettet, damit er begreife, dass Gott der alles Vermögende ist, der Erbarmer, der Barmherzige, die Eile dagegen des Teufels. Yûnus gewann seine Gesundheit wieder, kehrte zurück in seine Stadt (Ninive), und als er sah, dass die Bevölkerung ihn willkommen hieß, freute er sich. Und auch sie war froh über Gottes Gnade, alle waren sie gläubig geworden, und Gott hatte die Strafe von ihnen gewandt. Die Kinder spielten, die Männer arbeiteten, das Vieh weidete friedlich auf den Wiesen. Es war die Gnade des Glaubens an Gott, der dem Menschen das Leben geschenkt hatte.

Das ist, frei referiert, Yûnus' Geschichte im Islam, wobei der Koran, wie bei allen Prophetenerzählungen, auch hier nicht auf Einzelheiten eingeht und damit Spielraum für Interpretationen lässt. Denn zur Zeit des Propheten Muhammad und ebenso zur Zeit der Niederschrift des Korans waren den Auslegungen kaum Grenzen gesetzt. Magisches Denken war den damaligen Zuhörern nicht fremd. Um eine Erzählung jedoch spannend und überzeugend zu gestalten und sie wenigstens in ihrem Ablauf der Lebenswelt des jeweiligen Publikums anzupassen, musste sie gut aufgebaut sein. Das irakische Sprichwort, welches besagt: »Besser eine ordentliche Lüge als eine chaotische Wahrheit«, spiegelt diese Auffassung.

Wie üblich bemühten sich einige Interpreten, Yûnus' Geschichte mit der Vernunft in Einklang zu bringen. Bis heute versuchen manche mit allen Mitteln zu beweisen, dass sie hätte geschehen können. Kurioserweise sind sie alle, welch sagenhafte, angeblich wissenschaftliche Argumente sie auch vorbringen mögen, über eine Frage verschiedener Meinung: über die Zeit, die Yûnus im Bauch des Wales verbrachte.

Wenn ein Muslim sich fragt, wie lange Yûnus dort ausharrte und wie er es mit Essen und Trinken und derlei Verrichtungen hielt, wird er in keinem Buch und keiner Überlieferung Auskunft erhalten. Eine Ausnahme bildet folgende Erwähnung in Ibn Kathîrs Exegese: Saîd Bin Abi al-Hasan al-Basri habe gesagt, der Prophet sei vierzig Tage im Bauch des Tiers geblieben, berichte Ibn Dscharîr. Auch Al-Baghawi sage in seiner Exegese, Yûnus habe vierzig Tage und Nächte dort verweilt, Atâa und Dschaafar al-Sâdiq sprächen von sieben Tagen. Abu al-Suud sage, der Wal habe Yûnus nach vier Stunden ans Ufer gespien. Al-Schaabi sage, er habe ihn vormittags verschlungen und am Abend wieder ausgespuckt. Qatâda behaupte, er sei drei Tage im Bauch des Wals geblieben (wie es im Alten Testament steht). So weit also die Exegeten und Rechtsgelehrten. Es gibt aber auch Leute, die von siebzig Tagen sprechen. Und am Schluss ziehen sich alle auf die Redewendung »Gott weiß es am besten« zurück. Absurderweise argumentieren die der Bibel verpflichteten Araber gerade mit der Tatsache, dass die von Yûnus im Walbauch verbrachte Zeit im koranischen Text nicht genannt wird, um diesen als lügnerisch darzustellen. Wer nach einer Antwort suche und auf die Wahrheit aus sei, der solle die vollständige Geschichte in ihrem Ursprungstext nachlesen, nämlich im Buch Jona im Alten Testament. Darin werde er die Antwort finden. Dort stehe auch nirgendwo der Satz »Gott weiß es am besten«, wie es bei den muslimischen Gelehrten der Fall sei. Denn mit dem Alten Testament, so diese Gläubigen, seien uns Kenntnis und Wissen verliehen worden. Und dies gelte nicht nur für diese Geschichte, sondern für viele weitere, wie die von der Schöpfung, von Adam und Eva, von Abraham und seinem Sohn Isaak auf dem Opferaltar und von den zehn Plagen, die den Pharao heimsuchten, damit er Moses und sein hebräisches Volk aus Ägypten ziehen lasse. (Als Gott Moses sandte, um sein Volk aus Ägypten herauszuführen, sagte er zu ihm:

»Aber ich weiß, dass euch der König von Ägypten nicht
wird ziehen lassen, er werde denn gezwungen durch eine starke Hand.« [Exodus 3,19])

Und so weiter. Am Ende zeiht eine Sage die andere des Irrtums, erklärt: Mein Wissen ist das bessere, denn ich bin Gott.
Und schließlich geschieht das Wunder. Yûnus im Wal, Yûsuf im Brunnen, Mûsa im Korb, Muhammad in der Höhle
Hirâ ...

Zudem stehen die Geschichte von Yûnus und die darin enthaltene Aufforderung

»So harre der Entscheidung deines Herrn,
und sei nicht so, wie der mit dem Fisch,
als er rief, da er bedrängt war.« (Sure 68,48)

entfernt in Beziehung mit einer Erzählung über Muhammad, die unter den Islamgelehrten ebenfalls kontrovers diskutiert wird. Es handelt sich um den Bericht von Muhammads Selbsttötungsversuch, als er wegen des Ausbleibens der
Offenbarungen in Verzweiflung geriet. Dies geschah unmit-
telbar nach dem Tod Waraqa Bin Naufals, des Cousins seiner Frau Chadîdscha, von dem Muhammad viel gelernt hatte.
Er soll Christ gewesen sein und das Evangelium in arabischer
Sprache niedergeschrieben haben. »Dann dauerte es nicht
mehr lange, bis Waraqa starb, und die Offenbarungen ließen so nach, dass der Prophet, Gott segne ihn und schenke
ihm Heil!, traurig wurde, wie wir erfuhren, so traurig, dass
ihn dies mehrfach dahin brachte, sich von den Spitzen hoher
Berge zu stürzen. Doch jedes Mal, wenn er sich einem Berggipfel näherte, um sich von dort hinabzuwerfen, erschien ihm
Dschibrîl (Gabriel) und sagte: ›Muhammad, du bist wirklich
Gottes Gesandter.‹ Das dämpfte seine Erregung, er beruhigte
sich und ging zurück. Immer wenn die Offenbarung auf sich
warten ließ, geriet er in diesen Zustand, doch wenn er sich

einem Berggipfel näherte, erschien ihm jedes Mal Dschibrîl und sagte ihm wieder dasselbe.«[1] In Geduld üben musste sich also auch Muhammad, selbst wenn seine Geschichte im Vergleich mit der Geschichte von Yûnus armselig klingt.

[1] Sahîh al-Buchâri, Band 4, Kapitel 84, Hadith Nr. 6982 im Buch der Traumdeutung, Kapitel »Der Beginn der göttlichen Offenbarung«.

König Salomo

In einem berühmten Lied von Paul Gerhardt ist von Salomonis Seide die Rede. Als Kind hatte ich irgendwoher aufgeschnappt, dass Insekten Seide herstellen können; welche Fadenspinner dazu in der Lage waren, wusste ich allerdings nicht. Da meine Großmutter mir das Lied von Paul Gerhardt öfter vorsang, war ich fest davon überzeugt, Salomonis sei der fleißige Käfer, der unentwegt Seide spann. Ich stellte ihn mir prächtig vor, grünschillernd, ein etwas größeres Exemplar, jedenfalls kein Marienkäferchen. Die Eltern bat ich darum, mir so einen Salomonis zu schenken. Sie verstanden nicht recht, wahrscheinlich begriffen sie gar nicht, weshalb ich so einen Käfer unbedingt wollte. Ich hätte ihm gern beim Seidenspinnen zugesehen, hatte auch schon eine Schachtel für ihn auserkoren. Nun, dies gehört zu den vielen Wünschen, die leider unerhört verhallen mussten.

Jean-Henri Fabres heiße Wünsche drehten sich von Kindheit an um die Welt der Insekten. Der Franzose war einer der berühmtesten Insektenforscher weltweit. Ende des neunzehnten und Anfang des zwanzigsten Jahrhunderts legte er sich jahrelang geduldig auf die Lauer, um sie in seinem recht trockenen, von der Hitze bestrichenen südfranzösischen Anwesen zu beobachten. Fabre hatte eine ungeheure Ausdauer und einen scharfen Blick, gepaart mit einem äußerst plastischen, ansprechenden Schreibstil. Als Kind war er ebenfalls von der Herstellung des Seidenfadens fasziniert. Anders als ich begriff der künftige Forscher allerdings schnell, dass dafür kein grüner Prachtkäfer namens Salomonis die Verantwortung trug, sondern die aus Asien importierte Seidenraupe. Jean-Henri Fabre gebührt Verehrung! Er schreibt so leuchtend, so ergriffen, so genau von Gottes herrlicher Schöpfung, selbst wenn's ums Kopfabbeißen oder um das Drehen einer Mistkugel geht. In seinen Schriften feiert das Wunderwerk der Natur Festtag, der Mann besaß ein präzises, schwunghaftes und zugleich mitfühlendes Vermögen, sich den kleinen Lebewesen zu widmen, die unsere Erde mit zartschillernden Flügelchen überfliegen, die als insistente Bohrer ins Erdreich dringen und über Camouflagetechniken verfügen, vor denen man nur den Hut ziehen kann.

Insektenbeschreibung, und sei sie noch so sublim, mag in Bezug auf den berühmten König Salomo ein wenig abwegig klingen, aber wenn wir uns vor Augen halten, wie sehr in den ihm zugeschriebenen Liedern sich Liebesbeteuerungen mit Naturbildern mischen, gibt es zumindest eine zarte Berührung der aufgerufenen Sphären. Doch in den Liedern geht es um Täubchen, Reben, Lilien, Gazellen, Hirschkühe, Ziegen, Weihrauchhügel, Granatäpfel, Salböl, jedenfalls nicht um emsige schwarzgebuckelte Mistkugeldreher oder gar um seidenspinnende Raupen.

Fangen wir noch mal von vorn an. Wer war König Salomo? Er war der bedeutende Sohn des ebenfalls hochberühmten Königs David, dessen fehlgeleiteter Sohn Absalom sich mit seinem Langhaar in einer Eiche verfing. Der spätere Sohn, den die schöne Bathseba dem alternden König gebar, war der ungleich Glückhaftere. Hier wiederholt sich das Schema, dass der versammelte Segen auf dem Nachgeborenen liegt, nicht auf dem Erstling. Obwohl die Geburt Salomos von einem Frevel überschattet ist, da der König Bathsebas Mann in den Krieg schickte, damit er getötet wird, scheint dieser Sprössling die unangefochtene Glücksgestalt der jüdischen Bibel zu sein.

Er ist reich, er wird geliebt, er ist poetisch begabt, er huldigt der Liebe. Lassen wir ihn für sich selbst sprechen, indem wir eines seiner Lieder zitieren:

»Kehr wieder, kehr wieder, Schulammitin,
kehr wieder, kehr wieder, daß wir dich anschaun.
Was wollt ihr die Schulammitin anschaun,
wie beim Tanz der Doppelreigen?

Wie schön sind deine Füße in den Sandalen,
Fürstentochter.
Die Rundungen deiner Hüften gleichen Armreifen,
von Künstlerhand gefertigt.
Dein Schoß gleicht einer gewölbten Schale,
nie soll es ihr an Mischwein fehlen,
dein Bauch einem Weizenhaufen,
umgeben von Lilien.

Deine Brüste sind zwei Rehlein,
gleich Gazellenzwillingen.
Dein Hals ist wie der Elfenbeinturm,
deine Augen wie die Teiche von Heschbon
am Tor nach Bat-Rabbim,
deine Nase wie der Libanonturm,
der nach Dammessek schaut.

Dein Kopf ist wie der Karmel,
deines Kopfes Haare sind wie Purpur.
Der König liegt gefesselt in Schlingen!
Wie bist du schön, wie lieblich,
Geliebte, mit deinen Zärtlichkeiten!
Deine Gestalt, sie gleicht einer Palme
und deine Brüste Trauben.

Ich denk: ich ersteige die Palme,
fasse ihre Rispen.
Sind doch deine Brüste gleich Weintrauben,
der Duft deiner Nase gleich Äpfeln,
dein Gaumen gleich würzigstem Wein,
der mir freundlich mundet
und die müden Lippen erfrischt.«[1]

Zweifellos ist das Lied sehr schön, und es vermag unsere Auf-
merksamkeit zu fesseln, vielleicht auch deshalb, weil die be-
geisterte Metaphorik, die zum Lobpreis des Körpers der Geliebten aufgerufen wird, glühender wirkt als das, was heutigen
Dichtern dazu einfällt. Weizenhaufen, Gazellenzwillinge,
der Libanonturm, Palme, Trauben, Äpfel, vermutlich könnten nur die letzten drei Wörter in einem modernen Liebes-
gedicht noch vorkommen. Befreiend an dieser Lyrik ist natürlich auch, dass sie sich keinen Deut um so etwas Profanes wie
ein Ehebündnis schert. Im Übrigen wird König Salomo ohnehin eine Vielzahl von Ehefrauen nachgesagt, wobei *Ehefrau*
ein bürgerlicher Begriff ist, es handelte sich gewiss um einen
Harem. Zerwürfnisse, die die Liebenden auseinandertreiben
und sie womöglich gegeneinander aufhetzen, kommen in den
Liedern nicht vor. Sie sind auch deshalb so hinreißend, weil
im Wechsel ein Mann eine Frau preist und dann wieder umgekehrt eine Frau einen Mann. Zwei Stimmen finden darin
enthusiasmierte Flügelworte, die auf beide Geschlechter verteilt sind. Schönheit und jugendliche Anmut, Biegsamkeit der
Glieder und Schmiegsamkeit traulich liebender Wesenheit,
sie werden in den höchsten Tönen gepriesen. Alter und Ver-
fall scheinen noch fern, komplizierte Verwicklungen, die im
wirklichen Leben auf die Liebenden warten, ebenso. Noch
zwei Hinweise seien gegeben, Dammessek ist der hebräische

Name für Damaskus, einen Libanonturm kennt die Geschichte nicht, der Übersetzer der Gedichte, Stefan Schreiner, vermutet hier, dass es sich um den höchsten Gipfel des Libanon handeln könnte.

Zweifellos, Salomo war ein überragender König. In seiner Rede vor dem Bundestag am 22. September 2011 hat Papst Benedikt gesagt: »Lassen Sie mich meine Überlegungen über die Grundlagen des Rechts mit einer kleinen Geschichte aus der Heiligen Schrift beginnen. Im ersten Buch der Könige wird erzählt, dass Gott dem jungen König Salomon bei seiner Thronbesteigung eine Bitte freistellte. Was wird der junge Herrscher in diesem wichtigen Augenblick erbitten? Erfolg – Reichtum – langes Leben – Vernichtung der Feinde? Nicht um diese Dinge bittet er. Er bittet: ›Verleih deinem Knecht ein hörendes Herz, damit er dein Volk zu regieren und das Gute vom Bösen zu unterscheiden versteht.‹« [2] Wahrlich, eine kluge Bitte für einen jungen, bereits mächtigen Mann!

Der Beginn seines Königtums steht unter einem günstigen Stern. Auf den ersten Blick dürfte Salomo ein strahlender Herrscher gewesen sein, will man dem, was über die Ordnung der Verwaltung, seine Weisheit und sein Regieren gesagt wird, Glauben schenken. Das Reich war groß, er herrschte unangefochten, sein Regime scheint von der ziemlich einmaligen Mischung aus Klugheit, staatsmännischer Überlegenheit, geschickt dosierter Vernunft und nicht zuletzt glückhaften Umständen geprägt gewesen zu sein. Wohl dem König oder Staatenlenker, dem so etwas noch nach Jahrtausenden nachgesagt werden kann. Auch wenn die eine oder andere Zuschreibung der Welt der Fabel entsprungen sein mag, muss es sich doch um eine für das Volk gedeihliche Herrschaft gehandelt haben. Eine solche Herrschaft ist immer auch eine als gerecht empfundene; die böse Kippfigur zu ihr ist die Tyrannis.

Aber niemand ist je auf die Idee gekommen, von König Salomo als einem Tyrannen zu sprechen.

Dass den großen König Schwermut, Verlorenheit und Düsternis befallen haben, ist zunächst schwer zu glauben. Als junger Mann, der Rat sucht bei Gott, findet er höhererseits Gefallen. Er hält sich an die Gesetze und opfert redlich. Das Volk verehrt ihn als weisen Richter. Angesichts zweier Frauen, die sich um einen Sohn stritten, befahl er, ein Schwert zu holen, um das Kind in zwei Hälften zu teilen – eine berühmte Geschichte, die Bertolt Brecht im *Kaukasischen Kreidekreis* bearbeitet hat. Dreitausend Sprüche und tausendundfünf Lieder soll er gedichtet, zwölftausend Reitpferde soll er besessen und eine Tochter des Pharaos geehelicht haben. Seine Widersacher sind besiegt, deshalb kann er sich mit aller Kraft und seinem gewaltigen Vermögen dem ersten Tempelbau widmen. Er ist ein treuer Halter des Bundes mit dem Herrn und nennt sich selbst dessen Knecht. Seine Weisheit verbreitet sich über weite Landstriche hinweg, so dass eines Tages die Königin von Saba mit einem Heer von Bediensteten erscheint, um sich selbst einen Eindruck davon zu verschaffen. Selbstredend mit durchschlagendem Erfolg. Vierzig Jahre lang beherrscht Salomo das Land. Wahrlich, will man den Berichten Glauben schenken, war er ein begnadeter und begünstigter König.

Er ragt auch deshalb stärker ins Mythische, weil er nicht gebrechlich und sündenbeladen endet wie sein greiser Vater David. Man kann behaupten, im Falle Salomos habe die mythische Verehrungssucht eines Volkes, das solchen Verzückungen meist tapfer widerstand, sich hinterrücks doch freie Bahn verschafft. Aber das ist nur die eine Seite der Medaille. Das Buch Kohelet, das traditionell Salomo zugeschrieben wird, erzählt etwas anderes. Hier spricht ein zutiefst pessimistischer Mann, der trotz des Glanzes, der sein Leben umschwebt, kein behagliches Genügen an sich selbst und der Welt finden kann. Auf ihm lastet die Schwermut. Der König sieht scharf. Er kennt die Leiden der Menschen. Alle Schätze dieser Welt sind ihm Leichtgewichte, denen keine Bedeutung anhaftet. Und obwohl es als reicher Herrscher in seiner Macht stünde, so manches Elend zu lindern, tut er nichts, sondern klagt nur. Alles sei eitel, und es geschehe nichts Neues unter der Sonne, geht seine Leier. Ein jedes Geschlecht vergehe und ein neues komme, dem nun seinerseits bestimmt sei, zu vergehen. Seine eigene Weisheit, auf die er einst so stolz gewesen war, sei bloßes Haschen nach dem Wind. Dem Weisen gehe es nicht anders als dem Toren – beide wanderten im Dunkeln. Alles ist dem König verdrießlich, das Herz wird ihm schwer. Menschen, die Unrecht leiden, sieht er vor sich, aber er unternimmt nichts dagegen. In modernen Worten gesprochen: Salomo ist der klassisch Depressive, von modriger Stimmung umwölkt und zur Untätigkeit verdammt. In manchen Predigten werden seine ausufernden Klagen erwähnt, aber nie zur Gänze, denn dann sind sie wahrhaft niederdrückend. Nimmt man nur wenige Brocken der ins Monotone driftenden Passagen, lässt sich noch etwas Mut schöpfen, das gelingt aber schwerlich, wenn man ausgiebig zitiert.

Hier nun ein Auszug aus Kohelet, zitiert nach der neuen Lutherbibel: »Ein jegliches hat seine Zeit, und alles Vorhaben unter dem Himmel hat seine Stunde. Geboren werden hat seine Zeit, sterben hat seine Zeit; pflanzen hat seine Zeit, ausreißen, was gepflanzt ist, hat seine Zeit; töten hat seine Zeit, heilen hat seine Zeit; abbrechen hat seine Zeit, bauen hat seine Zeit; weinen hat seine Zeit, lachen hat seine Zeit; klagen hat seine Zeit, tanzen hat seine Zeit; Steine wegwerfen hat seine Zeit, Steine sammeln hat seine Zeit; herzen hat seine Zeit, aufhören zu herzen hat seine Zeit; suchen hat seine Zeit, verlieren hat seine Zeit; behalten hat seine Zeit, wegwerfen hat seine Zeit; zerreißen hat seine Zeit, zunähen hat seine Zeit; schweigen hat seine Zeit, reden hat seine Zeit; lieben hat seine Zeit, hassen hat seine Zeit; Streit hat seine Zeit, Friede hat seine Zeit. Man mühe sich ab, wie man will, so hat man keinen Gewinn davon.«[3]

Wer bei so viel Auf und Ab nicht in Schwermut versinkt und den Wunsch verspürt, sich ins Bett zu legen, um möglichst rasch zu sterben, ist entweder ein Trottel oder ein Leichtfuß, dem Worte zum einen Ohr eingehen und zum anderen Ohr wieder ausfliegen. Schwermut lähmt. Zu Recht zählt sie zu den Todsünden. Müssen wir demnach davon ausgehen, dass sich der gerechteste und weiseste aller Könige, dessen Urteilskraft sprichwörtlich ist, in der Hölle befindet? Ein Mann, der sich zu dem Satz verstieg: »Eine Fehlgeburt hat es besser ... Denn sie kommt ohne Leben, und in Finsternis fährt sie dahin, und ihr Name bleibt von Finsternis bedeckt ...«[4]

Da geht es um den Fluch bloßer Existenz, gehüllt in abgrundtiefe Gleichgültigkeit. Und es ist mehr als fraglich, ob die in solchen Fällen angepriesene Frömmigkeit helfen kann, aus dem tiefen Abgrund zu klettern. Der Fromme mag in der Zuversicht leben, Rettung nahe von oben. Aber wie schafft man es, sich einen scharfen Blick auf die Realität unten zu bewahren und dennoch herzinnig fromm zu sein, den leicht verdrehten Blick gen Himmel gerichtet? Auch wenn in einer späteren Passage zur Freude aufgerufen wird, mag sie bei der Lektüre nicht recht aufkommen: »So geh hin und iss dein Brot mit Freuden, trink deinen Wein mit gutem Mut ... Genieße das Leben mit der Frau, die du lieb hast, solange du das eitle Leben hast, das dir Gott unter der Sonne gegeben hat; denn das ist dein Teil am Leben und bei deiner Mühe, mit der du dich mühst unter der Sonne. Alles, was dir vor die Hände kommt, es zu tun mit deiner Kraft, das tu; denn im Totenreich, in das du fährst, gibt es weder Tun noch Denken, weder Erkenntnis noch Weisheit.«[5]

Reichtum zuschanden, Liebesscharmützel ade, Wehklagen allenthalben. Viele der Liebeslieder sind zwar heiter und vielversprechend. Sie zeigen eine amüsierlich genießende Seite des sagenumwobenen Königs und seiner Gespielinnen, vermutlich eine Haltung aus jungen, erosgeneigten, lebenslustigen Jahren. Versuchen wir jedoch, in eines seiner Lieder hineinzuhorchen, in dem es ganz anders zugeht, und stellen uns dabei den Klang von Zimbeln, Flöten und zarten Trommelschlägen vor, die allmählich zu einem klagenden Weh anschwellen. Denn – wie könnte es anders sein – zur Liebe gehört auch die quälende Verlassenheit. Diesmal ist es eine weibliche Stimme, die ihren Geliebten herbeisehnt und vermisst:

»Ich schlafe, doch mein Herz ist wach.
Horch! Mein Liebster klopft:
Mach mir auf, meine Schwester,
meine Freundin, mein Täubchen, mein alles,
denn mein Kopf ist naß von Tau,
feucht meine Locken von der Nacht.

Ausgezogen hab ich schon mein Hemd,
wie sollte ich's wieder anziehn?
Gewaschen hab ich schon meine Füße,
wie sollt ich sie wieder beschmutzen?
Mein Liebster schob seine Hand durch den Türspalt,
alles in mir verlangte nach ihm.

Auf stand ich, meinem Liebsten zu öffnen,
meine Hände träufelten Myrrhe
und meine Finger Myrrhenharz
auf die Griffe der Türriegel.
Auf tat ich meinem Liebsten,
doch mein Liebster war fort, verschwunden.

Außer mir war ich, daß er sich abgewendet.
Ich suchte ihn, doch fand ich ihn nicht.
Ich rief ihn, doch er antwortete mir nicht.
Mich fanden die Wächter, die die Stadt durchstreifen:
Sie schlugen mich, taten mir weh,
sie nahmen das Tuch mir, in das ich gehüllt,
die Wächter der Stadtmauern.

Ich beschwöre euch, Töchter Jeruschalajims:
Wenn meinen Liebsten ihr findet,
was sollt ihr ihm sagen?
Daß ich krank vor Liebe bin!«[6]

Dies ist eines der wenigen Salomo zugeschriebenen Lieder, in denen es traurig und zugleich wüst zugeht. Denkt man an die zweite Strophe, in der die Liebende schon die Hand ihres Geliebten im Türspalt sieht, hat man sogleich einen surrealistischen Film vor Augen, der in einer grausamen Phantasmagorie endet. Die Frau ist liebesverrückt und schaurigerweise eine Beute für die Wächter der Stadt, die sie ausziehen. Was sie sonst noch mit ihr treiben, kann man sich leicht vorstellen. Dies ist eines der wenigen Liebesgedichte, in denen man von einer bösen Kippfigur sprechen kann. Opfer ist eine geistig verwirrte Frau. Doch es sei betont, dass in den anderen Gedichten die Frauen keineswegs als Opfer und leicht zu nehmende Beute dargestellt sind.

Verlassen wir nun den in Düsternis gehüllten Salomo der Bibel und suchen Erleichterung im Koran, in welchem der große König in märchenhaftem Glanz erscheint, und sogar – worum ich ihn sehr beneide – mit einem Wiedehopf spricht!

1 Das Hohelied, Lied der Lieder von Schelomo, nachgedichtet und kommentiert von Stefan Schreiner, Frankfurt am Main und Leipzig 2007, S. 34.

2 Papst Benedikt nach der Bibel, Einheitsübersetzung der Heiligen Schrift, Stuttgart 2016, 1. Könige 3,9.

3 Lutherbibel, revidiert 2017, Stuttgart 2016, Kohelet 3,1-9.

4 Ebenda, Kohelet 6,3-4.

5 Ebenda, Kohelet 9,7-10.

6 Das Hohelied, S. 27-28.

Sulaimân

Den magischen Realismus verbindet man bis heute mit latein-
amerikanischen Schriftstellern, vor allem mit dem Kolumbia-
ner Gabriel García Márquez. Er selbst hingegen führte ihn
auf frühere, in jedem Fall jedoch lateinamerikanische Autoren
zurück, und zwar in erster Linie auf den mexikanischen Erzähler Juan Rulfo, den Verfasser des Romans *Pedro Páramo*.
Márquez, oder Gabo, wie ihn seine Freunde nannten, ist am
17. April 2014 verstorben, sonst würde ich ihn bitten, diese
Ansicht korrigieren zu dürfen. Denn Vorreiter jedweder dem
magischen Realismus vergleichbaren Erzählkunst ist derjenige, der sich die Geschichte des Propheten Sulaimân (Salomon)
ausgedacht und mündlich oder schriftlich weitergegeben hat.
Ganz besonders gilt dies für deren Wiedergabe im Koran.

Der Koran nennt Sulaimân insgesamt siebzehnmal in sieben Suren, in Sure 2, 4, 6, 21, 27, 34 und 38. Meist erscheint
sein Name als Teil einer Auflistung von Propheten. Wie wir
wissen, ist eine Bestandsaufnahme der Propheten vor Muhammad im Koran üblich. Sulaimân jedoch sind darüber hinaus noch zwei nahezu ausschließlich mit ihm befasste Suren
gewidmet, nämlich die 27. und die 34. Sure 27 gibt ihm viel
Raum, von Vers 15:

»David [Dawûd] und Salomo [Sulaimân] haben wir
                              Wissen verliehen ...«,

bis Vers 44:

»Es wurde zu ihr [der Königin von Saba] gesagt: ›Tritt ein in
                              den Palast!‹
Als sie ihn sah, dachte sie, er sei ein Wasser ...«,

insgesamt dreißig Verse, mehr als jedem Propheten vor ihm. Und damit nicht genug. Denn zum einen haben wir hier eine Neuerung im Koran: Erstmals wird uns eine Geschichte als Ganzes vor Augen geführt, mag sie auch auf einer älteren, im Alten Testament schriftlich fixierten oder von den Menschen jener Zeit mündlich überlieferten Erzählung beruhen. Zum anderen ist Sulaimâns Geschichte durch ihre Sprache, die Erzählweise und ihre faszinierenden Bilder eine Besonderheit im Koran.

Die Muslime rühmen sich ihres Buches, für sie ist der Koran ein unnachahmliches Wunder. Dabei sind die meisten Prophetengeschichten improvisiert, bieten uns nicht mehr als knappe Informationen, die Sprache ist von Redundanzen geprägt und teilweise ermüdend, abgesehen von wenigen Versen, in denen man auf einen außergewöhnlichen Stil und, hin und wieder, ungezügelte Phantasie trifft, wie in Sure 27, die in jeder Hinsicht vollkommen ist, sowohl in der Art, wie Sulaimâns Geschichte erzählt wird, als auch, was den dichterischen Einfallsreichtum und die Sprache betrifft. Sie reißt den Leser mit, lässt ihn mit Sulaimân zusammen durch die Lüfte fliegen, seinem Gespräch mit den Ameisen ebenso wie seinen Worten an die Vögel, seinem Zorn über den Wiedehopf und seinem Treffen mit der Königin von Saba beiwohnen.

Die Geschichte von Sulaimân ist wie keine andere im Alten Testament oder im Koran in ein phantastisches Licht getaucht. Die meisten Propheten, von denen die religiösen Texte erzählen, waren Fremde im eigenen Land, führten ein einfaches Leben, wenn sie nicht gar Waisen waren und arm. Îsa und Muhammad sind dafür die besten Beispiele. Nur Sulaimân hatte alles, besaß höchsten Rang und Namen, war ein mächtiger König, dem sich Mann und Volk, Mensch und Tier unterwarfen.

Dem Koran zufolge stammte er von Ibrahîm ab und wird stets in Verbindung mit seinem Vater genannt. Er ist Sulaimân Bin Dawûd, Sohn des Propheten Dawûd, dem Gott den Psalter gab. Da die Propheten ihre Gabe an ihre Söhne weiterreichten (wir wissen nicht, ob Muhammad auch gesagt hätte, er sei der letzte der Gesandten, wenn er einen Sohn gehabt hätte), erbte Sulaimân nicht nur den Thron seines Vaters, sondern auch das Prophetentum. Als hätte diese Ausnahmegestalt auch bei Gott eine bevorzugte Stellung innegehabt, genoss er als Einziger lebenslang sämtliche Privilegien und wurde außerdem weder von seinem eigenen noch von einem fremden Volk drangsaliert. Dem Alten Testament zufolge kamen die Priester überein, statt seines älteren Bruders Adonija, der sich selbst zum König ernannt hatte, Salomo zu krönen. Sie forderten sogar seine Mutter Batseba auf, zu König David zu gehen, der auf dem Sterbebett lag, und ihn persönlich zu bitten, ihrem Sohn den Thron zu vererben. Im Koran wird deutlich, dass Sulaimân das Königtum nach Gottes Willen innehatte und wie er es sich verdiente:

»Wir schenkten David [Dawûd] Salomo [Sulaimân]. Welch
guter Knecht!
Siehe, er war bereit zur Buße.
Damals, als ihm am Abend die leichtfüßigen Rennpferde
vorgeführt wurden ...
Da sprach er: ›Siehe, aus Liebe zum irdischen Gut
versäumte ich es,
meines Herrn zu gedenken,
bis sie [die Sonne] hinter dem Vorhang verschwand.
Gebt sie [die Rennpferde] mir nun zurück!‹
Da begann er, über die Beine und die Hälse zu streichen.
Wir stellten Salomo [Sulaimân] auf die Probe
und ließen auf seinem Thron ein leibhaftig Abbild sitzen.

Dann kehrte er sich ihm demütig zu.
Er sprach: ›Mein Herr, vergib mir!
Schenk mir eine Herrschaft, wie sie keinem nach mir
                                        zukommt!
Siehe, du bist der freigebig Schenkende!‹
Und wir machten ihm den Wind zu Diensten
– der weht sacht auf sein Geheiß, wohin er will –
und die Satane, einen jeden als Baumeister und Taucher,
und andere, in Fesseln aneinandergebunden.
›Das ist unsere Gabe.
So schenke du nun, oder halte dich zurück,
ohne darüber abzurechnen.‹
Siehe, er ist nahe bei uns und hat eine schöne Heimkehr.«

(Sure 38,30-40)

Abgesehen von seiner Vorzugsstellung bei Gott ist Sulaimân auch ein zur Buße bereiter Mann. Und wie wir bereits
im Kapitel über den Propheten Ayyûb erfahren haben, cha-
rakterisieren einen bußfertigen Mann im Arabischen sieben
Eigenschaften: Er ist der Mitleidige, Lobpreisende, Reuige,
der sündigt und dann bereut, um anschließend erneut zu sündigen und wieder zu bereuen, der Gehorsame, der sich in der
Einsamkeit seiner Sünde erinnert und seinen Herrn dafür um
Verzeihung bittet, der Umkehrwillige, der zu Reue und Gehorsam zurückkehrt. Und es heißt, dass er sich immer wieder
auf seinen Herrn besinnt, sich dessen Befehlen fügt und dessen Verbote beachtet. All dies entspricht dem Bild des Propheten Sulaimân. Der Koran weist ihm eine Machtfülle sowie
weitere Privilegien und Eigenschaften zu, die keinem Propheten vor oder nach ihm zuteilwurden. Mit sämtlichen Ausrüs-
tungsgegenständen und Werkzeugen versah ihn sein Herr,
machte ihm Soldaten, Armeen und Verbände von Dschinn,
Menschen, Vögeln, wilden Tieren und Satanen dienstbar, so

dass sie Tag und Nacht für ihn arbeiteten, und wer von ihnen sich der Ausführung entzog, der kostete auf Gottes Befehl von der Feuerstrafe. Dazu verlieh Gott Sulaimân alles an Wissen und Verständnis für sprechende und stumme Kreaturen, was der König brauchte, darunter die Fähigkeit, die Sprache aller Lebewesen zu verstehen, einschließlich der Ameisen, die der Sure 27 den Namen geben. Sie schildert, wie Sulaimân eines Tages mit seinem gewaltigen Heer einherritt,

»… bis sie in das Tal der Ameisen kamen.
Da sprach eine Ameise: ›Ameisen! Geht hinein in eure
Wohnungen,
auf dass euch Salomo [Sulaimân] und seine Heerscharen
nicht zertreten,
ohne es zu bemerken!‹« (Sure 27,18)

Die Ameise befiehlt und warnt, und dabei entschuldigt sie Sulaimân und seine Soldaten, da sie ja nicht wahrnähmen, was sie tun. Als Sulaimân dies hört, muss er lächeln:

»Da lächelte er heiter über ihre Worte und sprach:
›Mein Herr, sporne mich an, dir zu danken für die Gnade,
die du mir und meinen Eltern gewährt hast,
und Frommes zu tun, woran du Wohlgefallen findest.
Nimm mich auf durch dein Erbarmen in deiner frommen
Knechte Schar.‹« (Sure 27,19)

Anschließend erzählt der Koran von Sulaimân und dem Wiedehopf. Die Vögel, die Sulaimâns Heer angehörten, waren in Gruppen eingeteilt, und jeder dieser Gruppen war ein Vogel als Kommandant vorangestellt, und zwar, wie beim Militär üblich, immer im Wechsel mit seinen Kollegen. Alle taten sie, was von ihnen verlangt wurde. Die Aufgabe des Wiedehopfs und anderer Vögel bestand nun darin, wenn auf Reisen durch die Wüste das Wasser knapp wurde, Ausschau zu halten, ob sich in der Nähe eine Quelle befände. Dem Wiedehopf hatte

Gott der Erhabene offenbar die außergewöhnliche Fähigkeit
verliehen, Wasser sogar im Erdinneren zu entdecken, und auf
sein Geheiß hin gruben die anderen an der betreffenden Stelle,
bis sie zur Quelle vorgedrungen waren und genug Wasser für
ihren Bedarf geschöpft hatten. Als der Prophet Sulaimân eines
Tages den Wiedehopf brauchte und nach ihm suchte, fand er
ihn jedoch nicht da, wo er seinen Dienst hätte tun sollen,

»… und sprach:
›Warum kann ich den Wiedehopf nicht sehen?
Zählt er vielleicht zu den Abwesenden?
Ich werde ihn in aller Strenge strafen oder gar töten,
es sei denn, dass er eine klare Vollmacht bringt.‹«

(Sure 27,20-21)

Tatsächlich kehrte der Wiedehopf wenig später aus nicht allzu weiter Entfernung zurück und erzählte Sulaimân von den
Gründen für seine Abwesenheit:

»Erfahren habe ich, was du nicht erfahren hast.«

(Sure 27,22),

und überbrachte ihm sichere Botschaft, dass er eine Frau gefunden habe, die ein großes Reich regiere:

»… Siehe, dort fand ich eine Frau, die Königin über sie ist.
Von allen Dingen wurde ihr gegeben,
und sie besitzt einen großartigen Thron.« (Sure 27,23)

Das Volk dieser Königin bete die Sonne an und nicht Gott,

»… Satan [Schaitân] betörte sie mit ihren Werken und
hielt sie ab vom Weg.
So waren sie nicht rechtgeleitet.
Wollen sie nicht vor Gott niederfallen,
der das Verborgene in den Himmeln und auf Erden zutage
bringt
und der weiß, was ihr verbergt und was ihr offenlegt?
Gott. Kein Gott ist außer ihm.

Er ist der Herr des großen Throns.‹« (Sure 27,24-26)
»Wir werden sehen, ob du die Wahrheit sprachst ...«, sagte Su-
laimân daraufhin zum Wiedehopf und forderte ihn auf, dem
Volk einen Brief zu überbringen, »[d]ann ziehe dich zurück
von ihnen und sieh, was sie antworten!« (Sure 27,27-28) Als
der Wiedehopf nun nach Saba kam, übergab er der Königin
das Schreiben, und sie las es ihren Beratern vor:
»Sie sprach: ›Ihr Edlen! Mir wurde ein ehrenvoller Brief
zugeworfen.
Siehe, er ist von Salomo [Sulaimân] und lautet:
›Im Namen Gottes, des barmherzigen Erbarmers ...‹«
(Sure 27,29-30)
In dem Brief forderte Sulaimân sie auf, sich nicht gegen ihn zu
erheben, sondern ihm ihre Sache anheimzustellen. Die Königin bat ihre Leute, ihr vorzuschlagen, was sie tun solle. Sie be-
säßen »Macht und große Schlagkraft« (Sure 27,33), antworteten diese, aber die Befehlsgewalt obliege ihr. An ihr sei es, eine
Entscheidung zu treffen, sie würden ihr folgen. Daraufhin tat
die Königin einen Ausspruch, der zu einem bis heute geläufigen arabischen Sprichwort werden sollte:
»›... Siehe, wenn Könige in eine Stadt eindringen,
dann stürzen sie sie ins Verderben und machen ihre
Oberschicht zu Unterworfenen.
Genauso werden sie es tun ...‹« (Sure 27,34)
Sie sandte König Sulaimân deshalb ein Geschenk und wollte
abwarten, was die Boten im Gegenzug zurückbringen würden. Sulaimân aber forderte die Abgesandten auf, das Geschenk, das sie ihm überreicht hatten, demjenigen, der ihn damit beglücken wollte, zurückzugeben. Sein Besitz, den Gott
ihm gewährt und verliehen habe, sei um ein Vielfaches größer
und besser als das, wessen die Angehörigen ihres Volkes sich
rühmten und worauf sie sich etwas einbildeten:

»Wollt ihr mich etwa mit Geld überhäufen?
Was Gott *mir* gab, ist besser als das, was er *euch* gab.
Vielmehr sollt ihr euch selbst an dem Geschenk von euch
erfreuen ...«« (Sure 27,36)
Er trug dem Boten auf, zu der Königin zurückzukehren und
sie zu warnen, er werde mit Soldaten kommen, »gegen die sie
nichts vermögen« (Sure 27,37) und wie sie sie noch nicht kennengelernt hätten. Dieses Heer würde die Bewohner des Reiches vertreiben und »Unterworfene, Erniedrigte« (Sure 27,37)
aus ihnen machen. Dann befahl er seiner Armee, ihm den
Thron der Königin zu bringen, bevor ihr Volk zu ihm komme
und sich ergebe.

»Ein Starker aus dem Kreis der Dschinne sprach:
›Ich werde ihn dir bringen, noch eh du dich von deinem
Platz erhebst.
Siehe, ich bin stark genug dafür und zuverlässig.‹«
(Sure 27,39)
Und der Starke aus dem Kreis der Dschinn hielt sein Ver-
sprechen: Blitzschnell schaffte er die Königin von Saba samt
Thron herbei. Es wurde ihr befohlen, Sulaimâns Palast zu be-
treten, den er aus Glas hatte bauen lassen:

»... Als sie ihn sah, dachte sie, er sei ein Wasser, und
entblößte ihre Beine.
Er sprach: ›Es ist nur ein Palast, mit Glas vertäfelt ...‹«
(Sure 27,44)
Diese Begrüßungsszene ist ausgesprochen erotisch. Zum einzigen Mal im Koran ist so offen und nicht ohne deutliche sexuelle Anspielung von den Beinen einer Frau die Rede.
Wie bei den übrigen Propheten hat die Einbildungskraft
des Volkes auch hier zahlreiche Erzählvarianten mit der Ur-
sprungsgeschichte verwoben, die bis heute Verbreitung finden. Allerdings ist zu betonen, dass die Geschichte des Pro-

pheten Sulaimân auch so, wie sie im Koran steht, mehr als jede andere als phantastische Erzählung interpretiert werden kann. Gibt es etwas Schöneres, als von einem Propheten zu erfahren, der die Vogelsprache versteht, der eine Ameise sprechen hört und die Wünsche der Menschen und Dschinn deutet, einem Propheten, der eine Königin dazu bringt, ihm mitsamt Thron zuzufliegen und vor ihm niederzufallen? Um wie viel poetischer ist Sulaimâns Geschichte als jene des Propheten Yunûs, der sich Tage und Nächte im Bauch eines Wals aufhält, um anschließend lebendig wieder ausgespuckt zu werden. Oder die Legende des Propheten Mûsa, der den einfältigen Pharao dazu bringt, ihn mit seiner Armee zu verfolgen, woraufhin sich das Meer vor ihnen teilt, die Ägypter aber zu Tausenden ertrinken. Oder die Geschichte von Îsa, bei dem sich die Leute nicht einigen können, wie er geboren wurde und wessen Sohn er sei, und schließlich jene von Muhammad, Waise und Analphabet, ehe er Prophet bei den Quraisch wird.

Sehen wir uns einige der volkstümlichen Legenden über Sulaimân genauer an. Eine beliebte lautet folgendermaßen: Eines Tages kam Sulaimân an einem Spatz vorbei, der um die Spätzin herumflog, und fragte seine Begleiter: »Wisst ihr, was er sagt?« – »Was sagt er denn, Prophet Gottes?«, entgegneten sie. »Er macht ihr den Hof und sagt: ›Heirate mich, dann baue ich dir ein Nest in einem Haus in Damaskus, in welchem du auch willst!‹« Und Sulaimân fuhr fort: »Die Häuser in Damaskus sind aus Stein gebaut, niemand kann darin ein Nest bauen. Aber jeder Bräutigam lügt!«

Auch die Geschichte mit der Ameise wird oft um folgende Anekdote erweitert: Zu Zeiten Sulaimâns litten die Menschen unter einer großen Dürre. Als sie unter seinem Kommando auszogen, stand da eine Ameise auf zwei Beinen. Sie öffnete ihre Hände und sagte: »O Gott, ich bin eines deiner Geschöpfe, und wir sind auf deine Gnade angewiesen.« Da befahl Sulaimân, dass es regnen solle. Und der Herr ließ es auf sie alle regnen. Der Prophet befiehlt also gleichsam seinem Gott!

Auch über die Königin von Saba gibt es zahlreiche Geschichten, über das großartige Reich im Lande Jemen und die gekrönten Häupter vom Volk des Tubba: Zu jener Zeit war der Thron einer Frau zugefallen, der Tochter des Königs, der keine anderen Nachkommen hatte als sie, so dass man sie zur Königin machte. Ihr Volk hatte nach dem Tod ihres Vaters zunächst einen Mann zum Herrscher ernannt, doch daraufhin hatte sich überall Verderbtheit breitgemacht. Die Tochter schickte nun zu ihm, hielt um ihn an, und er heiratete sie. Als er indes bei ihr eintrat, schenkte sie ihm Wein ein, schnitt ihm den Kopf ab und stellte ihn oben auf ihre Tür. Da kamen die Leute zu ihr und machten sie zu ihrer Herrscherin. Diese Frau aber war Bilqîs, die Tochter des Sairah (welcher auch Hidhâd genannt wird). Ihr Vater war ein großer König gewesen und hatte sich geweigert, eine Frau aus der Bevölkerung des Jemen zu heiraten. Es heißt, er heiratete eine Dschinnin namens Raihana Bint al-Sakn, und diese Frau gebar ihm eine Tochter namens Talqama, welche man auch Bilqîs nannte, die spätere Königin von Saba.

Obwohl eine andere Geschichte das Ganze verkürzt und sagt, eine von Bilqîs' Vorfahren, ihre Mutter natürlich, sei eine Dschinnin gewesen, veranlasste ihre Beziehung zu den Geistwesen einige Erzähler zu der Interpretation, das Entblößen ihrer Beine beim Eintreten in Sulaimâns Palast sei auf deren Befehl hin geschehen. Sie hätten gewollt, dass sie ihre Beine zeige, damit er die Haare daran sehe und sie ihm hässlich erscheine, so dass er Abscheu vor ihr empfinde. Sie hätten sich nämlich davor gefürchtet, dass er sie, die Tochter einer Dschinnin, heiraten und mit ihr zusammen über sie herrschen könnte. Dabei seien sie so weit gegangen, sie zu entstellen, und zwar in dem Maße, dass einige von ihnen es so aussehen ließen, als hätte sie Hufe wie ein Maultier. Als der Prophet Sulaimân die Haare habe entfernen wollen, weil er entschlossen war, Bilqîs zu heiraten, habe er die Menschen gefragt, wie das zu bewerkstelligen sei. Sie hätten ihm geraten, ein Rasiermesser zu gebrauchen. Eine schöne, phantastische Vorstellung! Bilqîs sei damit jedoch nicht einverstanden gewesen und habe von ihm verlangt, ein anderes Mittel zu finden. Da habe er die Dschinn gefragt, und sie hätten für ihn ein Enthaarungsmittel hergestellt.

In einer anderen Geschichte heißt es, als Sulaimân Bilqîs heiratete, habe er sie zur Königin auf dem Thron des jemenitischen Reiches gemacht und sie jeden Monat einmal besucht. In einem Augenblick war er dort, blieb drei Tage und kehrte schließlich in sein Königreich zurück, dessen Lage in den Volkserzählungen nicht erwähnt wird. Es ist verzeichnet auf der Landkarte der Phantasie.

Er befahl sogar den Dschinn, ihm im Jemen drei Paläste zu bauen: Ghudbân, Salihîn und Baitûn. Eine andere Erzählung berichtet allerdings, dass nicht Sulaimân Bilqîs heiratete, sondern dass er sie mit dem König der Hamdân vermählte. Sulaimân habe sie als Königin des Jemen eingesetzt und sich Zaubaa, den König der Dschinn des Jemen, dienstbar gemacht, so dass dieser ihr die erwähnten drei Paläste errichtete.

Im Koran selbst ist von einer Heirat des Propheten mit der Königin nirgendwo die Rede. Sure 27 begnügt sich damit, am Ende festzuhalten, dass Bilqîs sich mit Sulaimân zusammen Gott ergab:

»… Sie sprach: ›Mein Herr, ich habe an mir selbst
gefrevelt.
Mit Salomo [Sulaimân] ergebe ich mich Gott, dem Herrn
der Weltbewohner.‹« (Sure 27,44)

Eine andere Legende erzählt, Sulaimân sei seinem Thron vierzig Tage lang ferngeblieben. Bei seiner Rückkehr habe er befohlen, den Tempel in Jerusalem als vollkommenen Bau zu errichten. Als er fertig war, bat Sulaimân seinen Herrn um drei Gefälligkeiten, und zwei wurden ihm gewährt. Er bat ihn um Weisheit, die sich mit Gottes Weisheit deckte, und Gott gab sie ihm. Er bat ihn um ein Königtum, wie es niemandem nach ihm zustehen sollte, und Gott gab es ihm. Er bat ihn, jeden Menschen, der sein Haus verließe, um in seinem Tempel zu beten, von Sünde zu reinigen, damit er sei wie ein neugeborenes Kind. Diese letzte Bitte erfüllte Gott ihm nicht. Was aber die Weisheit betrifft, so entspricht sie dem, was im Koran steht:

»Und David [Dawûd] und Salomo [Sulaimân].

Damals, als sie über den Acker richteten,

als Schafe fremder Leute auf ihm grasten.

Wir waren bei ihrem Richtspruch Zeugen.

Und Salomo verliehen wir dafür Verständnis,

und allen gaben wir Weisheit und Wissen.« (Sure 21,78-79)

Die Geschädigten sollen Weinstöcke besessen haben, zwischen denen die Schafe eines anderen Stammes nachts geweidet und einen ganzen Rebstock aufgefressen hätten. Die Leute hatten sich in dieser Streitigkeit an Dawûd, Sulaimâns Vater, gewandt, und er hatte den Besitzern der Weinstöcke ihren Wert zugesprochen. Als sie jedoch zu Sulaimân kamen, fragte er: »Wie viel hat dir der Prophet Gottes« – er meinte seinen Vater Dawûd – »zuerkannt?« Soundso viel, antworteten sie. Da entgegnete er: »Wenn ich es gewesen wäre, hätte ich nicht anders geurteilt, als den Besitzern der Weinstöcke die Schafe zu übergeben, so dass sie deren Erträge nutzen können, bis die Besitzer der Schafe die Weinstöcke jener Leute wiederhergestellt und sie in ihren früheren Zustand versetzt haben.

Dann sollen sie ihre Schafe zurückerhalten.« Dies kam Dawûd zu Ohren, und er urteilte entsprechend.

Die berühmte Geschichte von den beiden Müttern dagegen, die sich um ein Kind streiten, wie wir sie auch bei Bertolt Brecht in *Der kaukasische Kreidekreis* wiederfinden, wird folgendermaßen erzählt: Zwei Frauen hatten jede einen Sohn. Da kam ein Wolf und holte sich den Sohn der einen, und sie stritten beide um den anderen. Die ältere sagte: »Er hat deinen Sohn geholt!«, und die jüngere: »Nein, deinen hat er geholt!« Als sie die Sache vor Dawûd brachten, sprach er den Knaben der älteren zu. Daraufhin gingen sie zu Sulaimân hinaus, und dieser sagte: »Bringt mir ein Messer, dass ich ihn entzweischneide, für jede von euch eine Hälfte!« Da sagte die jüngere: »Gott sei dir gnädig, er ist ihr Sohn!« Und er sprach ihn ihr zu, nicht der älteren.

Sulaimân heißt es, habe auch schon einen fliegenden Teppich besessen, bevor wir später in den Märchen von Tausendundeiner Nacht davon hören sollten. Dieser war aus Hölzern zusammengefügt, so dass er groß genug war für alles, was der König brauchte: Häuser, Paläste, Zelte, Hausrat, Pferde, Kamele, Lasten, Männer aus dem Kreis der Menschen und der Dschinn, außerdem Tiere und Vögel. Wollte er, in welches Land auch immer, verreisen oder einen Ausflug machen oder gegen Feinde kämpfen, so lud er all diese Dinge auf den Teppich. Dann befahl er dem Wind, ihn emporzuheben, woraufhin dieser ihn zwischen Himmel und Erde mit sich forttrug. Hatte er es eilig, zitierte er einen Sturm herbei, und der beförderte ihn, so schnell er konnte: in einem Augenblick nach Istachr. Dort blieb er bis zum Ende des Tages, dann brachte ihn der Wind zurück nach Jerusalem. Man sagt sogar, er sei morgens in Damaskus aufgebrochen, in Istachr gelandet, habe dort zu Mittag gegessen, sei erneut aufgebrochen und habe in

Kabul übernachtet. Normalerweise ist Damaskus von Istachr eine Monatsreise entfernt, ebenso Istachr von Kabul. Kommt die Rede auf Zivilisationen und Städte, heißt es, Istachr sei von den Dschinn für Sulaimân erbaut worden und früher habe sich dort der Sitz des türkischen Königreichs befunden. Darüber hinaus, so eine Behauptung, hätten die Dschinn viele weitere Städte errichtet, wie Palmyra und Jerusalem, sowie das Dschirûn-Tor und das al-Barîd-Tor in Damaskus. Gott habe Sulaimân mit den Dschinn Arbeiter zur Verfügung gestellt, die für ihn bauten, was immer er wollte, ohne je müde oder ungehorsam zu werden. Sollte sich doch einer von ihnen dem Befehl entziehen, so bestrafte ihn Gott und erteilte ihm eine Lektion.

Zum Schluss bleibt uns noch das Verhältnis dieses großen Königs zu den Frauen zu erwähnen. Ein Prophet, der über Wunderkräfte verfügte, dem Menschen und Dschinn dienten, musste auch zu Frauen eine phantastische Beziehung haben. So soll Sulaimân tausend Frauen gehabt haben, siebenhundert offizielle und dreihundert Konkubinen – oder umgekehrt, dreihundert freie und siebenhundert Sklavinnen. Und er war in der Lage, sich der Frauen in sehr großem Maße, bis zu neunzig in einer Nacht, zu erfreuen. Zu den phantasiereichen Geschichten, die ihm zugeschrieben werden, gehört auch, dass er einmal gesagt haben soll: »Ich will in der Nacht bei meinen Frauen die Runde machen, und jede einzelne von ihnen soll mit einem Krieger schwanger werden, der auf dem Wege Gottes kämpft.« Ohne Ausnahme suchte er alle auf, aber nur eine einzige von ihnen wurde schwanger, und sie kam mit einem halben Menschen nieder. Hätte er jedoch eine Anzahl von ihnen ausgelassen oder »So Gott will!« gesagt, wären ihm so viele Krieger geboren worden, wie er wollte, um auf dem Wege Gottes des Allmächtigen zu kämpfen.

Man könnte hier noch viele weitere Legenden über Sulaimân anführen. Gemeinsam ist ihnen allen ein phantastisches Element. Später sollten die Menschen noch andere Erzählungen kennenlernen, die diesen sehr ähnlich sind. Ich meine die Märchen aus Tausendundeiner Nacht, die der Mensch nicht müde wird weiterzugeben oder zu hören, genauso wenig wie die Geschichten über den Propheten Sulaimân.

Maria

wird uns eher im Hinblick auf ihren Sohn beschäftigen. Die Himmelskönigin weilt derzeit in ihrem Hortus conclusus und spricht mit den Pflanzen, spricht mit dem Einhorn, das sein gedrechseltes Horn in ergebener Anmut ihrem Schoß zuneigt, und sie spricht mit einem kleinen Vogel, der zu ihren Füßen herumhupft.

Einst war ihr geweissagt worden, durch ihre Seele werde ein Schwert dringen. Und als ihr nicht erspart blieb, die Kreuzigung ihres Sohnes an der Seite von dessen Lieblingsjünger Johannes mitanzusehen, ist es so gekommen. Maria war ihrem Sohn bis in jedes Detail der grausamen Folter nahe. Doch von ihrem großen Schmerz ist Maria inzwischen genesen. Nur wenn am 15. September das *Stabat Mater* als liturgisches Stück eingedenk ihrer Schmerzen gesungen oder gebetet wird, horcht sie auf, und die Erinnerung an ihre Verzweiflung kehrt zurück, wenn auch in zarter Form. Bisweilen wird sie besucht von ihrem Sohn, dem sie längst die harten Worte *Weib, was habe ich mit dir zu schaffen*, verziehen hat, wiewohl sie die Zurückweisung nicht ganz vergessen kann. Wie könnte eine Mutter es verwinden, wenn ein Sohn sie mit so abschätzigen Worten verleugnet?

Natürlich befinden sich die himmlischen Orte nicht in Sichtweite der Menschen auf der Erde. Auch mit immer leistungsstärkeren Aufnahmegeräten sind sie nicht zu erkennen – weder von den Astronauten auf einer im All schwebenden Raumstation noch von den unbemannten, unentwegt fotografierenden Fluggeräten, die ungeheure Strecken zurücklegen.

Nach göttlichem Maß sind das nur winzige Ausflüge von Gerätschaften, mit denen Kinder auf der Erde spielen.

Spekulieren ist dennoch erlaubt. Denken wir uns das fabelhafte Gärtlein nahe der Stadtmauer des himmlischen Jerusalem aus wandlungsfähiger Energie gebildet. Denken wir es uns schöner noch als all die herrlichen Bilder, die von den exquisiten Malern des dreizehnten bis siebzehnten Jahrhunderts auf uns gekommen sind. Wenn Maria den Kopf von ihren Lilien und Schlüsselblumen hebt, blitzen die in den Mauern eingesetzten Edelsteine der hochmögenden Stadt zu ihr herüber, violette Amethyste, grüne Smaragde, rotbrauner Jaspis, blaufunkelnde Topase, der graublau gestreifte Chalzedon. Jesus ist gerade zu Besuch. Er ist milde, er ist freundlich. Maria überreicht ihm eine Lilie, die sie für ihn gepflückt hat, wobei das Wort *pflücken* einen falschen Eindruck erweckt. Die Stängel himmlischer Blumen werden nicht durchtrennt, sie neigen sich in transzendenter Gelöstheit demjenigen zu, der sie in seine Hut nehmen will. Auch wenn hier alles in Schönheit zu schwelgen scheint, wird Jesus bisweilen von der Erinnerung an seine ungeheuerlichen Leiden am Kreuz heimgesucht, allerdings in schwacher, sich rasch verflüchtigender Form. Obwohl die Marter der Passion noch erkennbar ist: »Die Spuren der Passion, die sich im Leib des Gekreuzigten manifestieren, werden nicht annulliert, sondern verwandelt in die vollendete Existenz hineingenommen.«[1]

Ich bin protestantisch erzogen. *Naturgemäß*, wie Thomas Bernhard immer so schön sagte, bedeutet mir Maria weniger als den Katholiken. Ich käme auch nie auf die Idee, mich bittend an sie zu wenden. Wenn ich mir allerdings die Kunstwerke vor Augen halte, in denen Maria mit unendlicher Sorgfalt und Delikatesse porträtiert wurde, gerate ich in helles Entzücken. Da ist zum einen das kleine Bild von Joachim Patinir

Ruhe auf der Flucht nach Ägypten. Vor einem schroffen Felsen sitzt eine maßstäblich vergrößerte Maria im Gras. Eine gefältelte weiße Haube umrahmt ihr feines Gesicht, mit der linken Hand hält sie den Säugling fest, mit der anderen deutet sie anmutig nach rechts, und der Kleine tut es ihr nach. Im Hintergrund öffnet sich eine bläuliche Ideallandschaft, die in den Himmel übergeht, auf der rechten Seite ist er von Vögeln durchflogen. Von braunen Tönen zu grünen und schließlich zu beseeligendem Blau, diese Farbfolge findet man in den Bildern Patinirs häufig. Der erdige Boden beherbergt zwar das heilige Geschehen, doch dessen Wirkung reicht in die unendliche Weite des Himmels. Bezaubernd an diesem Bild sind auch ein kunstreich geflochtener Korb mit Deckel, auf dem ein kleiner Vogel sitzt, und ein Stab, um den zwei prall gefüllte helle Säcke geschlungen sind.

Wenn von Maria die Rede ist, kommt mir noch ein anderes Gemälde vor Augen, eines von Fra Angelico, das im Museo Diocesano in Cortona zu besichtigen ist. Es handelt sich um eine Verkündigung. Der Engel Gabriel ist im Begriff, sich vor Maria hinzuknien. In sprühendem Gold, von rotem Schimmer durchwirkt, entfalten seine Flügel eine ungeheuerliche Pracht. Die Szene ist äußerst zart, trotz der spektakulären Glanzparade der Schwingen. Einer gefassten, fromm sich zurückhaltenden Maria im blauen, himmelsköniglichen Gewand wird die frohe Botschaft verkündet, die sich dreistrahlig, in goldfarbenen Satzzeichen, auf sie zubewegt. Hier zielen gleichsam drei Hypostasen, von Vater, Sohn und Heiligem Geist kündend, auf die Jungfrau.

Vieles verweist aufeinander. Die Loggia mit den dünnen Säulen besitzt eine gewölbte blaue Decke, geradeso, als spanne sich himmlisches Dekor schon jetzt über Maria. Ein göttlicher Strahl fällt von links quer durch das Bild und zielt auf ihr Herz. Sowohl der Engel als auch Maria halten die Hände in einer zarten Demut- und Schutzgebärde über Kreuz; die Gesten sind so fein und vornehm in ihrer Zurückhaltung, dass dem Betrachter nicht gleich die Kreuzigung in den Sinn kommt, die das gerade empfangene Kind einst zu gewärtigen haben wird.

Und es wird noch ein Doppelspiel inszeniert. In einem schmalen Streifen auf der linken Seite werden Adam und Eva vom selben Engel aus dem Paradies vertrieben. Evas Ursünde steht in Verbindung mit der Hoffnung auf Sündenvergebung, die sich gerade in Maria inkarniert. Eine Palme überragt den Garten, sie steht für die Gerechtigkeit, die Christus einst herstellen wird. Über den kleinen olivfarbenen Pflanzen, die ebenfalls zum Paradies gehören, liegt allerdings ein Schatten, der sich erst im Hortus conclusus, in dem jedem Kräutlein, jeder Blume und jedem Vogel eine heilsversprechende Bedeutung zukommt, lichten wird. Ein dornenloses Rosengerank gedeiht an diesem umhegten Ort, Lilie, Akelei, Veilchen und Maiglöckchen zieren ihn. Der Hortus conclusus stellt auch eine Verbindung zum Hohelied Salomos her, in dem eine versiegelte Braut mit einem verschlossenen Garten verglichen wird.

Im Koran wiederum ist vieles anders, aber nicht alles. Hier gebiert die jungfräuliche Maria zwar nicht den Sohn Gottes, aber einen bedeutenden Propheten. Später kommt es zu der kuriosen Szene, in der Jesus aus der Wiege heraus den aufgebrachten Leuten, die Maria vorwerfen, sie habe ein Kind in Sünde empfangen, in lehrmeisterlicher Weise erklärt, dass sie ihn als Jungfrau geboren habe.

Nicht umsonst trennt die Protestanten von den Katholiken unter anderem der Marienkult. Die Protestanten sehen darin eine Schwächung der Wirkmacht Jesu Christi. Es ärgert sie, dass die Mutter Gottes zur überragenden Fürbittefigur wurde und sich damit fast vor ihren Sohn schob. Schon Erasmus von Rotterdam hatte an dieser überragenden Bedeutung Marias gekratzt, indem er sie nicht mehr als *gratia plena*, voll der Gnaden, bezeichnete, sondern als *gratiosa*, begnadet. Martin Luther betrieb die Ablehnung Marias als wichtige Mittlerfigur (man könnte sie sogar als eine Art personifiziertes Purgatorium bezeichnen) nicht so weit, obwohl es ihm ausschließlich auf Himmel und Hölle ankam, ein sich läuterndes Dazwischen gab es für ihn nicht. Die überwältigende Gnade lag allein bei Gott, vermittelt durch den Sohn, den Er als Fürsprecher der Menschen auf die Erde gesandt hatte. Erst nach Luthers Tod suchten die Protestanten mit Nachdruck, die Bedeutung Marias zu mindern.

Käme Herr Jesus, wäre er unser Gast – der Satz stammt vom 2009 verstorbenen Gert Jonke. Er darf als genial bezeichnet werden. Jonke scheint damit die Himmlischen erheitert zu haben, sogar Jesus höchstselbst zeigte sich amüsiert, obwohl der Humor eigentlich nicht zu seinen uns bekannten Eigenschaften zählt. Jonke wurde deshalb das Privileg gewährt, mit dem heiligen Franziskus, mit Athanasius Kircher, Totò und dessen sprechendem Raben in eine Sacra Conversazione einzutreten, der sogar Jesus beiwohnte. Maria, nicht dafür bekannt, an ausgiebigen Heilsgesprächen teilzunehmen, blieb währenddessen in ihrem Gärtlein, konnte jedoch dank des hintersinnigen Lauschapparates, den Athanasius Kircher einst ersonnen hatte, um in Schlössern die Gespräche der höfischen Intrigenschmiede zu behorchen, alles hören, was in der erlauchten Runde besprochen wurde. Dieser Lauschapparat wand sich in seinen Skizzen auf verwinkelte Weise durch ein großes Gebäude, im Kosmos war er natürlich nicht in seiner Schwerlast vorhanden, sondern als kurioser Windewurm mit übergroßem schallempfangenden Ohr, zu dessen imaginärer Bildung sich eine größere Menge auffangsamer Teilchen zusammengefunden hatte. Was vom dünnen Röhrchen eingefangen wurde und zum Riesenohr herausdrang, kam verstärkt an, was in das Ohr hineingesprochen wurde, verzagte am anderen Ende zu einem schwachen Gesäusel. Bisweilen wird aus dem Lauschapparat jedoch ein himmlisches Resonanzgerät, dann ertönt aus ihm das *Stabat Mater* von Pergolesi, diesem so jung verstorbenen Genie, und zwar in reiner, die Gemüter der Himmlischen schmelzen lassender Weise. Schöner noch erklingt es als die berückende Aufnahme von 1985, die Claudio Abbado mit dem London Symphony Orchestra für die noch vom Blut gewärmten Ohren seiner Zeitgenossen eingespielt hat. Da der Tod des Maestro nicht lange zurückliegt, ist er hier in gereinigter Seelenform noch nicht vertreten, was bedauerlich ist, denn wir hätten nur allzu gern einen Kommentar von ihm in dieser Runde gehört, etwa zu der Stelle, in der nach dem Tod um des Himmels Seligkeit gebeten wird – *Quando corpus morietur, fac, ut animae donetur paradisi gloria.*

Doch zurück zu den hier oben versammelten Seelen. Leider sind noch weitere Erläuterungen nötig, um besser zu verstehen, was es mit dem Personal auf sich hat. Totò ist der hinreißende Schauspieler in Pier Paolo Pasolinis Film *Uccellacci e Uccellini*, der mit einem anderen abgerissenen Stromer durch die Gegend wandert. Besagter Rabe stammt ebenfalls aus diesem Film. Er kann sprechen, ist ein wahrer Philosoph, der für die Armen eintritt. Diese Charaktereigenschaft hat sich bei seiner Versetzung zu den Himmlischen noch gesteigert. Franz von Assisi hat ebenfalls einen Auftritt. Nun, am Ende des Films wird der Rabe von Totò und seinem Mitspieler gegessen. Natürlich ist er hier oben wieder in Form und nimmt niemandem übel, dass der Film simulierte, er sei gerupft und verspeist worden.

Athanasius Kircher war ein großer Gelehrter des siebzehnten Jahrhunderts, der nicht nur den bereits erwähnten Lauschapparat erfand, sondern auch den Grundstein zur Entzifferung der ägyptischen Hieroglyphen legte und den Bau der Arche Noah erkundete. Natürlich wurde ihm bereits mehrfach das Privileg gewährt, mit Noah zu sprechen, um seine damaligen Überlegungen zu überprüfen. Kircher gehörte dem Orden der Jesuiten an. Zu unserer kleinen Versammlung wurde er allerdings wegen seiner Lauschvorrichtung hinzugezogen, denn in dieser Geschichte geht es um das genaue Hören und Dechiffrieren von Botschaften. Der heilige Franziskus hat bekanntlich den Tieren gepredigt, insbesondere den Vögeln. Es heißt sogar, er habe versucht, so eindringlich auf die Tiere einzureden, dass sie einander nicht mehr töteten. Manche Geschichten sind leider zu schön, um wahr zu sein, zumindest, was das Ergebnis betrifft. Gert Jonke wiederum hat eine erstklassige Geschichte ersonnen, die das Vogelwunder um den Franziskaner noch steigerte, indem sie lebhaft vorführte, wie sich riesige Schwärme aus dem Süden aufmachten, um sich über dem Haupt des Heiligen in einer ungeheuerlichen Schwirrnis zu versammeln. Ein Botschaftsgewimmel der besonderen, geradezu bestürzenden Art. Kein liebreizendes Spatzengetschilp, sondern Geschrei.

Wie schon erwähnt, befindet sich auch Jesus in der Runde, die sich zu keiner gewöhnlichen Konversation versammelt hat, sondern zu einer, die dem zeitweiligen Schweben eines Vogels gleicht, unterbrochen von Geflatter. Was ist der Inhalt ihrer Reden? Für Außenstehende sind sie schwer zu verstehen, da wir zu dieser Welt keinen Zugang haben. In ihr ist alles anders. An Jesus zeigt sich die Veränderung besonders deutlich. Zu Lebzeiten war jede Bewegung, der deutende Zeigefinger, die segnende Handfläche, das konzentrierte Schauen, die Art des Gehens, Sitzens oder Stehens, vor allem jeder Satz und die Betonung eines jeden Wortes mit Bedeutung aufgeladen. Was ihm bevorstand, war ja ungeheuerlich. Gott selbst hat Seinen Sohn ausgeliefert, um ihn dem schlimmsten Leiden auszusetzen, das damals einem Menschen widerfahren konnte, und Jesus willigte ein. Alles an der Geschichte ist paradox und zugleich fruchtbringend skandalös. Mit dem Blut Seines Sohnes hat sich Gott gewissermaßen selbst mit der leidenden menschlichen Körperlichkeit besudelt, um Seine edelsten und hassenswertesten Geschöpfe vor dem eigenen Zorn zu retten. Es handelt sich um das abgründigste Paradox, das ich kenne. Von ungeheurer, schreiender und zugleich sänftigender Wirkmacht. Dass auf jedes Vergehen unweigerlich die göttliche Strafe folgen muss, und zwar ausnahmslos, ist als gewaltherrscherliches und für den Menschen im Voraus kalkulierbares Prinzip durch den Tod Jesu durchbrochen.

Gewiss handelte es sich nicht um eine Theaterinszenierung à la Schlingensief, in der alles von roter Farbe trieft und das Grauen mit schlechten Witzen und Gebrüll zum Amüsement des Publikums verkaspert wird. Und weil das Leiden so außerordentlich war, spitzt es sich kurz vor dem Tod in dem Aufschrei zu: *Mein Gott, mein Gott, warum hast Du mich verlassen?* Indem Gott teilhat am Leiden, ist ein beispielloses Versöhnungswerk in Gang gesetzt. Jesus hat sogar seinen Henkern verziehen – *Vater, vergib ihnen, denn sie wissen nicht, was sie tun.* Wer will den Menschen verstehen, wenn er nicht auch dessen Leiden kennt, und zwar nicht nur aus der Schau, dem ungerührten Blick aus großer Distanz, sondern markerschütternd erfahren im äußersten Schmerz? Verlassen von allen, vielleicht sogar von Gott, der sich selbst in Seinem Sohn verlassen hat?

Obwohl durch das ungeheuerliche Leiden die Möglichkeit

der Erlösung des Menschen naherückt, ist damit kein Blankoscheck ausgestellt im Sinne von: Man kann tun und lassen, was man will, Jesus wird's schon richten. Richten nicht im Sinne eines scharfen Urteils, sondern einer wohligen Streichelkur für alle. »Wie tief sich die Aufklärung in das Heute eingefressen hat, sehen wir an dem Unvermögen unserer Zeitgenossen, Schuld zu erfassen und zu übernehmen. Vielleicht ist die Unfähigkeit, zu bereuen, zu büßen, Strafe zu bejahen, der am tiefsten furchende Charakter der Modernität, die in Ideologien, Wissenschaften, Massenmedien ein riesiges System der Entschuldung aufgebaut hat. Während im tragischen Zeitalter der Griechen und in den christlichen Phasen die Ergreifung der eigenen Schuld der Beginn des Menschseins war, gelingt es heute kaum einem mehr, sich zu seiner Tat zu bekennen und ein sittliches Selbst zu werden, also im Verhältnis zu sich selbst die Realität zu überschreiten und die Wirklichkeit anzutreffen.«[2] Das hat auch mit einem süßlich milden Blick auf Jesus Christus zu tun, bei dem vergessen wird, dass er der Weltenrichter ist, eben gerade nicht derjenige, der alles verzeiht.

Bekanntlich wurden darüber viele Witze gerissen. Der Witz ist dazu da, das Verzweifelte herunterzubrechen auf ein komisches Gewitter, das kommensurabel ist. Ein blöder Witz hatte mal dafür gesorgt, dass ich fast von der Schule verwiesen worden wäre. Eine ungelenke Zeichnung mit einem Frosch am Kreuz fiel dem Religionslehrer in die Hände. An einer evangelischen Mädchenschule kam das zwar in der Klasse gut an, aber weiter oben nicht gut an. Ich war erst dreizehn, das hat mich gerettet. Später habe ich *Monty Python's Life of Brian* gesehen, und obwohl ich die Komikertruppe bis heute hinreißend finde, hat mich der Film nicht überzeugt. Irgendwie schal kam er mir vor, sogar fade. Die Witzchen versammeln sich wie Fliegenleichen um das empörende Geschehen. Müde Scherze muss man nicht verbieten. Zündende Witze auch nicht. Intelligenz muss mit dem Feuerchen spielen dürfen, sonst kastriert sie sich selbst.

Und hier oben? Eine Runde, bereit zu einer außerordentlichen Konversation. Es besteht keine Not, Witze zu reißen, aber man darf sie reißen, wenn man denn will. Man darf herumlümmeln, sich entspannt in einem imaginären Sessel fläzen, darf mit den Händen auf dem Rücken umherwandern, darf – im Falle des Raben – sich jemandem auf den Kopf oder die Schulter hocken oder neben einem gedankenversunkenen Geher einherhupfen. Hier oben haben die Sätze Jesu keine Schwerlast mehr zu tragen, niemand in der Runde muss bekehrt, gerettet oder verdammt werden, auch wenn – und darauf sei mit Nachdruck gewiesen – das Ende der Welt und mit ihm das Jüngste Gericht noch nicht gekommen ist, bei dem Jesus als unbewegliche Sitzperson mit einer Gewalt sprechen wird, bei der jeder Buchstabe fähig ist, einen Toten in die Hölle hinab- oder in den Himmel hinaufzukatapultieren, wo jeder Satz mit Subjekt, Prädikat, Objekt die Kraft hat, den Erdball zu zertrümmern. Wir müssen allerdings zugeben, dass wir uns an dieser Stelle nur unglücklich ausdrücken können, weil ein Hinab in die Hölle und ein Hinauf in den Himmel mit den derzeit bekannten Theorien der Astrophysiker nicht in Einklang zu bringen sind. Es sei hier aber erlaubt, kindlich zu verfahren, denn ohne eine Anschauung, die sich zwar leicht als geistiger Schwindel entlarven lässt, aber dennoch beharrlich jedes gedankliche Schwebphänomen in der Wortsetzung mit materieller Zwingkraft auflädt, kommt die Literatur keinen Schritt weit. Damit versucht sie, eine luftige Art der Wahrheit zu erkunden und den Menschen begreiflich zu machen.

Wenn aber das Jüngste Gericht noch nicht stattgefunden hat, warum darf dann Gert Jonke an einer Sacra Conversazione teilnehmen? Warum Totò, warum der Rabe? Warum Athanasius Kircher? Bei den Personen (auch ein Rabe wird umgehend zur Person, mehr noch, zu einer beeindruckenden Persönlichkeit, sobald er spricht) handelt es sich um Geschöpfe, von denen zwar bereits feststeht, dass sie am gleißend hellen Tag der großen Abrechnung nicht in die Hölle gestoßen werden, doch wie lange sie im Fegefeuer weilen, bleibt im Ungewissen. Nur beim heiligen Franziskus ist jetzt schon klar, dass er den sündenpurgierenden Strafgang nicht antreten wird.

Warum, wieso, wissen wir nicht, vermeinen aber, zumindest Bruchstücke dieser Konversation gehört zu haben, etwa Stummelsätze des Raben: »Mi credono un rozzo corvaccio cretino, non è vero, rappresento interiormente e esteriormente un vero pensatore.« (Wie gesagt, die Sätze wurden nur bruchstückhaft übermittelt, wir erlauben uns, sie zu ergänzen. Hier behauptet der Rabe, er sei inwendig und auswendig ein wahrer Denker, obwohl man ihn für einen Idioten halte.) Totò erwiderte: »No che non sei cretino, sei pedante. (Totò lässt ihn wissen, er sei kein Schwachkopf, sondern ein Pedant.) Se stessimo ancora vagando giù in terra, direi che sei uno sputasentenze.« (Wandelten sie noch auf Erden, würden sie ihn einen Klugscheißer nennen). Franz von Assisi ging begütigend dazwischen: »Non ti ripeto quanto tutti qui ti vogliamo bene, messor frate corvo, quanto laudamo le tue lucide penne nere e la tua radiante testina.« (Es muss nicht betont werden, wie lieb du uns allen hier geworden bist, wie sehr wir dein schwarzglänzendes Gefieder und dein helles Köpfchen schätzen.)[3] Gert Jonke kam daraufhin ins Schwadronieren: »Hackzuhackzuhackweghackabaushacksel – der ganze Luftraum, links und rechts und oben und unten gehört jetzt dir! Aber auch mir!«

Athanasius Kircher hob nun zu einer längeren Rede an, in der er darzulegen suchte, dass sich die Affektenlehre mit der Harmonie der Musik vertrüge, wie diese wiederum die Proportionen des Universums spiegele, die sich ihrerseits darauf verstünden, sich zum Lobe Gottes ineinanderzuschlingen. Er ging sogar so weit zu behaupten, es sei charakteristisch, dass der Vogelgesang solches Lob krächze, schreie, zwitschere, inbegriffen die Rede eines Raben, die in der himmlischen Schallübertragung zu einem musikalisierten Philosophicum würde, das Hack! Hack! Hack! auch als Taktgeber figuriere.

Eine kleine Pause trat ein. Jesus räusperte sich, als müsse er sich erst mühsam auf die Worte besinnen, dann sprach er: »Es erschienen Zungen, zerteilt und wie von Feuer, und sie setzten sich auf ihre Häupter, und es ertönte ein wunderlich Sprechen voller Musik.«

In einiger Entfernung zu der erlauchten Runde hob Maria plötzlich den Kopf und sprach deutlich und vernehmlich in den großen Schalltrichter des Lauschapparates hinein: »Das von Eva in die Welt getragene Wissen des Menschen ist mit Grausamkeit gepaart und deshalb eine Fehlkonstruktion.« Allen Ernstes, sie sagte *Fehlkonstruktion*, ein Wort, von dem niemand je vermutet hätte, dass es Maria überhaupt zur Verfügung stünde. Damit aber nicht genug. Maria war niemals als Rednerin in Erscheinung getreten, weil sie alle wichtigen Worte in ihrem Herzen bewahrte. Wir kennen sie als demütig Empfangende nicht nur ihres bedeutenden Kindes, sondern auch der Botschaft des Engels Gabriel, die sie ängstlich zwar, aber keineswegs in einer wortreichen Kaskade aufgenommen hatte. Ausgerechnet diese im Grunde ihres Wesens zurückhaltende Frau hob nun zu einer größeren Rede an: »Das Wissen hätte eigentlich dazu da sein müssen, alles Geschöpfliche zu feiern, Mord und Totschlag zu meiden, weder in Worten

noch in Taten jemandem ein Leid zuzufügen, die Erde zu hü-
ten, zum Himmel voller Andacht hinaufzublicken, sich an
den Gestirnen zu erfreuen, dabei auf Gottes Wohlwollen und
die erlösende Kraft meines Sohnes zu vertrauen. Von solcher
Art des Wissens durchleuchtet und durchglüht, hätte sich die
allerschönste Musik zu den Himmlischen emporgeschwun-
gen.« Sprach's, pflückte ein transsubstantiiertes Schlüssel-
blümchen und verstummte.

Müssen wir jetzt auch verstummen, oder gibt es noch etwas
nachzutragen? Ja. Zweierlei. Von einer Person, eigentlich von
zweien, die der erlauchten Himmelsrunde beiwohnten, haben
wir gar nicht gesprochen. Sie blieben stumm. Ein mächtiger
Löwe lagerte in einigem Abstand zu den Männern, das könig-
liche Haupt erhoben, an seinen Bauch gelehnt ein schmächti-
ges Häuflein Mensch. Es war Maria Agyptiaca aus Alexandria,
die Namenscousine der Mutter Maria, die einst eine berühmte
Hure gewesen und dann in die Wüste hinausgezogen war, um
Buße zu tun. In der Wüste war sie gestorben, ihre Körpersäf-
te waren in den Sand gesickert, und die erbarmungslos brennende Sonne hatte den Rest aufgeschlürft. Das lederbezogene
Skelett wurde alsbald vom Wüstensand berieselt und bedeckt.
Darauf hatte ein mächtiger Löwe als Grabwächter Platz genommen, um die kostbaren Reste zu behüten. Am Bauch dieses stattlichen Löwen lagern zu dürfen, war nunmehr das Privileg dieser Maria, die zu schüchtern war und auch zu sittsam,
um sich in ein Gespräch von Männern zu mischen, von denen einige zu anderen Zeiten und an anderen Orten ihre Lieb-
haber hätten sein können.

Nachzutragen ist zweitens: Das ungeheuerliche Leiden
Jesu findet im Koran nicht statt. Nach dessen Auffassung ha-
ben die Christen etwas missverstanden, denn Jesus, genannt
Îsa, hat nur zum Schein gelitten, eine für ihn ausgetauschte

Person wurde an seiner Stelle ans Kreuz genagelt. Demzufolge wurde ein kleiner Stellvertreter für den großen Stellvertreter grausam hingerichtet. Der Koran betont die Erhabenheit Allahs, kein Schatten darf auf die wichtigen Figuren fallen, die ihn bezeugen. Eine elende Hinrichtung passt da nicht ins Bild.

1 Jan-Heiner Tück, Religionskulturelle Grenzüberschreitung? Navid Kermani und das Kreuz: Nachtrag zu einer Kontroverse, in: Internationale Katholische Zeitschrift COMMUNIO 38 (2009), S. 220-234, hier S. 225.
2 Gerhard Nebel, Hamann, Stuttgart 1973, S. 251.
3 Die italienische Übersetzung besorgte meine Freundin Silvana Abbrescia-Rath.

Maryam

Wie viele Leser der Märchen aus Tausendundeiner Nacht wissen wohl, dass die Hauptfigur Scheherazade, nachdem sie mit ihrer Erzählkunst Tausende Frauen vor dem Tod durch das Schwert des Tyrannen Schahriyâr gerettet hat, Scheherazade, deren Ruhm Zeiten und Kontinente überwinden sollte, drei Kinder geboren hat? Ich bezweifle, dass es jemandem aufgefallen ist: Die Märchenkönigin endet als Hausfrau und Mutter!

Daran musste ich denken, als ich begann, Informationen über Maryam (Maria), die Mutter des Propheten beziehungsweise Gesandten Îsa (Jesus), zu sammeln und alles, was ich bereits über sie gelesen oder gehört hatte, noch einmal durchzugehen; Maryam, heute selten ohne ihren Beinamen »die Jungfrau« genannt, deren Ruhm ebenfalls Zeiten und Kontinente überwunden hat und vielleicht noch weiter reicht als Scheherazades. Welcher Anhänger der drei großen Offenbarungsreligionen könnte sich, mag er es auch nicht glauben wollen, überhaupt nur vorstellen, dass sie die Ehefrau eines ganz gewöhnlichen Mannes war, Mutter zahlreicher Kinder, Jungen und Mädchen, wie es in der Bibel heißt? Dass sie eben nicht nur einen einzigen Sohn namens Îsa gebar, den Gesandten Gottes, der der gesamten Menschheit geschickt wurde?

Ihm allein verdankt Maryam ihre Berühmtheit. Wäre sie damals auf natürlichem Wege schwanger geworden, hätten weder sie noch ihre Geschichte solch einen Bekanntheitsgrad erreicht. Dann wäre Maryam nichts weiter gewesen als eine normale Hausfrau, dem Zimmermann Yûsuf (Josef) versprochen und dem Vergessen anheimgegeben.

Meist ist es ein dramatisches Schicksal, das Menschen auf ewig berühmt macht. Scheherazade, Kleopatra, Maryam, Medea und Kassandra: Obwohl sie zu verschiedenen Zeiten und an verschiedenen Orten lebten und trotz ihrer unterschiedlichen Bildung und Kultur hängt ihr Ruhm stets mit dem zusammen, was ihnen widerfahren ist. Daran ändert sich auch nichts, wenn man ihre Existenz in einzelnen Fällen aufgrund des Übertriebenen und Märchenhaften an den über sie erzählten Geschichten in Zweifel zieht. Denn ob sie nun tatsächlich gelebt haben oder bloße Phantasiegestalten sind, sie sind bei uns. Ob wir wollen oder nicht, sobald ihre Geschichte erzählt und von Mund zu Mund weitergetragen wird, ist eine Figur real. Erstaunlich daran ist, dass die Schilderungen des Lebens berühmter Persönlichkeiten oft stark variieren. Ja, je größer der Ruhm, desto zahlreicher sind die Varianten und Legenden und umso mehr betont jeder Erzähler seine Glaubwürdigkeit im Gegensatz zu allen anderen. »Ich bin die absolute Wahrheit« oder »Ich allein besitze die Wahrheit«, behaupten sie und bestehen auf ihren Aussagen. Vor allem, wenn es um Völker, Nationen, Länder, Interessen und Lebensweisen geht.

Vielleicht ist Maryams Geschichte sogar die bekannteste aller Erzählungen über Frauen, ob sie nun vor oder nach ihr gelebt haben oder nur der Phantasie ihrer Erfinder entsprungen sind. Was manche daran zutiefst verwirrt und auch uns in Erstaunen versetzt, ist die Tatsache, dass nicht nur Judentum, Christentum und Islam die Geschichte jeweils anders erzählen, sondern dass es auch innerhalb der jeweiligen Religionen zu Differenzen kommt: zwischen äthiopischen und koptischen Christen sowie später zwischen Katholiken, Orthodoxen und Protestanten. Dasselbe gilt für den Islam: Die Erzählung der Sunna unterscheidet sich von jener der Schia, die der Malikiten von jener der Hanafiten oder der Schafiiten und so fort. Einigkeit herrscht darüber, dass Maryam die Mutter Îsas und noch Jungfrau war, als sie ihn gebar, dass ihr die Schwangerschaft von Dschibrîl, dem Engel Gabriel, verkündet wurde und dass all dies auf Gottes Ratschluss hin geschah. Differenzen dagegen bestehen hinsichtlich der Details, was sich im Einzelnen vor und nach der Geburt zutrug, über die Zeit der Schwangerschaft, den Ort der Niederkunft, die Erziehung und Jugend des Knaben Îsa und über Maryams familiäre Situation nach der Geburt, insbesondere über die Frage: Blieb sie danach Jungfrau oder nicht?

Darüber wird, von ganzen Religionen und Konfessionen bis hin zu Einzelpersonen, überall gestritten. Prinzipiell wäre dagegen nichts einzuwenden, denn unterschiedliche Geschichten, unterschiedliche Meinungen können Verstand und Sinne aktivieren. Dass diese Kontroversen aber nicht selten zu Hasspredigten und Animositäten führen, die in Aufrufen zu Gewalt, Brandanschlägen, Vertreibung oder Mord gipfeln, lässt mich Alarm schlagen und betonen, dass niemand die Wahrheit für sich gepachtet hat. Die Juden sagen, die Wahrheit sei im Tanach zu finden, die Christen, in den Evangelien, die Muslime, im Koran. Würden sich alle auf die ihnen offenbarten Bücher beschränken oder sie wenigstens genau lesen, gäbe es weniger Konfliktpotential. Aber sie schleppen noch massenweise weitere Geschichten und Erzählungen an, in der Meinung, sie stammten aus den Ursprungstexten. Ohne zu wissen, dass es sich bei dem, woran sie glauben, in Wirklichkeit um Legenden handelt, die die Völker über Orte und Zeiten hinweg tradiert haben, jedes auf seine Weise. Bei der Erzählung von Maryam ist das nicht anders. Deshalb wollen wir hier zwei Versionen wiedergeben: die des Neuen Testaments und die des Korans.

Uns ist bereits bekannt, dass die Erzählungen im Koran

im Gegensatz zum Alten Testament und zu den Evangelien nicht zusammenhängend wiedergegeben werden. Wie die Geschichten von den Propheten und Gesandten ist auch jene von Maryam zersplittert und auf zahlreiche Textstellen verteilt. Sie wird insgesamt vierunddreißigmal namentlich erwähnt[1], oft unter ihrem Vornamen oder ergänzt um ihren Beinamen Maryam Bint Imrân – Maria, die Tochter Imrâns – oder Maryam Ucht Hârûn – Maria, die Schwester Aarons – sowie in Verbindung mit dem Namen ihres Sohnes Îsa Bin Maryam, wie in Sure 3, 4, 5, 19, 21, 23 und 66.

Meist erwähnt der koranische Text Maryam in einfachen Sätzen und in verschiedensten Zusammenhängen, beispielsweise wenn jemand des Irrtums beschuldigt wird:

»… und weil sie sprachen: ›Wir haben Christus Jesus,
den Sohn Marias [Îsa Bin Maryam], den Gesandten
                                        Gottes, getötet!‹
Aber sie haben ihn nicht getötet und haben ihn auch nicht
                                                  gekreuzigt.
Sondern es kam ihnen nur so vor.
Siehe, jene, die darüber uneins sind,
sind wahrlich über ihn im Zweifel.
Kein Wissen haben sie darüber, nur der Vermutung folgen
                                                      sie.
Sie haben ihn nicht getötet, mit Gewissheit nicht,
vielmehr hat Gott ihn hin zu sich erhoben.
Gott ist mächtig, weise.« (Sure 4,157-158);

im Kontext eines Fluchs auf jene, die nicht an das Prophetentum glauben:

»Verflucht wurden die unter den Kindern Israel, die
                                        ungläubig waren,
durch die Zunge von David [Dawûd] und von Jesus,
                                Marias Sohn [Îsa Bin Maryam].

Dies, weil sie aufsässig waren und Übertretungen
                                    begingen.« (Sure 5,78);
oder im Zusammenhang mit Keuschheit und Jungfräulichkeit:
    »Und die, die ihre Scham hütete.
    Da bliesen wir von unserem Geist in sie
    und machten sie und ihren Sohn zu einem Zeichen für
                            die Weltbewohner« (Sure 21,91);
mit Verweis auf den göttlichen Schutz:
    »Wir machten den Sohn Marias [Maryams] und seine
                            Mutter zu einem Zeichen
    und ließen sie Zuflucht finden auf einer Höhe
    mit einem Ruheplatz und einer Quelle.« (Sure 23,50)
sowie erneut im Hinblick auf ihre Keuschheit und die nicht
erfolgte Entjungferung (hier bemerken wir die Wiederholung):
    »Und Maria, die Tochter von ʿImran [Maryam Bint
                            Imrân], die ihre Scham hütete.
    Da bliesen wir von unserem Geist in sie,
    und sie glaubte an die Worte ihres Herrn und an seine
                                                    Bücher.
    Und sie war eine der demütig Ergebenen.« (Sure 66,12)
Schließlich wird sie auch im Zusammenhang mit dem Prophetentum ihres Sohnes, des Knaben Îsa, genannt, der mit einer
neuen Lehre zu den Kindern Israel kommen sollte, wie wir in
der dritten Koransure »Das Haus ʿImran« lesen:
    »Damals, als die Engel sprachen: ›Maria! [Maryam]
    Siehe, Gott verkündet dir ein Wort von sich.
    Sein Name sei: ›Christus Jesus, Sohn der Maria‹ [Îsa Bin
                                                    Maryam].
    Er soll im Diesseits und im Jenseits angesehen sein
    und einer von den Nahestehenden
    – zu den Menschen wird er sprechen

in der Wiege und als reifer Mann –
und einer von den Rechtschaffenen.‹
Sie sprach: ›Mein Herr, wie soll ich denn ein Kind
bekommen,
wo mich ein Mensch niemals berührte?‹
Er sprach: ›So ist Gott. Er erschafft, was er will!
Beschließt er eine Sache, so spricht er nur zu ihr:
‚Sei!' Und dann ist sie.‹
Lehren wird er ihn das Buch, die Weisheit, die Tora und
das Evangelium.« (Sure 3,45-48)
Unabhängig vom Kontext, erscheint Maryams Name in all
diesen Suren in Verbindung mit dem ihres Sohnes, der im Koran meist nach seiner Abstammung mütterlicherseits Îsa Bin
Maryam genannt wird. Dies ist eine bemerkenswerte Ausnahme, da Männern üblicherweise der Vatersname hinzugefügt
wurde, schließlich herrschte das Patriarchat.

Als Maryam mit Îsa schwanger geworden war, zog sie sich
»an einen weit entfernten Ort« zurück (Sure 19,22).

Nachdem sie Îsa geboren hatte:
»… kam sie mit ihm, ihn tragend, zu den Ihren.
Sie sprachen: ›Maria [Maryam], da hast du etwas
Unerhörtes getan! …‹« (Sure 19,27),
und sie richteten scharfe Worte an sie:
»› … Schwester Aarons [Harûns], dein Vater war doch kein
unzüchtiger Mann
und deine Mutter keine Dirne.‹« (Sure 19,28)
Auch ihr Verlobter Yûsuf, der Zimmermann, von dem erzählt
wird, dass er sie beinahe jeden Tag im Tempel traf, obwohl er
im Korantext keine Erwähnung findet, war keine Ausnahme.
Als er sah, dass sie schwanger war, tadelte er sie: »Entsteht
denn eine Pflanze ohne Samen?« Die Einwohner Nazareths
gingen – wenigstens laut Neuem Testament – zunächst davon

aus, dass Josef der Vater des Messias sei. Als dieser in seine Va-
terstadt kam,

>»lehrte [er] sie in ihrer Synagoge, sodass sie sich entsetzten
und sprachen: Woher hat dieser solche Weisheit und
solche Machttaten?
Ist das nicht der Sohn des Zimmermanns? Heißt nicht
seine Mutter Maria? ...« (Mt 13,54-55)

Erst später bekam er den Beinamen »Sohn Gottes«. Das gilt
jedoch nur für die Evangelien. Im Koran ist er stets Îsa Bin
Maryam. Während die Juden von Nazareth an die Existenz
Josefs glaubten, Jesus seinen Sohn nannten, dessen heiliges
Wesen zunächst aber leugneten und die Meinung vertraten,
der Zimmermann habe mit Maria Geschlechtsverkehr gehabt,
ist bei den Muslimen keine Rede davon, dass Yûsuf mit Maryam verlobt war. Nein, nichts davon, für sie ist Îsa nur Îsa
Bin Maryam Bint Imrân. Da sie außerdem auf Gottes Befehl
hin mit Îsa schwanger wurde, nachdem der Gesandte Gottes
in ihre Gewandöffnung geblasen hatte, verleiht ihr der Korantext einen sehr hohen Rang. Er widmet ihr eine ganze Sure,
die ihren Namen trägt, Sure 19. Es ist die einzige nach einer
Frau benannte Koransure, was allein schon ein Beweis für
Maryams große Bedeutung für die Menschen ist, zu denen
Muhammad in Mekka und Medina sprach.

Zuvor, in Sure 3, »Das Haus ʿImran«, wird ein wenig mehr
über Maryam berichtet. Hier lernen wir ihre (namenlos bleibende) Mutter kennen, die mit ihr zum Tempel geht und sie
den jüdischen Gelehrten vorstellt. »Wer übernimmt die Verantwortung für die Erfüllung meines Gelübdes?«, fragt sie.
Dies ist eine Anspielung darauf, dass Maryam als Halbwaise
geboren wurde. Und die Schriftgelehrten wetteifern um sie,
weil sie die Tochter ihres Propheten Imrân ist und das Haus
Imrân zu den Gotterwählten gehört:

»Siehe, Gott erwählte Adam und Noah [Nûh]
und das Haus Abraham [Ibrahîm] und das Haus 'Imran
vor aller Welt ...« (Sure 3,33)

Schließlich einigen sie sich darauf, zu losen, gehen dafür mit
ihren Schreibrohren zum Fluss und werfen sie ins Wasser –
der Regel folgend, dass derjenige, dessen Rohr auf der Wasser-
oberfläche treibt, gewinnt. Ihrer aller Schreibrohre sinken auf
den Grund, nur Zakarîyas (Zacharias') schwimmt oben, und
so kommt Maryam in seine Obhut.

»Dies ist eine der verborgenen Geschichten –
dir offenbaren wir sie.
Du warst nicht bei ihnen, als sie ihre Lose warfen,
wer nun von ihnen Pfleger für Maria [Maryam] sei!
Du warst nicht bei ihnen, als sie sich darum stritten!«

(Sure 3,44)

Die Sure »Maryam«, wie gesagt an neunzehnter Stelle im Koran, beschäftigt sich zunächst recht detailliert mit ihrer Na-
mensgeberin, erzählt von ihrer Schwangerschaft und von Îsas
Geburt. Allerdings wird Maryams Geschichte nicht zu Ende
geführt: Über ihr Leben nach der Geburt, ihre Ehe, ihre Beziehung zu ihrem erstgeborenen Sohn, zu seinen Brüdern und
Schwestern, ihre Krankheit und ihren Tod findet sich nichts.

Am Anfang der Sure steht der fromme Zakarîya, den wir
bereits aus der dritten Sure kennen. Engel verkünden ihm die
Geburt eines Knaben, für den Gott den Namen Yahya (Johannes) ausgewählt habe, was so viel bedeutet wie Leben.
Als Zakarîya sich wundert, dass er noch Vater werden soll,
obwohl er schon so alt ist und seine Frau keine Kinder bekommen kann (eine Wiederholung der Geschichte von Ibrahîm und Sara), antworten ihm die Engel, Gott vermöge alles.
Zakarîya bittet seinen Herrn um ein Zeichen oder Wunder,
und Gott erklärt ihm, dass er drei Tage lang, obwohl bei vol-

ler Gesundheit und keinesfalls krank, nicht werde sprechen können. Sobald dies geschehe, habe er Gewissheit, dass seine Frau schwanger und Gottes Wunder eingetreten sei. Währenddessen müsse er sich mit Gebärden verständigen. Eines Tages nun geht Zakarîya hinaus zu den Leuten und will mit ihnen sprechen, entdeckt aber, dass seine Zunge ihm nicht gehorcht. Da weiß er, Gottes Verheißung hat sich erfüllt. Er gibt allen zu verstehen, dass sie morgens und abends den Namen des Herrn vielmals preisen sollen.

Über fünfzehn aufeinanderfolgende Verse hinweg bereitet die Sure das für Maryam bestimmte Wunder vor. Zunächst erfahren wir, wie Zakarîya sie im Jerusalemer Tempel in seine Obhut nimmt und für sie sorgt. Und immer, wenn er zu ihr geht, findet er bei ihr etwas zu essen, sommers Winterfrüchte und winters Sommerfrüchte, obwohl sie ihre Zelle nicht verlässt:

»… Sooft nun Zacharias [Zakarîya] zu ihr in den Tempel
                                                    eintrat,
fand er bei ihr Speise.
Er sprach: ›Woher kommt denn das zu dir?‹
Sie sprach: ›Es ist von Gott.
Siehe, Gott versieht mit Gaben, wen er will, ohne
                                        abzurechnen.‹« (Sure 3,37)

All diese Speisen sind Vorboten des Wunders, auf das uns der Korantext einstimmt: Es geht darum, Spannung zu erzeugen.

Ohne Rückgriff auf Hadithe über Muhammad oder spätere Koranerklärungen und -interpretationen, allein nach Sure 19 und unter Zuhilfenahme von Sure 3, spielt sich Maryams Geschichte folgendermaßen ab: Der Koran stellt uns Maryam in ihrer Eigenschaft als Tochter Imrâns vor. Das heißt, sie ist die Schwester des Propheten Mûsa (Moses) und Harûns (Aarons). Zu Beginn ist sie ein unberührtes Mädchen. Ihre Mut-

ter hat sie bereits vor ihrer Geburt dem Dienst im Tempel geweiht. Betont werden die Reinheit und Keuschheit Maryams,
die von Zakarîya, der im Islam als Prophet gilt, in Obhut genommen wird. Eines Tages, als sie im Tempel mit sich allein
ist, tritt ein als »Mensch, wohlgestaltet« (Sure 19,17) beschrie-
bener Mann zu ihr und sagt, er sei vom Herrn geschickt, um
ihr die Geburt Îsas anzukündigen:

> »Er sprach: ›Ich bin der Gesandte deines Herrn,
> um dir einen lauteren Knaben zu schenken!‹«
>
> (Sure 19,19)

Der Herr habe unter allen Geschöpfen sie auserwählt, mit diesem Knaben schwanger zu werden. Ihr Sohn werde ein Prophet sein, und Gott werde das Evangelium auf ihn herabsen-
den. Außerdem werde der Knabe Wunder vollbringen und als
Säugling und reifer Mann zu den Menschen sprechen. Diese
Nachricht trifft Maryam wie ein Blitzschlag. Sie ist erfüllt von
Schrecken, Furcht und Scham und überrascht von den Worten
des Mannes. Wie soll sie denn ein Kind gebären, wo sie doch
noch Jungfrau, von keinem Menschen berührt worden und
keine Dirne ist? Der Mann antwortet, eben darin bestehe das
göttliche Wunder. Wenn der Herr etwas wolle, sage er: »Sei!«,
und daraufhin sei es.

> »Er sprach: ›So spricht dein Herr:
> ›Das ist für mich ein Leichtes.‹‹
> Auf dass wir ihn zu einem Zeichen machen für die
>
> Menschen
> und zu einer Barmherzigkeit von uns.
> Da wurde es beschlossene Sache.« (Sure 19,21)

In der Sure »Die Propheten« wird diese Szene noch detaillierter dargestellt:

> »Und die, die ihre Scham hütete.
> Da bliesen wir von unserem Geist in sie

und machten sie und ihren Sohn zu einem Zeichen für die
Weltbewohner.« (Sure 21,91)

So schickt der Herr seinen Gesandten, auf dass Îsa geboren
werde. Damit will er den Menschen seine Macht demonstrieren, Îsa zu einem Zeichen für sie machen und sie darauf hinweisen, dass er ihn aus Gnade zu den Kindern Israel und allen
übrigen Geschöpfen entsendet hat.

Als die Zeit der Geburt naht, fühlt Maryam die Wehen
kommen, und augenblicklich lässt Gott unter ihren Füßen
Wasser fließen, so dass sie davon trinken kann. Außerdem
fordert eine Stimme sie auf, die Palme, unter der sie liegt, zu
schütteln, damit Datteln auf sie herabfallen.

»Da rief es ihr von unterhalb der Palme zu:
›Bekümmere dich nicht!

Dein Herr hat unter dir ein Bächlein fließen lassen.

Rüttle am Stamm der Palme – hin zu dir,

damit sie frische Früchte auf dich herunterfallen lässt!

Dann iss und trink, und sei guten Mutes! …‹«
(Sure 19,24-26)

So bringt Maryam Îsa zur Welt. Vierzig Tage später kehrt sie
laut Ibn Kathîr mit dem Säugling auf dem Arm zu ihrer Familie zurück, voller Furcht vor dem Gerede der Leute. Doch
Gott befiehlt ihr, ihnen nicht zu antworten, ihr Sohn werde
für sie sprechen und sie verteidigen. Als die Menschen sie mit
dem Kind auf dem Arm sehen, werfen sie ihr Hurerei vor. Sie
zeigt auf den Säugling, um ihnen damit zu bedeuten: »Fragt
ihn!«, aber sie entgegnen: »Wie sollen wir zu einem sprechen,
der noch ein Kind in der Wiege ist?« (Sure 19,29) Da lässt
Gott ihren Sohn Îsa reden:

»Er sprach: ›Ich bin der Knecht Gottes!

Er gab mir das Buch und machte mich zum Propheten.

Er verlieh mir Segen, wo immer ich auch war,

und trug mir das Gebet und die Armensteuer auf,
solange ich am Leben bin ...‹« (Sure 19,30-31)
Die Menschen sind verblüfft über die Worte des Kindes, sie
trauen ihren Ohren nicht. Das Sprechen in der Wiege ist Îsas
erstes Wunder als Prophet. Nun wächst er heran. Die zwölf
Jünger unterstützen ihn und glauben an seine Botschaft. Allerdings bitten sie ihn, einen Tisch vom Himmel herabzuru-
fen, damit sie sich der Richtigkeit seiner Mission vergewissern
können (Sure 5,111-112). Diese Gefräßigkeit der Jünger ist
mir unerklärlich – als sei ihre erste und letzte Sorge das Essen
gewesen, nicht der Glaube. Das Bild des Messias mit seinen
Jüngern, um den Tisch versammelt, zeigt dem Koran zufolge
kein Abschiedsessen, das Îsa für seine Jünger gab, bevor er gekreuzigt wurde, wie es in der Geschichte vom *letzten Abend-
mahl* im Neuen Testament der Fall ist, sondern ein Gastmahl,
das als Wunder vom Himmel herabgesandt wurde. Ein Wunder wie all die anderen, die Gott durch Îsa wirkte: Tote wie-
dererwecken, Stumme sprechen und Blinde sehen lassen oder
Leprakranke heilen (Sure 5,110).
Îsas Tod indessen wird zum ersten Mal in der Sure »Die
Frauen« (Sure 4), im Kontext einer ausschließlich an die Juden, Mûsas Volk, gerichteten Rede angesprochen. Sie werden
gescholten,
»... weil sie ungläubig waren und Maria [Maryam]
ungeheuerlich verleumdeten
und weil sie sprachen: ›Wir haben Christus Jesus,
den Sohn Marias [Îsa Bin Maryam], den Gesandten
Gottes, getötet!‹
Aber sie haben ihn nicht getötet und haben ihn auch nicht
gekreuzigt.
Sondern es kam ihnen nur so vor.
Siehe, jene, die darüber uneins sind,

sind wahrlich über ihn im Zweifel.

Kein Wissen haben sie darüber, nur der Vermutung folgen
sie [gemeint sind hier die Gnostiker, N. W.].

Sie haben ihn nicht getötet, mit Gewissheit nicht,
vielmehr hat Gott ihn hin zu sich erhoben.«

(Sure 4,156-158)

Dieser Sure zufolge ist Îsa nicht am Kreuz gestorben, sondern
er wurde von Gott in den Himmel erhoben. Der Getötete
war ihm nur ähnlich. Einige Exegeten behaupten, es habe sich
um Yahûdha al-Ischariûti (Judas Iskariot) gehandelt, der damit von Gott für seinen Verrat bestraft worden sei. Der Messias aber werde gereift wiederkehren, zunächst vierzig Jahre
leben und dann den Tag der Auferstehung verkünden, damit
die Prophezeiung, das göttliche Wunder, sich so vollziehe, wie
es im Koran steht: er werde auch als reifer Mann zu den Menschen sprechen. Schließlich war Îsa bei seinem Tod erst gut
dreißig Jahre alt.

»›… – zu den Menschen wird er sprechen
in der Wiege und als reifer Mann –
und einer von den Rechtschaffenen.‹« (Sure 3,46)

Worin dabei das Wunder bestehen soll, wissen wir nicht. Hört
denn der Mensch sonst in reifen Jahren zu sprechen auf?

Das Volk malte sich die Legende noch weiter aus. Wie die übrigen koranischen Erzählungen lässt auch die Geschichte von
Maryam in ihrer offenen Darstellungsweise weiten Raum für
Interpretationen, die späteren islamischen Lehren und Schulen einen guten Nährboden bereiteten. So lag der Ort, an dem
Maryam ihr Kind bekam, nach schiitischem Volksglauben im
Irak, in der Stadt Kerbela, wo der Imam Husain getötet wurde. Denn steht nicht im Koran, dass der Herr Maryam aufforderte, an einer Palme zu rütteln? Und wo findet man Palmen,
wenn nicht im Irak, ganz besonders in Kerbela am Euphrat?

Mein Großvater väterlicherseits, ein Bauer, war sich wiederum vollkommen sicher, das Maryam Îsa aus ihrem Oberschenkel geboren hatte. Logisch, wie könnte eine heilige Frau wie sie nach der Geburt eines Kindes sonst noch Jungfrau sein? Ja, mein Opa, der auf dem englischen Friedhof in al-Amâra als Gärtner arbeitete, und Millionen andere Menschen, die dem Volksislam anhingen und nicht dem heutzutage verbreiteten politischen Islam, mussten das Problem für sich irgendwie lösen. Wenn Gott ihrem Glauben nach nur sagen musste: »Sei!«, und dann war es, wenn Gott wundermächtig war, warum sollte dann Maryam ihr Kind nicht aus dem »Bauch ihres Beins«, wie es mein Opa im südirakischen Dialekt wörtlich ausdrückte, zur Welt bringen? Wenn er gewisse Zweifel in meinem Gesicht entdeckte oder mich grinsen sah, lachte er mich aus. Als sei ich ein Dummkopf, der nicht ernst zu nehmen war. »Wenn du erst mal groß bist, wirst du es schon einsehen«, sagte er, seiner Worte so sicher, als sei er bei der Geburt dabei gewesen.

Wir könnten hier noch Dutzende, wenn nicht gar Hunderte von Geschichten wiedergeben, die die Sure »Maryam« weiter ausdeuten. Das ist auch nicht verwunderlich, denn mag diese Sure in ihrer offenen Erzählweise auch den übrigen Geschichten im Koran ähneln, so ist sie doch die widersprüchlichste und unlogischste von allen. Größtenteils ist sie den ihrerseits irgendwo abgeschriebenen Evangelien entlehnt. So ist es bis heute bei vielen literarischen Texten gang und gäbe. Wer etwas von anderen übernimmt, will seine Quelle oft verschleiern. Damit dies gelingt, ändert er etwas ab, um sagen zu können: Dies ist mein eigener Text. Und so ergeben sich zahlreiche Abweichungen, Fehler oder Auslassungen. Auf diese Weise kam es auch dazu, dass der koranische Text den Zimmermann Yûsuf, Maryams offiziellen Verlobten, völlig ignorierte. Kurz, die Sure »Maryam« ist eine Kompilation ohne ein Band, das alles zusammenhielt. Der Messias sprach nicht als reifer Mann zu den Menschen, er starb in jungen Jahren. Ganz zu schweigen davon, dass uns in derselben Sure berichtet wird, Maryam habe, als sie noch bei voller Gesundheit war und im Tempel diente, Speisen von Gott erhalten, ohne sich darum kümmern zu müssen. Warum mutete man ihr dann später, als sie in den Wehen lag, zu, an einer Palme zu rütteln, um mitten im Winter von den Früchten zu essen? Überhaupt war die Gegend um das Jordantal, wo der Messias geboren wurde, damals vor allem für seine Öl-, Zitronen- und Granatapfelbäume bekannt, nicht für Palmen. »Alle Palmen, die Sie heute im Norden Israels sehen, stammen aus Basra«, erzählte mir einst eine Zufallsbekanntschaft aus Nahlal. Sein eigener Großvater habe die Setzlinge 1956 aus dem Irak über den Suez-Kanal nach Israel geschmuggelt und in Galiläa und den angrenzenden Regionen eingepflanzt. Und in Sure 3 lesen wir, dass eine ganze Gruppe von Engeln Maryam die Geburt des Messias ankündigte:

»Damals, als die Engel sprachen: ›Maria [Maryam]!

Siehe, Gott hat dich erwählt und rein gemacht –

er erwählte dich vor allen Frauen in der Welt ...‹«

(Sure 3,42),

was im Widerspruch zur Sure 19 steht, wo uns erklärt wird, der Geist Gottes sei in Gestalt *eines* Mannes zu ihr gekommen und habe ihr die Schwangerschaft verkündigt. In Sure 21 wiederum kommt es zu einer Begegnung, die beinahe intim anmutet, als der Geist in Maryam geblasen wird. Und warum auch nicht? Wie hätte sie diese Annäherung zurückweisen sollen, war sie doch ein frommes Mädchen, das betete und wie eine Nonne am heiligen Ort diente? Einen ähnlichen Widerspruch zwischen den Suren finden wir auch hinsichtlich Maryams

Inobhutnahme. In Sure 3 lesen wir, dass die Jungfrau Maryam von Zakarîya im Tempel in Pflegschaft genommen wird (Vers 37), in Sure 19 dagegen, dass Maryam sich allein an einen weit entfernten Ort zurückzieht (Vers 22). Dass sie aber »Schwester Harûns« genannt wird – Harûn (Aaron) ist der Bruder Mûsas (Moses') –, ist ein grober Fehler, auf den der Text in der Annahme verfällt, bei Aarons und Moses' Schwester Mirjam – arabisch Maryam – aus der Thora und Îsas Mutter handele es sich um ein und dieselbe Person. Das Sonderbarste aber ist der Name des Messias – Îsa –, denn im Neuen Testament heißt er Jesus. Hat ihn der Koran mit Îsu Bin Ishâq (Esau, dem Sohn Isaaks), dem älteren Bruder Yaqûbs (Jakobs), verwechselt? Geschah all dies aus Unwissenheit oder um die Quelle, aus der man schöpfte – die Evangelien –, zu verdecken?

Doch speisen sich die Texte des Alten und des Neuen Testaments nicht ebenfalls aus älteren Überlieferungen? Ist es nicht so, dass auch die Evangelien die Geschichte des Messias modifizieren, dass sie einander widersprechen und manches auslassen, wenn auch nicht in dem Maße, wie es die Texte im Koran tun? Verständlich: Wird eine schon zuvor an anderer Stelle entlehnte Geschichte übernommen und anschließend verändert, so wird sie noch weiter verfälscht. Und schon sind wir wieder beim Erzählen angelangt.

Um beim Erzählen, dem Erzählen von Geschichten, und der Frage zu bleiben, wem eine Geschichte gehört, müssen wir auf eine noch weiter zurückliegende Geburt eingehen, die der des Messias gleicht und von der ebenfalls mit dem Ziel berichtet wurde, die Menschen zu täuschen und – wie die Evangelien und danach der Koran – die Schwangerschaft einer vor der Heirat »unberührten« Frau zu rechtfertigen. Wir müssen uns der Geschichte Alexanders des Großen widmen, der 356 Jahre vor unserer Zeitrechnung geboren wurde und ebenfalls ein

Gottessohn gewesen sein soll, wenn auch kein Prophet. Seine Geburt und Jugend sind von zahlreichen Mythen umrankt. Dem griechischen Schriftsteller Plutarch zufolge sah Alexanders Mutter Olympias in der Nacht ihrer Hochzeit mit König Philipp II. im Traum einen Blitz in ihren Bauch fahren. Aus diesem entzündete sich ein Feuer, das sich »überallhin« ausbreitete, um anschließend wieder zu erlöschen. Philipp selbst hingegen soll geträumt haben, er drücke ein Siegel mit dem Bildnis eines Löwen auf den Bauch seiner Gattin.

Plutarch stellt in seinen Schriften zahlreiche Interpretationen dieses Traumes vor, darunter jene, Olympias sei bereits vor der Hochzeit schwanger gewesen, darauf deute ihr versiegelter Bauch hin, weil Leeres nicht versiegelt werde. Der wirkliche Vater Alexanders sei Zeus, der oberste Gott der Griechen, denn man habe gesehen, wie sich eine Schlange neben der schlafenden Olympias ausgestreckt habe. In der Frage, ob sie selbst die Geschichte von Alexanders göttlicher Herkunft verbreitete und ihm gegenüber bestätigte oder ob sie diese Auslegung grundsätzlich als Blasphemie ablehnte, sind die alten Geschichtsschreiber geteilter Meinung.

Nach griechischer Überlieferung belagerte Philipp II. am Tage der Geburt seines Sohnes gerade die Siedlung Potidea auf der Halbinsel Chalkidiki. Am selben Tag erhielt er Nachricht, dass Parmenion, einer seiner besten Heerführer, die vereinigten illyrischen und päonischen Armeen geschlagen und zurückgetrieben habe. Außerdem hätten seine Pferde bei dem als Teil der Olympischen Spiele veranstalteten Rennen gewonnen. Zudem sei währenddessen der Tempel der Artemis in Ephesos, eines der sieben Weltwunder, abgebrannt. Dies veranlasste den Historiker Hegesias von Magnesia zu der Behauptung, der Tempel sei abgebrannt, weil Artemis ihn verlassen habe, um Alexanders Geburt zu überwachen und seiner

Mutter Olympias in den Wehen beizustehen. Wahrscheinlich entstanden diese Legenden mit Alexanders Thronbesteigung und gewannen mit jeder neuen Eroberung an Boden. Möglicherweise unterstützte er ihre Verbreitung sogar selbst, um zu bekräftigen, dass er über den normalen Menschen stand und bereits seit der Schwangerschaft seiner Mutter zu Höherem bestimmt war.

Kaum war er in Ägypten einmarschiert, pilgerte er zum Tempel des Gottes Amun, der ägyptischen Entsprechung des griechischen Zeus, in der Oase Siwa in der Westlichen Wüste. Als er den Tempel erreicht hatte und dort eintrat, wurde er von den Priestern willkommen geheißen, die ihn schon erwartet hatten. Sogleich ernannten sie ihn zum ägyptischen Pharao und zum Sohn des Amun. Dann setzten sie ihm eine Krone in Form eines Widderkopfs mit zwei Hörnern auf. Von nun an sollte man ihn auch den »zweigehörnten Alexander« nennen. Alexander begann zu behaupten, sein wirklicher Vater sei Zeus-Amun, genau wie später über den Messias gesagt wurde, er sei Gottes Sohn. Und noch größer wird unser Erstaunen, wenn wir erfahren, dass Alexander im Jahre 323 mit knapp dreiunddreißig Jahren starb, ziemlich genau im selben Alter wie der Messias. Was für ein Zufall! Wie doch Geschichten immer wieder in neuem Gewand erscheinen, wie sie ständig kopiert und vereinnahmt werden!

---

1 In der Übertragung von Bobzin wird Maryam nur dreiunddreißigmal namentlich erwähnt, da »yâmaryamu« [oh Maryam] in Sure 3,37 im Deutschen nicht wiedergegeben wurde.

Der Teufel

Satan, Luzifer, Adversarius, Diábolos, Widersacher, Verwir-
rer, Versucher, großer Drache der Apokalypse, Fürst dieser
Welt – viele Namen und Zuschreibungen hat der Teufel, und
in vielerlei Gestalt tritt er auf. Er gilt als Lügner und als Vater der Lüge. Nicht nur in der Bibel ist er gleich zu Beginn
als Schlange im Paradies vertreten, um Eva zu verführen, sich
selbst zu vergöttlichen, auch feiert er spektakuläre Auftritte
in der Literatur. Bei Dante Alighieri als dreiköpfiger Riese,
der am tiefsten Punkt der Erde im Eis steckt, in dessen Nähe
die Gedanken förmlich einfrieren; bei Johann Wolfgang von
Goethe als munterer Pudel und als Geist, der stets verneint;
als Fant mit verschränkten Beinen, der rauchgeschwängerte
Stickluft verbreitet, bei Thomas Mann oder als aalglatter Stin-
kewicht bei Walker Percy. Die Liste seiner Namen und Auftritte ließe sich einige Seiten lang fortsetzen. Der Teufel besitzt ein quecksilbrig Wesen, dem nicht leicht beizukommen
ist, vor allem aber ist er ein großer Verführer, mit sagenhafter
Schläue begabt. In beiden Teilen der Bibel findet man ihn vielerorts, wie er danach trachtet, Unglück auf die Häupter der
Menschen zu ziehen, um sich an Gott und dessen Geschöpfen
zu rächen. »Aus dem Ewigen gefallen, will Satan das Unendliche. Vom Sein gefallen, will er das Haben.«[1] Und er wahrt
nur allzu gern sein Inkognito. »Gott sagt: ›Ich bin, der ich
bin.‹ Aber der Teufel, stets eifersüchtig bedacht, Gott nach-
zuahmen … sagt zu uns wie Odysseus zum Zyklopen: ›Ich
heiße *Niemand*, es gibt niemanden. Vor wem solltest du dich
fürchten?‹«[2]

Bei uns kommt er heutzutage fast nur noch im Faschings-
kostüm vor, in diversen Redensarten ist er natürlich präsent.
Wer heute vom Bösen spricht, der meint den Menschen und
keine Figur, die von außen herandrängt, um ihn eigens zu verführen. Die mörderischen Diktatoren der Neuzeit haben ihn
bei weitem überboten. Im Vergleich mit ihnen wirkt Satan,
wie er in der Bibel vorkommt, fast nur wie ein schwacher, my-
thisch irrlichternder Abglanz.

In der Redensart *Auf Deibel komm raus* ist er schon etwas
schwächlich vertreten, es scheint Mühe zu kosten, ihn überhaupt hervorzulocken. So recht an ihn glauben, das wollen
und können in unseren Landstrichen inzwischen nur wenige
Menschen. Die modernen ethischen Krisenprogramme haben
den Teufel in den Hintergrund treten lassen, sie suchen beim
Menschen allein die Schuld und das Verhängnis und kom-
binieren diese Begriffe mit dessen Triebstruktur, welche nun-
mal nicht auszurotten sei und damit für allerhand Böses eine
Angriffsfläche biete. Terry Eagleton, der ein fabelhaftes Buch
über das Böse geschrieben hat, beschreibt den modernen Auftritt des Teufels nüchtern: »Die Hölle ist kein Schauplatz un-
aussprechlicher Obszönitäten [sie ist es zwar heutzutage nicht
mehr, war es aber für viele Generationen. S. L.] Wäre sie es,
sollten wir uns vielleicht alle um einen Platz in ihr bemühen.
Doch leider ist die Hölle ein Ort, wo wir von einem Mann im
Anorak in jedes Detail des Abwassersystems von South Da-
kota eingeweiht werden.«[3] Und an anderer Stelle heißt es in
seinem Buch: »Die abgestumpfte postmoderne Kultur kann
mit Sexualität kaum noch Schockwirkung erzielen. Daher hält
sie sich an das Böse oder zumindest an das, was sie in ihrer
Blauäugigkeit dafür hält: Vampire, Mumien, Zombies, ver-
wesende Körper, wahnsinniges Gelächter, dämonische Kinder, blutende Tapeten, buntes Erbrochenes etc.«[4]

Zuallererst ist der Teufel natürlich in der Schöpfungsgeschichte vertreten, wo er noch keinen Eigennamen besitzt,
sondern einfach nur als betörende Schlange mit gespaltener
Zunge spricht. Von einem gefallenen Engel, vom Widersacher
(und zeitweise auch nolens volens vom widerständigen Kum-
pan) Gottes ist da noch nicht die Rede. Das Gespaltene wird
dem Kerl allerdings immer anhaften, sobald er auftritt. Er ist
der Widerspruchsverwickler, scheinbar für das Wohlsein des
Menschen votierend und auf hintersinnige Weise an dessen
Vernunft appellierend. Im Grunde jedoch will er die Menschen
unter seine Herrschaft zwingen, um seinem göttlichen Wi-
derpart ihre Seelen abzuluchsen. Wobei es einen Unterschied
zwischen dem jüdischen und dem christlichen Teil der Bibel
gibt. In der jüdischen Bibel wirkt Satan bisweilen wie der von
Gott tolerierte Gegenspieler, am deutlichsten im Buch Hiob,
das mit einer Wette im Himmel zwischen Gott und Satan um
den treuen Mann beginnt. Auch in Bezug auf die paradiesische
Schlange lässt sich schwerlich leugnen, dass Gott dabei seine
Hand im Spiel hatte. Schließlich ist der gesamte Kosmos, sind
Himmel, Erde, Gestirne, Tiere, Pflanzen und zu guter Letzt
die beiden ersten Menschen, aber eben auch die Schlange, die
sich vom Baum der Erkenntnis zu Evas schönem Haupt herab-
ringelt, von Ihm erschaffen. Erst im Neuen Testament trennt
sich der Teufel unwiderruflich und mit geballter Macht von
Gott, zwar bleibt er für tausend Jahre gebunden, aber nur, um
nach einem letzten tobenden Aufbäumen im Höllensturz zu
enden und dort für immer eingekesselt, eingefroren, in jedem
Fall ohne Hoffnung auf Erlösung, gebannt zu sein.

Die tausend Jahre sind vergangen, Menschen leben immer
noch auf der Erde, und – wer weiß – vielleicht hat der einst
mächtige Satan, der ursprünglich nichts anderes war als ein
berauschend schöner Erzengel, inzwischen zu Millionen Par-

tikeln zersprengt in Herz und Hirn eines jeden Menschen ein bequemes Nistplätzchen gefunden, das von Anbeginn an dort für ihn bereitet war. Im Übrigen kann man davon ausgehen: Wer heutzutage die Geschichte von der Verführung, vom Pflücken und Verzehren eines Apfels im Paradies liest, ohne sich um den verzwickten gedanklichen Hintergrund zu mühen, der als abgründige Strahlkraft von dieser anscheinend so harmlosen Tat ausgeht, wird darin nicht gerade eine schreckliche Tabuverletzung sehen, erst recht keine, durch die so weitreichende Folgen wie Vertreibung und der Kampf ums tägliche Leben gerechtfertigt werden könnten. Etliche moderne Leser sind halbblinde Textflieger, die sich damit begnügen, was sich ihnen an der Oberfläche zeigt. Sie verpassen den Clou der Geschichte und damit, was es mit Evas Haschen nach Vergöttlichung auf sich hat.

Kommen wir noch einmal auf König Salomo zurück, bei dem man einen traulichen Umgang mit dem Teufel am allerwenigsten vermutet. Es gibt ihn aber doch, das Buch der Könige erzählt im 11. Kapitel davon, wie Salomo sich von seinen vielen, vielen Frauen dazu verleiten ließ, im hohen Alter sein Herz fremden Göttern zuzuneigen. In diesem Falle sind es die fremden Frauen, die dem Teufel als vermutlich bezaubernde Hülle dienen, um den frommen König auf Abwege zu führen. Sie bekommen ihn sogar dazu, Astarte zu dienen, diesem Urbild einer teufelsbesessenen Götzin. Der Fluch Gottes erfolgt prompt: Er wird Salomo zwar nicht mehr zu dessen Lebzeit treffen, seinen Sohn aber sehr wohl, dem Er das Königtum aus der Hand reißen will. Die Bestrafung wird durchaus nicht nur am eigentlichen Frevler vollzogen, Kinder und Kindeskinder büßen häufig für etwas, was ihre Vorfahren verbrochen haben. Auf diese Weise hat der Teufel indirekt auch Macht über die folgenden Generationen, die nun zwar ebenfalls nicht

vollkommen unschuldig sind, weil auch sie, wie es immer so
schön heißt: die Wege Satans wandeln, aber die Schuld der
Väter beschwert die eigene Sündenhypothek zusätzlich und
drückt die Nachkommen in den Staub.

Ausführlich wird Satan bei Jesaja beschrieben, im Triumph-
lied über den Sturz des Weltherrschers. Wenn der wahre göttliche Herrscher kommt, wird das Totenreich erzittern, und
vom in die Hölle gestürzten Engel heißt es: »Wie bist du vom
Himmel gefallen, du schöner Morgenstern! Wie wurdest du
zu Boden geschlagen, du Bezwinger der Völker! Du aber ge-
dachtest in deinem Herzen: ›Ich will in den Himmel steigen
und meinen Thron über die Sterne Gottes erhöhen, ich will
mich setzen auf den Berg der Versammlung im fernsten Norden. Ich will auffahren über die hohen Wolken und gleich sein
dem Allerhöchsten.‹ Doch hinunter ins Totenreich fährst du,
in die tiefste Grube!«[5]

In Dantes *Inferno* ist Luzifer hinabgefahren, nun hockt er
in der tiefsten aller möglichen Erdgruben, im Mittelpunkt der
Erde, im Eismeer. Er steckt dort mit den Beinen fest. Gerade
das Eis passt ausgezeichnet zur psychischen Verfasstheit Satans. Obwohl es in der Hölle viele brennende Feuer gibt, auch
einen kochend heißen Pechsee, ist Satan selbst von Eis umgeben, was der tödlichen Kälte seines Herzens entspricht. Die
Versprechungen und Gaben Satans sind gleißend, sie funkeln
in einem bösen Licht, wer ihnen glaubt, sie willig empfängt
und sein Leben danach ausrichtet, wird keine herzerwärmen-
de Freude mehr finden, sondern von glitzerndem Trugschluss
zu Trugschluss eilen und dabei bis ins Mark erkalten. Satans
Geschöpfe sind Gejagte, die keine Ruhe finden können, vor
allem aber kein beseeligendes Genügen, in dessen ruhigen
Fluten sie selbstvergessen genießen könnten, ohne jemandem
zu schaden.

Gewiss hatte Dante die oben genannte Stelle aus Jesaja vor Augen, als er Luzifer tief in die Erde hinabstürzen ließ. Doch seine poetische Erfindung geht naturgemäß weiter, als es die karge Aussage der Bibel tut. Bei ihm erzeugen die riesigen windmühlenhaften Flügel des gefallenen Engels einen eiskalten Wind, der den untersten Teil der Hölle erstarren lässt. Das einst so schöne Antlitz ist in drei Hälften gespalten, in jeder der Hälften befindet sich ein Maul, und darin steckt jeweils einer der drei Verräter, die zu Dantes Zeit als beispielhafte Hauptsünder galten: Judas, Brutus und Cassius. Nun, wir würden heute die drei Mäuler wohl eher mit Hitler, Stalin und Mao Tse-tung bestücken. Judas ist hier ohnehin an gänzlich falschem Ort, weil sein Verrat als von höherem Willen veranlasst gelten darf, damit das jesuanische Heilsgeschehen seinen vorbestimmten Lauf nehmen konnte.

Das von Satan ausgehende Böse ist sowohl klinisch kalt als auch chaotisch. Es freut sich am Tohuwabohu, dem großen Gewirre des Anfangs, aus dem heraus durch Gottes Ordnung des Alls, durch Sein Interesse für Erde und Menschen das sinnvolle Agens der Geschichte Einzug hält. Doch das Böse will zum Chaos zurück. Für die sinnentleerten oder, genauer gesagt: am idiotischen Anschein von Sinn festgebissenen Exzesse des Bösen hat Dante unnachahmliche Bilder gefunden, fast ausnahmslos sind alle Geschöpfe, die sich bei ihm in der Hölle befinden, Umhergetriebene und Gescheuchte. Bei denen, die in der untersten Abteilung der Hölle feststecken, hält das Eis den Körper in seinem Bann, doch eine heißkalte Vergeltungssucht und Blutrunst tobt in den Köpfen. Von Dantes Hölle könnte man sagen: Das Rasen und Jagen höret nimmer auf, allenfalls ist es unterbrochen von schlappem Zusammensinken. Für die Hölle gilt: Sie ist eindeutig nur sie selbst und weist mit dickem Finger unablässig auf sich selbst. Deshalb kann keine der Figuren im ersten Teil von Dantes Poem über sich hinauswachsen, denn alle Höllenbewohner sind auf schauerliche Weise mit sich selbst identisch.

In Hesekiel 28 wird der gefallene Engel ausführlicher beschrieben: »Du warst ein vollendet gestaltetes Siegel, voller Weisheit und über die Maßen schön. In Eden warst du, im Garten Gottes, geschmückt mit Edelsteinen jeder Art, mit Sarder, Topas, Diamant, Türkis, Onyx, Jaspis, Saphir, Malachit, Smaragd. Von Gold war die Arbeit deiner Ohrringe und des Perlenschmucks, den du trugst; am Tag, als du geschaffen wurdest, wurden sie bereitet. Du warst ein glänzender, schirmender Cherub und auf den heiligen Berg hatte ich dich gesetzt; ein Gott warst du und wandeltest inmitten der feurigen Steine. Du warst ohne Tadel in deinem Tun von dem Tage an, als du geschaffen wurdest, bis an dir Missetat gefunden wurde. Durch deinen großen Handel wurdest du voll von Gewalttat und hast dich versündigt. Da verstieß ich dich vom Berge Gottes und tilgte dich, du schirmender Cherub, hinweg aus der Mitte der feurigen Steine. Weil sich dein Herz erhob, dass du so schön warst, und du deine Weisheit verdorben hast in all deinem Glanz, darum habe ich dich zu Boden gestürzt ...«[6] Wenn man die Stelle etwas weiter vorne zu zitieren beginnt, ist sie auf den ersten Blick doppelbödig, denn sie scheint sich auf den verderbten irdischen König Tyrus zu beziehen. Doch die Beschreibung, wie die Gestalt erschaffen wurde, lässt kaum einen Zweifel daran, dass es sich um den einst mächtigsten Engel handeln muss. Seine Schönheit erscheint hier changierend zwischen Weiblichkeit und Männlichkeit, besonders der ausgiebig beschriebene Schmuck deutet auf eine feminine Seite hin. (Im Übrigen hat jeder dieser Edelsteine eine besondere Bedeutung, denn sie sind allesamt in die Mauern und Tore des himmlischen Jerusalem eingelassen.) Man bedenke: Es ist ein weiter Weg von einer lispelnden, sich vom Paradiesbaum herabbringelnden Schlange, in der bereits der Keim des Bösen steckt, bis zum hinreißenden Äußeren dieses gleißenden Engels, der zweifellos eine spektakuläre Verführungsmacht innehat. Zu schön, zu klug sich wähnend und dadurch zu überheblich. Alle späteren Nachfahren dieses glanzvollen Geschöpfs wirken im Vergleich mit ihm hässlich, insbesondere der mittelalterliche Klumpfußteufel, um den ein unrühmlicher Stank weht. Vor allem die Teufel in der modernen Literatur haben etwas Schmierlappiges an sich, vielleicht nicht auf den ersten Blick, aber spätestens auf den zweiten. Wobei ihm die Hässlichkeit als Tarnung dient, das körperlich Groteske, das ihm anhaftet, verführt den sich geistreich dünkenden Menschen dazu, ihn nicht ernst zu nehmen.

Nun, das sind Dramen, die sich in weit entlegener Zeit um den gefallenen Engel herum abspielten. Heutzutage sind diese größer und zugleich kleiner. Kleiner, weil der Teufel bei uns im Detail steckt. Größer, weil das Vernichtungspotential, das die Menschen inzwischen erworben haben, gewaltiger ist als je zuvor. Dabei werden die Schurken verehrt wie eh und je (vielleicht weniger die ganz großen), weil um sie die Gefahr knistert und das als fade gebrandmarkte Tugendleben nur einen schwachen Schein verbreitet. Man braucht sich nur anzusehen, was es mit der Verlästerung des *Gutmenschen* auf sich hat. Der sogenannte Gutmensch ist ein Trottel, der weder Schick noch Eleganz besitzt, er gilt als naiv, lehrerhaft, unerotisch. Dabei gibt es nüchtern betrachtet doch nichts Besseres, als einem guten Menschen zu begegnen, der einem hilft. Schließlich ist jeder irgendwann in seinem Leben darauf angewiesen, dass ein anderer ihm uneigennützig zur Seite steht. Als Kinder sind wir es sowieso.

Im Neuen Testament tritt der Teufel bei der Versuchung

Jesu in der Wüste auf. Vierzig Tage und Nächte war Jesus dort umhergezogen, nun erscheint dem geschwächten, abgezehrten Mann der hold sprechende Verführer. Natürlich hat Jesus Hunger, und der Teufel will ihn dazu verlocken, aus Steinen Brot werden zu lassen, und zwar mit dem sardonischen Hinweis, ein Sohn Gottes könne so etwas mühelos bewerkstelligen. Die berühmte Antwort Jesu, die viele von uns noch im Gedächtnis haben, lautet verkürzt: »Der Mensch lebt nicht vom Brot allein.«[7] Das ist ein präzis geraffter Satz, denn er verleugnet keinesfalls, dass der gewöhnliche Mensch auf Wasser und Brot angewiesen ist. Aber damit nicht genug. Es gibt eine machtvolle Sehnsucht, die das menschliche Hoffen ins Weite, Offene treibt und einen Gnadenfluss imaginiert, der über die Enge des Körpers und dessen Nahrung weit hinausreicht. Von himmlischer Gnade getragen und erhöht, will die flugfähige Seele den Sternen näherrücken und sich in Gottes Huld geborgen wissen. Einem zitternden Vögelchen gleich ist ihr dort eine überwältigende Schau vergönnt.

Der Teufel hat natürlich noch andere Pfeile im Köcher. Er führt Jesus auf das Dach des Tempels in Jerusalem und empfiehlt ihm, wenn er Gottes Sohn sei, solle er sich hinabstürzen. Geschickt zitiert er dabei aus Psalm 91, 11-12: »Er wird seinen Engeln Befehl geben; und sie werden dich auf Händen tragen, damit du deinen Fuß nicht an einen Stein stößt.«[8] Wie man sieht, ist der Teufel ein gewiefter Bibelkenner. Jesus weist auch diesen Vorschlag ohne Zögern zurück, eine Mutprobe zum Gotteserweis braucht es nicht, denn der Mensch soll Ihm allein dienen und sich vom berauschenden Wesen selbsternannter Macht nicht betören lassen. Der Teufel gibt aber noch nicht auf, er führt Jesus auf einen hohen Berg und zeigt ihm alle Reiche der Welt, die er gewinnen könne, wenn er ihn anbete. Wie zu erwarten war, verfängt auch dieses lukrative Angebot nicht.

Im Wesentlichen konzentriert sich der Teufel darauf, Jesus gleißende Schätze verschiedenster Art anzubieten, ohne dass er dafür leiden müsste. Aber das Leid gehört nun einmal zum Menschen, es ist eine schreckliche und zugleich kostbare Beigabe unserer Existenz. Sie macht uns klug. In erlesenen Augenblicken des Lebens lässt sie uns teilhaben an einer anderen, veredelten Form des Genusses, sobald wir der Pein entgangen sind. Was wäre denn ein unablässig währender Genuss ohne die Gefahr des Entzuges? Man sollte allerdings vorsichtig sein, aus dem Leid des Menschen allzu viel puritanisches Erhabenheitskapital schlagen zu wollen. Es gibt unsägliche Leiden zuhauf. Angesichts gefolterter, geschlagener, verhungerter Menschen kann so ein Satz wie blanker Hohn wirken.

Die Versuchung Christi hat Duccio di Buonisegna hinreißend gemalt. Jerusalem als dicht gedrängte, mittelalterliche Stadt befindet sich in zwei kompakten kleinen Hälften zu Füßen Jesu, der auf einem Felsen steht. Dieser prominent ins Bild gerückte Fels weist auf den, der in naher Zukunft bei der Kreuzigung zersprengt werden wird. Die Stadt ist durch den steinernen Block geteilt, darüber sind die Hauptfiguren beherrschend in Szene gesetzt. Der den Satan in die Schranken weisende Jesus ist größer als sein pechschwarzer, geflügelter Widersacher. Zwei Engel stehen Jesus als Zeugen und Unterstützer zur Seite. Duccios Malerei, die nicht an den Zwang des Perspektivischen gebunden ist, hat grandiose Vorzüge, weil sie das Wichtige wichtig, will heißen: groß nimmt, das Nebensächliche und Beiherspielende hingegen in kleinem Format zusammendrängt. Das Wichtige wichtig nehmen und dem Nebensächlichen wenig Bedeutung einräumen, das trifft den Nagel auf den Kopf, wenn es um die Versuchung Jesu geht.

Der Teufel steht für ausschweifend sündhaften Genuss, auf den die Strafe auf dem Fuße folgt. Ein knallhartes, unmissverständliches Quidproquo. Das Schema wird durch Jesu Tod am Kreuz durchbrochen. Unbegreiflicherweise blüht die Hoffnung der Errettung des sündigen Menschen über der schlimmsten Gewalttat auf, dem Mord an Gottes Sohn. Ein schreiendes und zugleich in ein inneres Flüstern einkehrendes Rätsel, das nicht zu knacken ist. Ein schauerlicher Blutsudel verunreinigt Gott, damit Seine Geschöpfe gerettet werden können. Eine extremere Ambivalenz ist schwerlich denkbar, aber gerade deshalb schlägt die unbegreifliche Geschichte bis heute ihre Wellen, mal ist sie dem sadistischen Theater preisgegeben, mal in die Verzückung gerückt, bestenfalls wird sie in ruhiger, staunender Anschauung geehrt.

Zersprengt in abertausend Teilchen oder als fest umrissene Figur auf den Plan tretend – der Teufel scheint nicht totzukriegen. Einem kalten inneren Schauspiel preisgegeben ist der Komponist Adrian Leverkühn, die Zentralgestalt im Roman *Doktor Faustus* von Thomas Mann. Wir sehen ihn durch die Brille eines Freundes und bedächtigen Zeitzeugen mit dem sprechenden Namen Serenus Zeitblom. Die Zerstörung der monumentalen Form und des schönen Scheins, die eine innere Geschlossenheit repräsentieren, wird dem intelligenten Leverkühn zum Programm. Es geschieht zugunsten einer aufgetummelten Energie, die den Schrei nachahmt und an die katastrophale Zerstörung im Gefolge der Schlachten des Ersten Weltkrieges erinnert, diese bisweilen vorausahnt.

Töne, die nicht der Süße der Harmonik huldigten, sondern das Aufgekratzte, das Crashhafte suchten, waren für einen Teil der Avantgarde perfekt, die ihr eigenes Treiben als Kunstreligion verstanden wissen wollte und es damit adelte. Insbesondere Arnold Schönbergs Aufgabe der Dur-Moll-Tonalität griff das in der Tradition wurzelnde Komponieren an. Das Verlassen der gewohnten Harmonik sorgte dafür, dass dem Hörer nicht mehr so häufig ein beseligendes Schwingen in der Ruhe, ein Verschleichen melancholischer Passagen in den Ohren vergönnt war. Neu waren so manche Töne und entsprachen dem Gefühl der Menschen, die sich selbst sehr neu vorkamen.

Manch einer der aus den herkömmlichen Bahnen seiner Vorväter gescheuchten Bürger lieferte sich im Zickzack der Erregung den verrücktesten Scharlatanen aus, etwa dem Muttersohn und Hohepriester Alfred Schuler, der unentwegt von der Blutmagie oder *Blutleuchte* delirierte. Wo dem Blut magische Fähigkeiten zugetraut wurden, waren in Deutschland der Rassenwahn und der Hass auf die Juden nicht allzu fern. Er sollte allerdings erst zehn Jahre später zu voller Ausprägung kommen. Alfred Schuler verstarb 1923. Ein umtriebiger Geselle war auch der Geisterseher Schrenck-Notzing, der aufregende Séancen abhielt, bei denen merkwürdige papiergefältelte Jenseitswesen aus dem Mund eines weiblichen Mediums emanierten oder, wenn sich dieses in Gebärstellung, geplagt von entsprechenden Schmerzen, auf einem Stuhl wand, unter dessen Rock hervorkrochen. Die kuriosen Hervorbringungen wurden *ideoplastisch* genannt und photographisch dokumentiert. Es ist einesteils witzig, sich die heutzutage sofort erkennbaren Manipulationen anzusehen, andererseits wirkt die sexuell aufgeladene Energie, die aus den Bildern flutet, befremdlich. Mit Photographien bedecktes Zeitungspapier wurde zur Kugel geballt und ein wenig ausgezogen, so erhielt man Knitterbilder, welche die Verstorbenen repräsentieren sollten.

Solcherlei Ekstasen mitsamt den entsprechenden Protagonisten, die sich in der Münchner Gesellschaft herumtrieben, waren Thomas Mann bekannt. Er verkehrte in bedeutenden Salons, in denen sich ihm reichlich Anschauungsmaterial für den Jahre später verfassten Roman bot. Vom Getreibe in

den bürgerlichen Häusern, die von solchen Figuren bevölkert wurden, erzählt der Roman gewitzt und packend, was
umso komischer wirkt, als sich der übervorsichtige Serenus auch hierbei um dezente Worte müht, was nicht immer
klappt. Die Begegnungen mit dem nervösen Gschwarl, das
nicht mehr von sozial gesicherten Plätzen aus agiert und den
Blick auf eine überschaubare Zukunft verloren hat, sind präzis aufs Korn genommen. Die verwirrten Leute faseln von der
Ästhetik des reinigenden Feuers und wissen nicht, welchen
Brand sie mit ihrem orgiastischen Flammenpathos entfachen.
Alle sind plötzlich energiegeladene Künstler und wollen nicht
mehr Bürger sein. Die rhetorischen Feuersbrünste, die dabei
hochschießen, sind jedoch kalt. Auch den in sich verkapsel-
ten Narzissten Leverkühn umweht die Künstlerkälte der Zeit.
Seine idealistische Selbstprojektion wird von einem fatalen
Heroismus gestützt. Schopenhauer, Nietzsche, Wagner lassen
grüßen. Gottlob geht die Sprache des Chronisten dabei nicht
auch noch triebschüssige Wege. Ihm sind Ordnungsliebe und
argumentative Stimmigkeit nicht verlorengegangen. In seinem
Unbewussten toben nicht die Faxen der Brutalität. Und da er
auch in puncto Eros ein Mann der Vernunft ist, wird vor den
Augen des geneigten Lesers so manche Liebeshändel, so manche Verstiegenheit und Idiotie in ruhiger Weise ausgebreitet,
wobei die Figuren auf noble und dennoch wirksame Weise de-
montiert werden, wie es nun mal das Kerngeschäft des hochmögenden Autors war.

Auftritt des Teufels! Was mir in jungen Jahren wie eine alt-
backene Schmonzette vorkam, begeistert mich jetzt. Weil ich
ein anderes Verständnis für den Zeitritt der Figur aufbringen kann, die Verwandlung einer bekannten Figur mit her-
gebrachten Insignien und altertümelndem Sprachgestus in
einen Sportboy und hochmodernen Lässigkeitsflegel genie-

ße, der salopp spricht, zunehmend daherquatscht. Wenn er zunächst umständlich redet, soll das Leverkühn in Sicherheit wiegen, dass er die Gefahr, die von dem Gesellen ausgeht, nicht ernst nehmen muss. Dann argumentiert der Teufel rattenscharf. Naturgemäß beherrscht er das intrikate Pingpong der Dialektik meisterlich. Der eishauchumwehte Kerl verkündet alsbald, auch im Reich der Hölle, dem sich Leverkühn verschreiben wird, habe man eine besondere Beziehung zum Klang. Er versteht sich auf das Geschäft, den Komponisten zu ködern. Wert wird auf infamen Schall gelegt: Ein abgedichteter Keller, *tief unter Gottes Gehör,* wie es heißt, ist erfüllt von »Gilfen und Girren, Heulen, Stöhnen, Brüllen, Gurgeln, Kreischen, Zetern, Griesgramen, Betteln und Folterjubel«. Gleichzeitig ist von »Höllengejauchz und Schandgetriller« die Rede und vom »ungeheuren Ächzen der Wollust«. Lodernde Schmerzen und lodernde Freuden gehören zur Hölle. Zahnwehhaft zugespitzt, schmerzstechend laut ist es dort. Bisweilen sind die Stimmen ins Gurgelnde herabgedimmt. Der von Eisigem und nicht von Feurigem umwallte Verführer könnte direkt aus Dantes *Inferno* entlaufen sein, um in Deutschland vor und nach dem Ersten Weltkrieg Platz zu nehmen. Dante verstand sich glänzend darauf, die schaurigen Töne des Abgrunds mit onomatopoetischer Verve in seine Verse zu schmuggeln. Kein Wunder, dass die *Commedia* eine Vielzahl moderner Komponisten inspiriert hat. Kein Wunder auch, dass bei Thomas Mann ein Komponist mit aristokratischen Allüren als menschliches Besiedelungsfleisch für den Teufel herhalten muss, was dazu führt, dass dessen in Noten gesetzte Töne über die eiskalten Wirren eines winterlichen Schlachtfeldes hupfen, juchzen, schrillen. Wobei Leverkühn im Grunde nicht fähig ist, eine eigene Formenwelt aufzubauen, er schmarotzt von zuhandener Musik, die er äfft und zerstückelt. Sein analytischer Kunsttrieb verbündet sich mit dem Primitiven. Er leidet an Syphilis und schreint sich zunehmend in das Gehäus der Krankheit ein. »Als eine Art Autovampir oder Autoparasit, der aus seiner steten Auflösung Leben saugt, siecht er in einer Dämmerzone zwischen den Lebenden und den Toten dahin.«[9]

Die großartige Kunst von Thomas Mann besteht darin, die Vorboten der Nazigräuel in eine dem äußeren Schein nach harmlose Gesellschaft verlegt zu haben, die zwischen Modernitätswahn und Archaismus hin- und herzuckt. Im Grunde ist das Fenster mit Ausblick auf das große Morden aber schon sperrangelweit geöffnet, und wer Ohren hat, zu hören, kann die martialische Marschmusik hinter dem bürgerlichen Klaviergeklimpere in den Salons bereits vernehmen. »Einerseits marschiert der Nazismus verzückt einer revolutionären Zukunft entgegen, die schimmernden Wunderwerke neuester Tötungstechnologie im Schlepptau. Andererseits geht es um Blut, Erde, Instinkt, Mythologie und die dunklen Götter.«[10]

Dass die großen Schurken unser Interesse auf sich ziehen, weiß man spätestens seit dem andauernden Erfolg von William Shakespeares Dramen. Eine marklose Art der Tugendhaftigkeit, mit dem Spießigen eng verwandt, hat ihr Scherflein dazu beigetragen, die Sittsamkeit fade und das Laster enorm attraktiv zu finden. Fatalerweise fliegen Frauen immer noch in Scharen auf Männer, von denen ziemlich klar ist, dass sie sie alsbald schnöde im Stich lassen werden. Dem Lasterhaften, dem Grausamen, dem Überheblichen haftet ein Glanz an, neben dem das Tugendhafte wie ein unattraktives Fräulein Zeitblom ältlichen Zuschnitts wirkt.

Eine komplizierte Erwähnung des Teufels findet sich im Evangelium des Johannes, denn da geht es wieder einmal um die oft als halsstarrig und harthörig verleumdeten Juden, die

Jesus nicht als Gottes Sohn anerkennen wollen. So heißt es: »Da sprachen sie zu ihm: Wir sind nicht aus Hurerei geboren; wir haben *einen* Vater: Gott. Jesus sprach zu ihnen: Wäre Gott euer Vater, so liebtet ihr mich; denn ich bin von Gott ausgegangen und komme von ihm; denn ich bin nicht von mir selber gekommen, sondern er hat mich gesandt. Warum versteht ihr meine Rede nicht? Weil ihr mein Wort nicht hören könnt! Ihr habt den Teufel zum Vater, und nach eures Vaters Begierden wollt ihr tun. Der ist ein Mörder von Anfang an und steht nicht in der Wahrheit, denn die Wahrheit ist nicht in ihm. Wenn er die Lüge redet, so redet er aus dem Eigenen; denn er ist ein Lügner und der Vater der Lüge. Weil ich aber die Wahrheit sage, glaubt ihr mir nicht.«[11] Es kann hier nur wieder betont werden, dass Jesus selbst Jude war und deshalb der Christenzorn auf die Juden nicht nur bösartig, sondern auch absurd ist. Im Übrigen betont Johannes selbst, das Heil komme von den Juden.[12]

Man darf dabei auch nicht vergessen, dass alle dem Kreuz vorauslaufenden Christussätze, das Anschwellen der Energien mitsamt den darauf verweisenden Zeichen auf nichts anderes deuten als auf den bevorstehenden Tod, der zugleich ein triumphales Zeichen des Sieges gegen den großen Widersacher setzt.

Rüsten wir zum Schluss bezüglich der teuflischen Energien wieder etwas ab. Und zwar mit Hilfe eines kuriosen Romans des amerikanischen Autors Walker Percy, der leider immer noch ein eher unterschätztes Dasein fristet, auch in den Vereinigten Staaten. Percys Romane zirkulieren rund um die Gegend von New Orleans. Der 1990 gestorbene Autor war ein Südstaatler reinsten Wassers. In seinem 1971 erschienenen Roman *Love in the Ruins*, auf Deutsch *Liebe in Ruinen*, mit dem Untertitel *Die Abenteuer eines schlechten Katholiken kurz vor dem Ende der Welt*, hat der Teufel einen grandiosen Auftritt in einem Hörsaal. Percys Teufel ist ein schmieriger Kerl, der nach grässlichem Haarwasser stinkt, ein *Immelmann*, der vorgibt, den Menschen zu dem zu verhelfen, was sie sich insgeheim wünschen. Auf den ersten Blick, bei der Begegnung des daueralkoholisierten Psychiaters Dr. Thomas More mit dem Teufel in der Toilette, wirkt dieser wie ein drittklassiger Vertreter von Haarwaschmitteln. Um den heruntergekommenen Arzt, den febrilen Protagonisten des Romans, weht ein ramponierter Heiligenschein, Immelmann riecht süßlich. Aber er sollte nicht unterschätzt werden. Als Rhetor wächst ihm alsbald eine erstaunliche Macht zu. Es kommt zu einer großen Redeschlacht im Hörsaal zwischen More und ihm, wobei es um das heiße Thema des unwürdigen Lebens geht. Natürlich ist der teuflische Disputant ein Anhänger der Euthanasie. In flammenden Worten, mitfühlend zum Schein, in schnellem Pingpong zwischen sülzig und knallhart, stellt er das Leiden beklagenswerter Menschen dar, denen man am besten ein Ende mache. Was wenig wundernimmt: Der obstinate Kerl erntet dafür tosenden Applaus. Doch der zittrige Arzt, der immer am Rande des Zusammenbruchs entlangwackelt, ist ihm gewachsen. Rede und Widerrede dieses außerordentlichen Romans sollte jeder Politiker und jeder sogenannte Experte gelesen haben, wenn es um die letzten Fragen geht, wann ein Leben als wert gelten darf und was es bedeutet, wenn man von außen zu dem Schluss kommt, es habe keinen Wert mehr oder einen solchen nie gehabt. Wieder einmal ist der Teufel der Nichter des Lebens, der trotz hochgespitzter, sich wild bauschender Wortkaskaden einer trüben Hoffnungs- und Besinnungslosigkeit den Weg bereitet.

Terry Eagleton schreibt, reine Autonomie sei der Traum des Bösen.[13] Das Böse ist ein selbstischer Traum, der den Menschen erstarren lässt. Diese Erstarrung ist nichts anderes als der Vorbote des endgültigen Todes ohne Möglichkeit der Seelendrift in ein uns unbekanntes Gefild. Der äußerst kluge Autor gibt zu bedenken, das Böse sei durchaus metaphysisch, insofern es sich gegen das Sein als solches wende und nicht gegen diesen oder jenen seiner Teile.[14] Satan will vernichten. Seine Leidenschaft gleißt eisekalt. Dem Feuer kalter Wonnen zu entkommen, das Gefrorene in uns aufzutauen, darum geht es.

Eine Kuriosität am Rande sei noch erwähnt: Denis de Rougemont nennt ein 1568 veröffentlichtes Buch von Jean Wier. Darin wird gezählt: Das Reich des Teufels umfasst 72 Fürsten und 7405926 Teufel, die in 1111 Legionen, jede zu 6666 Helfershelfern, eingeteilt sind.[15] Sollte das der Wahrheit entsprechen, sind wir einem von ihnen mit Sicherheit schon mal begegnet.

1 Denis de Rougemont, Der Anteil des Teufels, München 1999, S. 29.
2 Ebenda, S. 19.
3 Terry Eagleton, Das Böse, Berlin 2011, S. 154.
4 Ebenda, S. 151.
5 Lutherbibel, revidiert 2017, Stuttgart 2016, Jesaja 14,12-15.
6 Ebenda, Hesekiel 28,12-17.
7 Ebenda, Matthäus 4,4.
8 Ebenda, Matthäus 4,7.
9 Terry Eagleton, S. 91.
10 Ebenda, S. 92.
11 Lutherbibel, Johannes 8,42-45.
12 Ebenda, Johannes 4,22.
13 Terry Eagleton, vgl. S. 26.
14 Ebenda, vgl. S. 27.
15 Denis der Rougemont, S. 23.

Schaitân oder Iblîs

Eine Geschichte bleibt uns noch zu erzählen. Sie handelt von dem gefallenen Engel beziehungsweise, wie er im Koran heißt, vom Schaitân oder Iblîs. Obwohl wir anfangs unschlüssig waren, ob wir ihn hier aufnehmen sollten, bewog uns doch das Tragische daran, all die Arglist, der Ungehorsam, die Rebellion, das Spiel mit dem menschlichen Schicksal, die Geschichte dieses merkwürdigen Wesens zu schildern, die mehr mit Literatur zu tun hat als alle übrigen Engel- und Prophetenerzählungen.

Der schwarze oder gefallene Engel, wie er allgemein genannt wird, kommt unter den beiden oben erwähnten Namen in vierunddreißig Koransuren vor, insgesamt achtundachtzigmal unter dem Namen Schaitân und elfmal unter dem Namen Iblîs, als habe sich der Koran anfangs nicht entscheiden können. Sollte er den vom hebräischen »Schatan« stammenden Ausdruck übernehmen, der im Alten Testament als »Satan« oder »Satan'el« und im Syrischen als Sutunu zu finden ist? Oder den vom griechischen »Diabolos« abgeleiteten Namen »Iblîs«, den der Prophet Muhammad gewiss bei Waraqa Bin Naufal hörte, von dem er vieles lernte?

Verfolgt man die koranische Geschichte des gefallenen schwarzen Engels, nachdem er von Gottes Fluch getroffen worden war, und betrachtet das Schicksal, das ihm am Jüngsten Tag droht, wird einem bewusst, warum er eine so überaus tragische literarische Figur ist: Einerseits ist er das Opfer seines Schöpfers, andererseits jedoch akzeptiert er auch die ihm von Gott übertragene Rolle und fordert ihn heraus.

Warum muss Iblîs oder der Schaitân, obwohl privilegiert durch seinen Schöpfer, so unglücklich enden? Er wird in die Hölle verbannt und zu »schlimmem Schicksal« verurteilt, wie die göttliche Strafe im Koran genannt wird – nach Ablauf einer Gnadenfrist, die Gott ihm aus Mitleid auf seine Bitte hin gewährt: »Gib mir Aufschub bis zum Jüngsten Tag!« (Sure 7,14) Und was noch schlimmer ist, Gott ermöglicht ihm nicht nur, in seiner Funktion als Vater der Schaitâne seine teuflischen Höllenaktivitäten weiter zu betreiben, sondern lässt sich sogar auf einen Wettstreit um die Menschheit mit ihm ein. Wen Gott auf seine Seite zieht, der kommt ins Paradies, zur Rechten Gottes, wen jedoch Iblîs für sich gewinnt, der endet zur Linken Gottes und in der Hölle – aber wer von beiden wird am Ende siegen? Und welches Schicksal ist Iblîs von Beginn an bestimmt? Sagen uns die Religionen nicht, Gottes Waagschale werde am Jüngsten Tag die schwerere sein?

Ist in den Büchern des Alten Testaments und in den aggadischen Teilen des Talmuds der Teufel des Menschen größter Feind, so gibt der Koran die Geschichte kürzer und prägnanter wieder, wenngleich er inhaltlich mit den jüdischen Schriften weitgehend übereinstimmt und im Wesentlichen dieselben Elemente verwendet: angefangen bei Gottes Befehl, sich vor Âdam niederzuwerfen, über die Auflehnung des Teufels dagegen, wobei er sogar mit Gott diskutiert und die Gründe für seinen Ungehorsam erörtert, mag die Anweisung auch von seinem eigenen Schöpfer, dem Herrn der Weltbewohner, kommen, bis hin zu seiner Vertreibung aus dem Reich Gottes und seinem Sturz auf die Erde.

Befassen wir uns nun mit der Geschichte, wie sie im Koran steht. Zum ersten Mal werden Schaitâne in Sure 2, »Die Kuh«, erwähnt:

»Und wenn sie jene treffen, welche glauben, so sagen sie:
›Wir glauben!‹
Doch wenn sie dann mit ihren Satanen [Schaitânen] alleine
sind,
so sagen sie: ›Wir sind auf eurer Seite! Wir sind ja doch nur
Spötter!‹« (Sure 2,14)
Dem ist unter anderem zu entnehmen, dass der Ausdruck
Schaitân, Satan, zu Muhammads Zeiten auf der Arabischen
Halbinsel bereits bekannt war, denn der Teufel taucht danach
erst wieder in Vers 34 derselben Sure auf, diesmal jedoch unter dem Namen Iblîs. Er weigert sich, vor Âdam niederzufallen:
»Damals, als wir zu den Engeln sprachen: ›Fallt vor Adam
nieder!‹
Da fielen alle nieder, außer Iblis,
der sich voll Hochmut weigerte
und einer von den Undankbaren war.« (Sure 2,34)
In Vers 36 nennt der Koran ihn dann wieder unter dem Namen Schaitân als denjenigen, der Âdam und seine Frau dazu
verführt hat, sich dem verbotenen Baum zu nähern. Die zahlreichen sich mit Schaitân oder Iblîs befassenden Koranstellen
bekräftigen immer wieder die Geschichte von dem verweiger-
ten Befehl. Allerdings erscheint sie, von ein paar Ausnahmen
abgesehen, meist in über den Text verteilten Bruchstücken,
am detailliertesten unter anderem in den folgenden Passagen:
»Wir erschufen euch, dann gestalteten wir euch.
Dann sprachen wir zu den Engeln:
›Werft euch vor Adam nieder!‹
Da warfen sie sich nieder, außer Iblis –
er gehörte nicht zu denen, die sich niederwarfen.
Er sprach: ›Was hielt dich davon ab, niederzufallen, da ich
es dir befahl?‹

Er sprach: ›Ich bin besser als er.
Mich schufst du aus Feuer, ihn schufst du aus Lehm.‹
Er sprach: ›Steige herab aus ihm!
Es steht dir nicht an, dich in ihm hochmütig zu zeigen.
So geh hinaus!
Siehe, du bist einer der Geringgeachteten.‹
Er sprach: ›Gib mir Aufschub
bis zu dem Tag, an dem sie auferweckt werden!‹
Er sprach: ›Siehe, du sollst einer derer sein, denen
                              Aufschub gewährt ist.‹
Er sprach: ›Weil du mich in die Irre führtest,
so will ich ihnen nun besetzen deinen geraden Weg!
Dann werde ich sie angreifen, von vorne und von hinten
und von rechts und links.
Du wirst finden, dass die meisten von ihnen nicht dankbar
                              sind!‹
Er sprach: ›Geh hinaus aus ihm, verachtet und verjagt!
Wer dir dann von ihnen folgt –
wahrlich, die Hölle werde ich anfüllen mit euch allen!‹«
                              (Sure 7,11-18)
»Damals, als wir zu den Engeln sprachen: ›Fallt vor Adam
                              nieder!‹
Da fielen alle nieder, außer Iblis; der sprach:
›Soll ich vor einem niederfallen, den du aus Lehm
                              geschaffen hast?‹
Er sprach: ›Sieh dir den da an, den du mehr in Ehren hältst
                              als mich!
Wenn du mir eine Frist gewährst bis zum Tag der
                              Auferstehung,
dann will ich seinen Nachwuchs vertilgen, bis auf wenige.‹
Er sprach: ›Geh fort! Doch wer von ihnen dir dann folgt,
da ist die Hölle euer Lohn – ein reicher Lohn!

Und scheuche von ihnen mit deiner Stimme auf, wen du
kannst,
und fahre über sie dahin mit deinen Rossen und mit
deinen Mannen,
und beteilige dich an ihrem Gut und an ihren Kindern,
und mache ihnen Versprechungen!‹
Der Satan aber kann ihnen nichts als Täuschungen
versprechen!
›Doch siehe, über meine Knechte hast du keine Macht.‹
Und dein Herr genügt als Sachwalter.« (Sure 17,61-65)

Wir lernen Iblîs hier in seiner Eigenschaft als einer der Engel
kennen und erfahren erneut, dass er sich als einziger von ihnen dem göttlichen Befehl widersetzt und seinem Herrn gegenüber wortreich argumentiert, warum er sich nicht vor
Âdam niederwerfen wolle. Schließlich sei dieser ein zweitran-
giges Geschöpf. Erstens sei er erst nach ihm erschaffen worden – und besitzt der zuerst Erschaffene nicht einen höheren
Rang? Und zweitens: Ist nicht Feuer besser als Lehm? Warum
sonst habe Gott seine ersten Geschöpfe, Iblîs und das übrige
Engelsheer, aus Feuer erschaffen?

Betrachten wir die Szene, die sich zwischen Gott und Iblîs
abspielt, genauer, so stehen wir vor einem logischen Problem: Wenn Auflehnung gegen den göttlichen Befehl absolut
unmöglich ist, warum zwingt Gott Iblîs nicht einfach, sich
vor seinem Lieblingsgeschöpf Âdam niederzuwerfen? Wenn
er wollte, könnte er doch den Teufel mit Gewalt zu Boden
schleudern. Weist nicht alles darauf hin, dass Gott Âdam ab-
sichtlich nach Iblîs erschafft, damit dieser sich nicht nieder-
werfe, sondern sich auflehne, um den Menschen künftig als
Beispiel für Ungehorsam präsentiert werden zu können?

Der Schluss aus alledem lautet: Gehorcht nicht Iblîs selbst

in seinem Ungehorsam dem göttlichen Willen? Damit wäre er kein Rebell, sondern erwiese Gott eine Gefälligkeit, indem er Gott hülfe, seine Knechte auf ihre Beständigkeit hin zu testen. Der Gläubige und Treue würde Gott gegenüber gläubig und gehorsam bleiben, welche Plagen er auch auf ihn niedersendete, seine Treue wäre nicht Folge von Begehrlichkeiten. Bestes Beispiel dafür ist der Prophet Hiob, wie wir ihn im Alten Testament sehen.

Im Gegensatz zu Gottes bevorzugtem Geschöpf Âdam, der der Verführung erliegt und sich dem Baum nähert, den Gott ihm und seiner Frau verboten hat, besteht Hiob die Prüfung, trotz der unerhörten Macht, die der Satan in diesem Buch besitzt. Schließlich ist er im Falle Hiobs in der Lage, selbst Gott zu überlisten. Lässt sich nicht Gott von den Worten Satans überzeugen, so dass er ihm, um Hiobs Herz zu prüfen, freie Hand lässt, seinen Besitz, seine Familie und seine Gesundheit mit Unglück zu schlagen? Welche Gewalt der Teufel doch besitzt – welche Verschlagenheit!

Anders als in den Texten der anderen Religionen ist Iblîs im Koran eine starke Persönlichkeit und sehr ketzerisch, er diskutiert mit Gott, stößt die wüstesten Drohungen aus, stellt sich in dreister Weise quer und fordert Gottes Rache heraus. Er tritt ihm auf Augenhöhe entgegen. Und Gott? Gott lässt sich auf das Kräftemessen ein. Seit Beginn der Schöpfung und bis heute dauert dieser harte Wettkampf zwischen Gott und dem Teufel an, besteht dieser ausbalancierte Dualismus von Gut und Böse. Aber ist nicht genau das Gottes Wille?

Gott beschließt, Iblîs zu vertreiben, weil er sich dem göttlichen Befehl widersetzt, Iblîs bittet ihn um befristeten Aufschub, und Gott gewährt ihn ihm bis zum Jüngsten Tag, dem Tag, *an dem sie auferweckt werden*, wie er sagt. Seltsamerweise ist alles schon von vornherein festgelegt:

»Er sprach: ›Bei deiner Macht!
Ich will sie allesamt verleiten,
bis auf deine Knechte, die aus ihnen ausersehen sind.‹«

(Sure 38,82-83)

Das heißt, die Geschöpfe (die Knechte Gottes) bestehen von
Beginn an aus zwei Gruppen: Den einen hat Gott die Rolle
zugewiesen, sich von Iblîs verführen zu lassen:

»›… Siehe, über meine Knechte hast du keine Macht,
außer über die Verführer, die dir nachfolgen‹«. (Sure 15,42)
Den anderen vergönnt er, die Prüfung zu bestehen, sie sind die
ausersehenen Knechte.

Was zwischen Âdam und Iblîs passiert, legt den Grundstein
für den Antagonismus der feindlichen Brüder, des älteren und
des jüngeren, den wir zu allen Zeiten wiederfinden: Qabîl und
Habîl (Kain und Abel), Dawûd und seine Brüder, Sulaimân
und sein älterer Bruder Adonija, Îsu und Yaqûb (Esau und Jakob), Yûsuf (Josef) und seine Brüder. Dabei ist merkwürdiger-
weise der jüngere Bruder stets der gute, der am Ende gewinnt,
der ältere dagegen der böse und der Verlierer. Dies gilt auch
dann, wenn der jüngere ein Lügner ist und im Unrecht, so wie
Yaqûb, der sich auf Geheiß seiner Mutter Rifqa (Rebekka) –
die Frau als Ursprung des Bösen? – die Kleider seines älteren
Bruders Îsu anzieht und, als dieser gerade auf der Jagd ist, die
Gelegenheit nutzt, um sich von seinem alten, blinden und bett-
lägerigen Vater, dem Propheten Ishâq (Isaak), segnen zu lassen
und ihn damit anstelle seines älteren Bruders zu beerben.

Auch die Rolle der Dichter ist im Koran von vornherein
festgelegt, sie gehören dem teuflischen Lager an:

»Und die Dichter – die Irrenden folgen ihnen.
Hast du nicht gesehen, dass sie in allerlei Wadis vor Durst

umkommen.
und dass sie sagen, was sie nicht tun?« (Sure 26,224-226)

Diese drei Verse interpretiert al-Tabari in seiner Exegese so, dass die irrenden Menschen, die widerspenstigen Teufel und die rebellischen Dschinn den Dichtern folgten, wobei Gott nicht zwischen verschiedenen Irrenden differenziere. Mit den Worten »Hast du nicht gesehen, dass sie in allerlei Wadis vor Durst umkommen« aber rufe Gott dem Propheten Muhammad etwas ins Gedächtnis, sie bedeuteten: Hast du nicht gesehen, Muhammad, dass sie (das heißt die Dichter) in allerlei Wadis planlos umherirren, ohne sich über die Wahrheit, den Weg, die Richtung und das Ziel im Klaren zu sein? Dieses Gleichnis habe Gott für sie geprägt, weil sie sich von wichtigen Persönlichkeiten betören ließen, die sie unverdientermaßen lobten, während sie andere mit Erlogenem und Erfundenem schmähten.

Alles ist vorentschieden: ein bis in die einzelnen Akte vollendetes Drama. Gott hat die Rollen verteilt, und der Teufel führt mit ihm Regie. Mehr noch, auch die Handlung ist bereits bekannt, von Anfang bis Ende!

Über was für eine Welt gebietet Gott da? Und wozu all die Prüfungen? Hat Gott so etwas nötig? Was soll das Ganze?

Das Absurdeste von allem jedoch ist: Erst erfahren wir mehrfach, dass Iblîs oder der Schaitân zu den Engeln gehört, dann aber lesen wir etwas Einzigartiges, einen Vers nur, der unser Bild von ihm torpediert, denn er erklärt uns, dass dieser einer ganz anderen Klasse von Wesen angehört:

»Damals, als wir zu den Engeln sprachen: ›Fallt vor Adam

nieder!‹

Da fielen alle nieder, außer Iblis, der zu den Dschinnen

zählte

und sich dem Geheiß seines Herrn verweigerte.

Wollt ihr euch denn ihn und seine Sippschaft statt meiner

zu Freunden nehmen –

wo sie euch doch feind sind?
Welch schlechter Tausch ist das wohl für die Frevler!«
(Sure 18,50)
Letztlich gehört Iblîs also zu den Dschinn, und er hat Kinder
und Nachkommen!

Auf der einen Seite ein von Gott geleitetes Engelsheer, auf
der anderen ein von Iblîs kommandiertes Heer teuflischer
Dämonen. Wer dem Teufel gehorcht, fügt sich dessen Macht
über die Menschen, die ihm von Gott verliehen wurde. Iblîs
besitzt sogar die Fähigkeit, mit dem Verstand der Propheten
sein Spiel zu treiben und den Offenbarungsprozess zu stören,
indem er ihnen satanische Verse in die Herzen sät, die auf den
ersten Blick vom Barmherzigen selbst zu kommen scheinen.
So geschah es dem »Kranichbericht« zufolge (auf den sich
auch Sure 22,52 bezieht) dem Propheten Muhammad.

Die in verschiedenen Quellen zu findende Geschichte zu
diesem berühmten Vers besagt, der Gesandte habe sich einmal
eine Offenbarung herbeigewünscht, die ihn seinem polytheistischen Stamm der Quraisch in Mekka wieder näherbringen
und den islamischen Glauben für diesen attraktiver machen
würde. Eines Tages saß er bei einer ihrer Gesellschaften, als
ihm die Sure »Der Stern« (Sure 53) offenbart wurde, und er
begann zu rezitieren, bis er zu folgenden Worten kam:
»Was haltet ihr denn von al-Lat und von al-'Uzza
und von Manat[1], der dritten dazu?« (Sure 53,19-20)
Dabei hing er innerlich noch immer seinem Wunsch nach, und
so legte ihm der Schaitân auf die Zunge:
»Das sind die erhabenen Kraniche.
Auf ihre Fürbitte darf man hoffen.«[2]
Der Gesandte fuhr in seiner Rezitation fort, bis er die Sure be-
endet hatte, darauf warf er sich nieder, und die Muslime sowie die polytheistischen Quraisch mit ihm. Dann zerstreu-

ten sich die Menschen, und die Quraisch gingen fort, froh,
dass Muhammad ihre Gottheiten so wohlwollend erwähnt
hatte. Die Nachricht von dieser Niederwerfung erreicht sogar die Auswanderer in Äthiopien. Ihnen wurde berichtet,
die Quraisch hätten den Islam angenommen, und einige wollten auf die Arabische Halbinsel zurückkehren, doch andere
zögerten noch. Schließlich kam Dschibrîl (Gabriel) zu dem
Propheten und fragte:»Was hast du getan, Muhammad? Du
hast den Leuten etwas vorgetragen, was ich dir nicht gebracht
habe.« Da erschrak der Gesandte, doch Gott war barmherzig
mit ihm und offenbarte ihm Worte, mit denen er das, was der
Schaitân ihm auf die Zunge gelegt hatte, wieder tilgte:
»Was haltet ihr denn von al-Lat und von al-ʿUzza
und von Manat, der dritten dazu?
Gebührt *euch* denn das Männliche,
das Weibliche hingegen *ihm?*
Das wäre eine ungerechte Teilung.
Siehe, das sind doch Namen nur,
die ihr und eure Väter für sie prägtet.
Gott sandte keine Vollmacht für sie herab ...«
(Sure 53,19-23)
Obwohl man dieses Vorkommnis je nach Blickwinkel unterschiedlich interpretieren kann, handelt es sich im islamischen
Sinne natürlich um Gotteslästerung. Andererseits wurde auf
diese Weise Frieden zwischen dem Gesandten und den Quraisch gestiftet. Ihre Gottheiten zu preisen hieß, sie anzuerken-
nen, vonseiten Muhammads war es eine Art diplomatischer
Akt. Mehr noch, der Schaitân selbst bewirkte dadurch Ver-
söhnung. Polytheisten und Muslime warfen sich gleichermaßen nieder, jede Seite erkannte die andere an. Und sonderbarerweise protestierte auch von den damaligen Muslimen
keiner gegen den Vers, als wären sie über die erzielte Eintracht

froh und beglückt. Wer Einwände erhob, war vielen Exegeten zufolge der Engel Dschibrîl. Und wer über das, was er getan hatte, erschrak, war der Prophet Muhammad. Schließlich hatte der Schaitân ihm Worte in den Mund gelegt, die er nicht hatte sagen wollen. Wenn aber selbst Âdam, Muhammad und sogar Gott nicht gegen die Verführung des Schaitâns gefeit waren, wie sollte der arme gewöhnliche Mensch ihm widerstehen?

Warum hat Gott ihm überhaupt so viel Macht verliehen? Weil er sich, als er nach der sechstägigen Schöpfung erkannte, was für eine Dummheit er mit der Erschaffung des Menschen begangen hatte, nicht nur der Ruhe, sondern auch der Reue hingab – und er beschloss, die ganze Welt dem Teufel zu überlassen, damit der sein Spiel mit ihr treiben könnte?

Diesen Eindruck nämlich vermittelt sie heutzutage: auf der einen Seite Mord, Zerstörung und Hungersnot, auf der anderen Reichtum, Übersättigung, Gier und Habsucht. Und kein Frieden in Sicht.

Doch die Frage bleibt unbeantwortet. Kein Gott hat eine Antwort darauf. Und erst recht nicht Iblîs oder Schaitân!

1 al-Lat, al-ʿUzza, al-Manat: drei vorislamische heidnische Göttinnen (Anm. d. Übers.).
2 zitiert nach: Rudi Paret: Der Koran. Kommentar und Konkordanz. Stuttgart, Berlin, Köln ⁴1989, S. 461 (Anm. d. Übers.).

Literaturverzeichnis

Alighieri, Dante, *Dantes Göttliche Komödie*, übersetzt von Georg van Poppel, Würzburg 1928.

Alighieri, Dante, *Die Göttliche Komödie*, übersetzt von Philalethes (König Johann von Sachsen), Frankfurt am Main 2008.

al-Baghawi, Abu Muhammad al-Husain Bin Masûd al-Farrâ, *Tafsîr*, auf: http://library.islamweb.net/newlibrary/display_book.php?ID=1&idfrom=1&idto=2184&bk_no=51.

Balthasar, Hans Urs von: *Eschatologie in unserer Zeit*, Einsiedeln 2010.

Die Bibel. Einheitsübersetzung der Heiligen Schrift, Stuttgart 2016.

Buber, Martin, *Moses*, Gerlingen 1994.

al Buchâri, Muhammad Bin Ismaîl Bin Ibrahîm Bin al-Mughîra, *Sahîh*, auf: http://library.islamweb.net/hadith/display_hbook.php?bk_no=146.

Codex Hammurabi. *Die Gesetzesstele Hammurabis*, übersetzt von Wilhelm Eilers, Wiesbaden 2013.

Eagleton, Terry, *Das Böse*, übersetzt von Hainer Kober, Berlin 2011.

Freud, Sigmund, *Der Mann Moses und die monotheistische Religion*, Frankfurt am Main 1970.

Das Gilgamesch-Epos, neu übersetzt und mit Anmerkungen versehen von Albert Schott, Stuttgart 1958.

Girard, René, *Hiob. Ein Weg aus der Gewalt*, übersetzt von Elisabeth Mainberger-Ruh, Düsseldorf 1999.

Ibn al-Hadschdschadsch, Muslim, *Sahîh*, Beirut 2010.

Ibn Kathîr [Abu l-Fidâ Ismaîl Bin Umar Bin Kathîr], *al-Bidâya wa l-Nihâya, Qisas al-Anbiyâ*, Beirut 1990.

Ibn Kathîr [Abu l-Fidâ Ismaîl Bin Umar Bin Kathîr], *Tafsîr*, Riad 1999.

Ibn Kathîr [Ismaîl Bin Umar Bin Kathîr al-Qirschi al-Dimaschqi], *Tafsîr Bin Kathîr*, Riad 2002.

Jabès, Edmond, *Schreiben als Exil*, übersetzt von Marianne Menzel, München 1989.

Levinas, Emmanuel, *Humanismus des anderen Menschen*, übersetzt von Ludwig Wenzler, Hamburg 2005.

Mann, Thomas, *Das Gesetz*, in: ders., *Späte Erzählungen*, Frankfurt am Main 1981.

Mosès, Stéphane, *Eros und Gesetz. Zehn Lektüren der Bibel*, München 2004.

Nebel, Gerhard, *Hamann*, Stuttgart 1973.

Paret, Rudi, *Der Koran. Kommentar und Konkordanz*. Stuttgart, Berlin, Köln 1989.

Rosenzweig, Franz, *Der Stern der Erlösung*, Frankfurt am Main 1988.

Roth, Philip, *Amerikanisches Idyll*, übersetzt von Werner Schmitz, München und Wien 1998.

de Rougemont, Denis, *Der Anteil des Teufels*, übersetzt von Josef Ziwutschka und Elena Kapralik, München 1999.

al-Rusâfi, Marûf, *al-Schachsîya al-muhammadîya*, Beirut 2002.

Steiner, George, *Grammatik der Schöpfung*, übersetzt von Martin Pfeiffer, München und Wien 2001.

al-Suddi, Ismaîl Bin Abd al-Rahmân, *Tafsîr*, auf: http://library.islamweb.net/newlibrary/display_book.php?ID=830&bk_no=60&flag=1.

al-Tabari, Abu Dschafar Muhammad Bin Dscharîr, *Tafsîr*, auf: http://library.islamweb.net/newlibrary/display_book.php?ID=1&idfrom=1&idto=5117&bk_no=50.

Tück Jan-Heiner, *Religionskulturelle Grenzüberschreitung? Navid Kermani und das Kreuz: Nachtrag zu einer Kontroverse*, in: Internationale Katholische Zeitschrift COMMUNIO 38 (2009), S. 220-234.

Vian, Boris, *Der Schaum der Tage*, übersetzt von Antje Pehnt, Düsseldorf 2016.

Textnachweise

Sämtliche Bibelzitate wurden, soweit nicht anders angegeben, folgender Ausgabe entnommen:
Lutherbibel, revidiert 2017, © 2016 Deutsche Bibelgesellschaft, Stuttgart.

Sämtliche Koranzitate wurden folgender Ausgabe entnommen:
Der Koran, aus dem Arabischen neu übertragen von Hartmut Bobzin unter Mitarbeit von Katharina Bobzin. 2. Auflage in C.H.Beck Paperback, 2015 © Verlag C.H.Beck oHG, München 2010.

Zitat S. 176f.: Martin Buber/Franz Rosenzweig, *Die Schrift*, Bd. 4. Die Schriftwerke © 2001, Gütersloher Verlagshaus, Gütersloh, in der Verlagsgruppe Random House GmbH.

Zitat S. 179ff.: Jizchak Katzenelson, *Dos Lid funm ojsgehargetn jidischn folk, Das Lied vom letzten Juden*, in der Nachdichtung von Hermann Adler. © Edition Hentrich, Berlin 1992.
Auszüge aus: 1. Lied S. 21, 9. Lied S. 97 und 103, 15. Lied S. 157 und 161.

Zitate S. 221f. sowie S. 227f.: *Das Hohelied, Lied der Lieder von Schelomo*, nachgedichtet und kommentiert von Stefan Schreiner, © Verlag der Weltreligionen, Frankfurt am Main und Leipzig 2007.

Inhaltsverzeichnis